世界の学者が語る「幸福」

HAPPINESS

編 レオ・ボルマンス

監訳 猪口 孝

訳 藤井誠二　李 佳　秋山知宏

西村書店

知識の中で見失った知恵はどこにあるのか？
情報の中で見失った知識はどこにあるのか？
T・S・エリオット（1948年ノーベル文学賞受賞）

私は、この本を、このような本に出会ったことのないすべての人々に捧げる。
ライエット、アイネ、カスペル、私の友人、ルート・ヴィーンホーベン、デ・ヒールライジェイカイト・ヴァン・エルスメレン、そして、この素晴らしい企画のすべての共同制作者に深く感謝します。

さらなる背後事情、短編映画、更新情報、感想、連絡窓口は次のウェブページを参照：
www.theworldbookofhappiness.com

主観的ウェルビーイング（subjective well-being）、人生の満足感（life satisfaction）、幸福（happiness）という言葉には微妙な意味の違いがあるが、この本では同じことを意味するものとする。

Original title：Geluk. The world book of happiness
Edited by Leo Bormans

Printed and bound in Japan

目次

はじめに……レオ・ボルマンス ほか……10

001 己の中の「他者」の発見……クリストファー・ピーターソン（アメリカ）……16

002 大志を抱け……クローディア・セニック（フランス）……19

003 失敗から学ぶ……ロバート・ビスワズ＝ディーナー（アメリカ）……21

004 パラドックス……スタブロス・ドラコプーロス（ギリシャ）……28

005 幸福について学ぼう……エルンスト・ゲーマッハー（オーストリア）……31

006 ウェーブ……ホセ・デ・ヘスス・ガルシア・ベガ（メキシコ）……35

007 中国における人間関係《グアンシー》……インイ・ホン（中国）……39

008 ロシアのトンネル……エカテリナ・セレズネワ（ロシア）……42

009 サハラの教え……ハビブ・ティリュイヌ（アルジェリア）……45

010 誇りと謙遜……ミハエル・アイト（ドイツ）……49

011 レシピ……ドゥブラヴカ・ミリコヴィチ、マイダ・リヤヴェチ（クロアチア）……51

012 バイキング・ワールドの秘訣……クリスチャン・ビョルンスコフ（デンマーク）……54

013 良薬……ヘーリ・コイヴマー＝ホンカネン（フィンランド）……58

014 健康の要因……アクセル・R・フグル＝メイヤー（スウェーデン）……60
015 金庫のお金……エーリッヒ・キルヒラー（オーストリア）……62
016 幸福の10のおきて……デーヴィッド・マイヤーズ（アメリカ）……65
017 選択にまつわる普遍の法則……パオロ・ヴェルメ（イタリア）……69
018 遺伝についてはどうだろうか？……ソニア・リュボミルスキー（アメリカ）……71
019 夢のような休日……エレナ・プルヴリ（エストニア）……74
020 幸福度の測定……ロバート・A・カミンズ（オーストラリア）……78
021 シーラカンスを探して……ヴォルフガング・グラッツァー（ドイツ）……83
022 幸福のめざましい進歩……ユー・カン・ン（オーストラリア）……88
023 幸福の探偵……マイケル・ハガーティ（アメリカ）……92
024 宝物……アレックス・C・ミカロス（カナダ）……95
025 魂を無視しないで……ノライニ・モード・ノール（マレーシア）……98
026 パーティー気質……エリー・G・カラム（レバノン）……102
027 スポーツの力……ヴァヒード・サリ＝サラフ（イラン）……106
028 社会的集団……アンドリュー・クラーク（アメリカ／フランス）……108
029 9つの経験……シン・チャンチュン（中国）……111
030 友人の価値……エドゥアルド・ローラ（アメリカ）……116

031 実験ゲーム……レオナルド・ベッケッティ&ジャコモ・デリ・アントーニ（イタリア）……119
032 革命の経験……ヘレナ・フニリコヴァ&カレル・フニリカ（チェコ）……123
033 街の灯り……ジャンパオロ・ヌヴォラティ（イタリア）……127
034 人生を楽しむ……アフメド・M・アブデル＝ハレック（エジプト／クウェート）……130
035 陰と陽……ダニエル・T・L・シェック（中国）……133
036 ハンバ・カーレ（うまくいく）！……D・J・W・ストルムファー（南アフリカ）……137
037 笑顔の背後にあるもの……ドー・C・シン（アメリカ）……141
038 悲しむ権利……グラント・ダンカン（ニュージーランド）……146
039 人生は一番の芸術作品なり……マリアノ・ロハス（メキシコ）……150
040 海外で生活することの困難……フェリックス・ネト（ポルトガル）……154
041 人生の意義……ゲーリー・T・レカー（カナダ）……158
042 緩衝装置……フダ・アイヤッシュ＝アブド（レバノン）……163
043 幸福な学校……マシュー・ホワイト（オーストラリア）……166
044 ブータンの国民総幸福量……ヨハネス・ヒラタ（ブータン）……170
045 人生は40歳から……マージー・E・ラックマン（アメリカ）……174
046 幸福市場システム……アレクサンドラ・ガンルメア＝ウリスクロフト（ニュージーランド）……178
047 移民は得か損か……デーヴィッド・バートラム（イギリス）……181

048 いつも間違った選択……レオン・R・ガルドゥノ（メキシコ）……185
049 子どもが教えてくれる……テレサ・フレイレ（ポルトガル）……188
050 誰がではなくどのように……ヨアール・ヴィッテルソ（ノルウェー）……192
051 緑の色合い……フィンバール・ブレルトン（アイルランド）……197
052 内向的か外向的か……マレク・ブラトニー（チェコ）……199
053 孝好《たかよし》通貨……草郷孝好（日本）……203
054 善悪を超えて……ドヴ・シュモトキン（イスラエル）……206
055 幸福な人間関係の文化……コンスタンティノス・カフェトシオス（ギリシャ）……211
056 公共政策の新たな指標……エドゥアルド・ウィルス=エレラ（コロンビア）……215
057 失われた幸福……ロバート・E・レイン（アメリカ）……219
058 予測できる「信頼」……ルイザ・コラド（イギリス）……222
059 ニーズの対立……マーティン・ガン&アン・ゲイダマン（アメリカ／カナダ）……225
060 ヨーロッパというケーキ……イングリダ・ゲシエン（リトアニア）……230
061 ハイタッチ……デーヴィッド・ワトソン（アメリカ）……235
062 世界一周……キャロル・グラハム（アメリカ）……239
063 幸福の筋肉を鍛える……ミリアム・アクター（イギリス）……245
064 ショックの後……カーチャ・ウグラノワ（ロシア）……248

065 外面と内面の融合……ホアキーナ・パロマール（メキシコ）……254
066 4つの質問……レイナルド・アラルコン（ペルー）……258
067 自分の物語……ジョナサン・アドラー（アメリカ）……262
068 既婚か未婚か……レオナルド・ケーガン（アメリカ）……266
069 最後の3つ……ソ・M・ユングク（韓国）……269
070 進歩の原動力……ヤン・デルハイ（ドイツ）……273
071 もろ刃のユーモア……ヴィリバルト・ルフ（スイス）……277
072 異なる人々……アンドレア・アヴセッチ（スロヴェニア）……282
073 私達のエネルギーの焦点……ハルディク・シャー（インド）……286
074 焦点を変える……サウワラク・キティプラパス（タイ）……289
075 新しい枠組み……カノクポルン・ニトニティプルート（タイ）……293
076 首尾一貫感覚……サカリ・スオミネン（フィンランド）……295
077 偽りの生活……クレア・ビーズリー（イギリス）……300
078 進歩の新しい見方……ジョン・ホール（フランス／オーストラリア／イギリス）……305
079 普遍的な幸福……サミュエル・ホー（中国）……309
080 10代にとって最高の良薬……ケイティー・ハンソン（イギリス）……313
081 児童と若者のウェルビーイング指数……ケネス・C・ランド（アメリカ）……318

はじめに

幸福を求めて

レオ・ボルマンス

友人たちはよく私のことを生来の楽天家だという。だから私はそのことを『１００% Positivo（１００%ポジティブ）』と題した本に書くことにした。この本の中で私は、私自身と私の周りの世界との中に、楽観的に考えるためのコツを探そうと努めた。そこで私が気づいたのは、楽観主義と幸福に関して非常に多くの研究がすでに行われている、ということだった。毎日のように、新しい研究も進められている。そう考えると、21世紀は、暗いニュースばかりではない。世界中の何千という研究者たちが、この比較的新しい学問分野であるポジティブ心理学に全身全霊を打ち込んでいる。ポジティブ心理学は、欠点、失敗、陰性症状といったことから話を始めるのではなく、人々が持っているポジティブな力を基本に考える。もし、私達を心身ともに健康にし、幸福にし、成功をもたらすような物事についての理解がさらに深まれば、自分と周りの人々を幸福にするこうした仕組みをもっとうまく利用できるようになれるはずだ。あるセミナーでの講義の後、17歳の少年が私のところにやって来てこう言った。「これから何になるつもりだと聞かれた時に、どう答えればいいかやっとわかったよ。僕は楽天家になるんだ。これも学べるものだってことが今ならわかるから」。

楽観主義と幸福を専門にしている研究者に対してジャーナリストが最初にする質問はいつも疑念に満ちている。「あなたは理想主義者か何かですか？　世の中は実に悲しく恐ろしい場所だということをご存知ないのでしょうか？」と。この手の質問は皮肉をたっぷり含んでいることが多い。皮肉屋はたいてい幸福ではないが、自分自身に非常に満足している。彼らは次のように言っているようなものだ。「私がどれほど賢くて知的であるかご覧なさい！　ほんの数分もあれば、私はあなたの心の中にある情熱とひらめきと希望を全て消し去ることができるんですよ」と。しかし、このような考え方はきわめて安直で、とても生産的とは言えない人生観である。あるいは、ありふれた文句で楽観主義のレベルを下げようとする人達もいる。彼らはこう言う。「私は楽観主義者でも悲観主義者でもない。現実主義者だ」と。このいわゆる現実主義者という人達は、実のところ悲観主義者なのであるが、本人はそれを認めようとしない。もちろん、物事がうまくいかず、全員が悲しんで当然の時はある。しかし、そうした時でもなお、私達一人一人の中には無限のポジティブな力が存在している。そして、そうした力を成長させ、より強力にすることができるのだ。私はネパールで、日常的に非常によく使われる挨拶「ナマステ」の意味を知った。「私はあなたの中に宿る神に敬礼します」という意味である。

この本のために私は膨大な数の科学的なレポートと研究結果に目を通した。だが、私は私の友人達が誰ひとりとしてポジティブ心理学について全く耳にしたことがないことに常に驚かされてきた。曰く、「ポジティブ心理学？　何それ？」。そこで私は、この分野における最も著名な専門家100人にコンタクトを取り、自分の研究を世界中の人々に向けてのメッセージとして1000語以内でまとめてくれないかとお願いをした。すると、ポジティブ心理学者達は、実生活でも良い人たちであるということがわかった。ほぼ全員が私の依頼を喜んで引き受けてくれたのだ。あまりにも簡単にことが運んだので、私は自分自身にさらなる課題を課すことにした。世界中の洞察を互いに出会わせたかったのである。私は専門家達を50の異なる国々から見つけたいと思った。私がこれまでの人生で運よく訪れたことのある50の国々だ。4つの鍵となる要素に注目することによって、彼らは私達に人生をより良いものに変える方法を教えてくれるだろう（私はそう願っていた）。1つ目は、研究に基づく知見の上に成り立つ洞察だけを求めたこと。私はスピリチュアルな哲学には興味はなかった。2つ目は、研究結果が個人の幸福だけに焦点が当てられているのではなく、集団や生物生息空間、組織、国についても言及してあること。3つ目は、研究結果が万人の幸福のために、世界的な視野のもとでの知識の交流を可能にするものであること。4つ目は、普通の人々が理解できる言葉で書かれた文章にすること。幸福を探す際に、学術用語という障害でつまずいてほしくはないからだ。私がコンタクトを取った全ての教授達は、これは独創的だが困難な挑戦だと言ったが、彼らはその挑戦を見事に受けて立ってくれた。彼らは情報を知識に変え、知識を知恵に変えることに成功した。私は彼ら全てに心の底から感謝するとともに、この本が、何らかの方法で、世界中のあらゆる人に幸福をもたらすことを願う。恐れを運命として受け入れて身動きがとれなくなってしまうことなく、そして何があろうと、希望を原動力とするよすがとなれば、本書の目的は大いに達成されたことになる。

幸福の研究は楽しい

アンドリュー・クラーク教授（アメリカ／フランス）

主観的ウェルビーイングについて考えるために、経済学、社会学、心理学、政治学、脳科学など多くの分野の研究者達が結集することになった。異なる分野の研究者達の間の対話をうながすことは難しいことだが、同時に必要不可欠なことでもある。幸福に関する研究はまさにそのような難しい役目を担ってきたことを私は嬉しく思う。ただ、研究対象について何らかの心当たりはあるが、実際にはまだほとんど明らかになっていないということを軽視すべきではない。明らかに知ったふりをする人のことをおそらくペテン師と呼ぶのだろう。幸福に関する多くの科学的知見は裕福な国々に関するものであり、それゆえ世界の人口の過半数に当てはめることができないものかもしれないのだ。繰り返しになるが、現時点では私達はただ知らないだけだ。幸福について明らかにするためには、さらに多くの研究が必要である。これは確かだ。そして、その研究がとても楽しいものであることを私は確信している。

義務ではない

マリアノ・ロハス教授（メキシコ）

人はいかに生きるべきか？　これは、これまで何世紀にもわたって哲学者たちが倫理について研究してきた際の中心的な問いである。良い生活とは実際にどのような生活を意味するのかという問題に取り組む時に、これまで彼らは**トップダウン式の方法**を用いるのが常であり、残念ながらそれらは人々が実際にどのように生活を送っているのかについての情報を組み込んだものではない。それゆえ、哲学者が採用する方法は説明的――どういうものであるか――というより規範的――どうあるべきか――であり、また、私達がいかに生きるべきかに対する哲学者の提言は義務として説かれ、それに従わなかった者に対して非難がなされるのが普通である。幸福の研究は、人々が自分の**生活をどのように評価するのか**についての調査と、人々の生活に対する満足度を高めたり低めたりするものとして規則的に現れる要因の分析に基づいている。哲学と同様、どのようにしたら満足できる生活を送れるかについての提言もするが、幸福の研究における提言は、義務というよりはむしろアドバイスのようなもので、必ず従わなければいけないというものではない。そうしたアドバイスに全員が従うというのは実際に不可能でもある。さらに、従わなかったからといって罰せられることもない——ただし従わない場合、たいてい後悔することになるのだが。

001
己の中の「他者」の発見

お金で幸福を買うことは不可能ではない――ただし他者のために使うなら、である

クリストファー・ピーターソン――アメリカ

・山頂で独りぼっち。幸福だろうか？
・家にいても、戸も窓も締め切った状態。幸福だろうか？
・何でもひとりでできる。幸福だろうか？

自分ひとりで何でもできる人は本当に幸福だろうか？　クリストファー・ピーターソンはそう考えていない。彼によると、最大の幸福というものは他者から得るものであるという。ポジティブ心理学の基礎を築いたピーターソン教授は、彼自身の知識と研究成果を20行で要約することができるのだろうか？　3つの言葉で十分、と彼は言った。幸いにも、彼はその3語を説明するために20行を加えてくれた。

他者の重要性

ポジティブ心理学は、何が人生を最も生きる価値のあるものにするのかに関する科学的な研究である。この新しい研究分野で関心が持たれているテーマは、「喜び」という感情の生理的解明から国家のウェルビーイングまでと幅広い。しかし、要約するには次の3つの言葉で十分だ。**Other people matter**（他者は重要である）。ポジティブ心理学の数々の研究成果を見渡しても、私達自身の幸福と健康に対する他者の役割を軽く見るものは1つとして存在しない。

喜びを得るための最善の方法は、他者と一緒にいることである。満足のいく生活を送るために最も重要になってくるのは社会的な要因なのだ。実際、良い人間関係は、幸福な生活のための必要条件と言ってもいいだろう。

お金で幸福を買うことは不可能ではない——ただし他者のために使うのなら、である。私達が何かを達成できるのは、天賦の才能や忍耐力によるだけでなく、私達を育ててくれた他者の指導や教育があればこそなのだ。個性は両親や教師たちから身につけるものであり、職場での良き友人は給料や地位よりも重要なのである。親密な人間関係を保っている人は、細菌にさらされる可能性は高くなることが予想されるとはいえ、そうでない人よりも健康である。

ビートルズは、必要なのは愛だけだ《オール・ユー・ニード・イズ・ラブ》と言った。ポジティブ心理学でその理由が説明される。友人や近所の人々、同僚、家族、そして伴侶との愛情ある豊かな関係があれば、良い人生を送ることができる。他者は重要である。そして、私達は皆、誰かの他者なのだ。

KEY

・幸福を自分自身の中に探してはいけない。他者との関わりの中に探しなさい。
・あなたにとって大切な人を大事にしなさい。それは、あなたの両親かもしれないし、先生、家族、同僚や友人であるかもしれない。
・あなたも誰かの「他者」であることに気づきなさい。

クリストファー・ピーターソン　Christopher Peterson
米国ミシガン大学の心理学教授。しばしばポジティブ心理学の創設者と呼ばれる。ポジティブ心理学啓発委員であり、VIA人格心理研究所の学術委員も務める。個性、健康、楽観主義、福祉に関する研究で世界的に高く評価されている。

002

大志を抱け

大志は人を幸福にするが、嫉妬は人を幸福にはしない

クローディア・セニック――フランス

2つのグループに分けられた学生が別々の部屋でパズルを解いた。両グループともおよそ10分でそのパズルを解いた。しかし、グループAの方がグループBよりもはるかに自分達の結果に満足した。それはなぜだろうか。グループAは、他の人はそのクイズを解くのに15分かかったと伝えられた。一方、グループBは、他の人は5分でそのクイズを解いたと聞かされた。両方のグループとも、パズルを解くのに要した時間は同じだ。ともに10分で解いた。幸福の感情は実際の状況とは関係のないことがわかる。

他者と比較しても幸福は感じない

この実験結果が示すように、周囲に合わせたり比較したりすることが、自らが得たものの価値や達成感を損ねてしまうことがままある。比較をすることで幸福になることもある。比べる相手をよく観察することによって、自分自身の可能性について知ることができる時である。自身の向上について前向きな期待と、展望を持つことが、人を幸福にするのだ。人はどうやら、自分の得たものが

積み重なっていくこと、すなわち、向上すること自体を好む生き物のようである。つまり、大志を抱くことは人を幸福にするが、嫉妬は人を不幸にする。

私の幸福へのアドバイスはこうだ。他者と比較する時の基準は気にかけず、自分自身の課題に集中しよう。そうすることで幸福になれるし、自分が持っているものから得た満足度を保つことができる。

KEY

・他者と自分を比較しないようにしよう。
・もし比較するのなら、それにより自分は何を知ることができるかについて考えなさい。
・嫉妬は捨て、大志を抱こう。

クローディア・セニック　Claudia Senik
パリ大学ソルボンヌ校（フランス）の教授。主要な研究分野は所得分配や主観的ウェルビーイングについてのミクロ経済学的な分析である。研究手法としてよく、東西ヨーロッパの異なる環境に基づく比較分析を用いる。いくつかの科学的な国際協力プログラムの責任者を務める。

003

失敗から学ぶ

私はこれまで、目標をこん棒のようにふりかざして、自分の言い分を通そうとしていた

ロバート・ビスワズ＝ディーナー──アメリカ

ロバート・ビスワズ＝ディーナーは、「ポジティブ心理学のインディ・ジョーンズ」として広く知られている。感情的に豊かな暮らしに関する彼の研究が、ケニア、インド、グリーンランド、スペイン、イスラエルなど広範囲に及ぶからである。彼は、幸福に関する世界で指折りの専門家エド・ディーナーの息子である。

「私が人に興味を持ち始めたのは、小学3年生の時に両親が私を学校から連れ出し、丸木舟でアマゾン川の川下りをさせた時であった。川沿いの木でできた高床式の家に暮らす部族民を見たことで、生涯にわたって文化に興味を抱くようになった。この興味が高じて、私は最終的に、世界を旅して幸福について研究するという職に就いた。それらの国々で、私は何が人々を幸福にするのかが少しわかったので、その教訓を私自身の生活や指導に応用しようとしている。本書に寄稿する文章を書くために椅子に腰かけた時、全く思いも寄らない文章がパソコンのスクリーン上に突然現れた。私は非常に楽しくこの文章を書いたが、読者の皆さんの期待に沿うものかどうか……」

失敗、柔軟性、幸福

幸福に関する研究者として、私は、研究室の外に出て、大学のキャンパスを離れ、フィールドで研究を行っていることを誇りに思っている。心理学者は、人間の本質を見抜くための研究を行うにあたり身近な学生を使ったサンプルにあまりに頼りすぎていると長く非難され続けてきた。もちろん、時には科学的な目的で、研究室という統制された環境を用いることも必要である。私の場合はただ単純に、広い世界に出かけて行って幸福について調査する方がより楽しいのだ。私は幸運にも多くの美しい場所を訪れ、素晴らしい人達と共に調査を行ってきた。アメリカ中西部では農業を営むアーミッシュの人々と、グリーンランド北部ではアザラシをつかまえて暮らす人々と、東アフリカでは誇り高き部族民たちと、インド・コルカタのスラム街では売春を生業として生きなければならない人々と過ごしたことがある。こうした国際的な調査研究の経験を重ねてきた私が学んだ幸福についての最大の教訓は、文化的な相違点や類似点と関係があるものになるだろうとあなたは考えるかもしれない。もしそうなら、それは必ずしも正しくない。私が幸福について学んだことの中で最も重要なことは、論文の中から見つけたのではなく、むしろ調査研究そのものを行う時の苦難と失敗の経験から見つけたものだったのだから。

私が経験した最初の失敗は、2002年にグリーンランド北部でイヌイットの人々と過ごしながら幸福について調査した時のことであった。彼らの伝統的な狩猟活動に同行してその暮らしぶりを学ぶことは素晴らしい体験だった。自分の夕食を自分自身で探さなければならない——全然うまく探せなかったが——場所を訪れたのは初めてだったので、私はその活動に限りない満足感を見出していた。地球上で最も人口密度の低い地の1つであるグリーンランドの景色は荘厳で、私は科学者としての責務から離れ、少し冒険をしてみたくなった。そこで、漁の拠点としていた地から最寄りの集落までのおよそ40キロを、ハイキングしてみることにした。出かけたのは白夜の夜で、海岸沿いに歩を進める私の後ろを好奇心の強いアザラシの家族が尾行していた。

告白すれば、この時の私はアメリカ人として、どこか「ハリウッド的」に考えていて、北極熊がうようよいる地で最高のハイキングを終え、勝ち誇ったヒーローのように町に入っていく自分を簡単に想像できた。頭の中ではそのときのBGMさえ鳴りひびいていたほどだ！　しかし、7～8時間もたった頃、私は巨大な氷河の壁に行く手を阻まれてしまった。私はどちらか1つを選ばなければならなかった。思い切って氷河を乗り越える——それは非常に危険なことであった——か、それとも、あきらめてUターンし、7～8時間の道のりを拠点まで歩いて戻るかを。無論、仲間が既にキャンプ地を後にしていなければ、という条件付きである。（もしそうなったら、おそらく凍死するほかなかっただろう）。目標は町に到着することであり、心底成功させたいと願っていたが、最終的に、私はより慎重な道を取ることにした。つまり、私はUターンしてキャンプに引き返した。戻る途中、足が痛くなり、体温も下がっていく中で、**私はただ目標を取り換えただけだということに気づいた。**新しい目標は、安全にキャンプ地に戻ること、妻と子ども達が待つ我が家に生きて帰れるよう十分に用心することであった。それは、当初の目標に劣らず、価値ある目標であった。柔軟に考えることで、失敗だと考えられることを新しい意味で捉え直し、ハイキングの成功をイメージし直すことができたのだ。

目標の修正

同じような失敗をしたのは、アーミッシュの人々のもとを訪れて幸福の調査をした時であった。アーミッシュは、テレビや自動車といった現代の科学技術を使わないことを選んだキリスト教の一派である。アーミッシュの人々は意図的に彼らをとりまく近代社会と距離を置こうとするため、彼らの中に入り込むのは非常に困難といえる。私は彼らと親しくなり、信頼を得るために数ヵ月を費やした。それにもかかわらず、彼らが私の調査への協力を断った時、しかもしばしば土壇場でキャンセルした時（彼らは電話を持たないため、「前もって電話をする」ことはできない）、私は何度も苛立ちを感じた。私には、できるだけ多くのアーミッシュの人々に調査に参加してもらうという明確な目標があったが、その目標はどうにも達成できないような気がしていた。私は、アクセスしづらい集団の中に入っていき仕事をすることができることで知られていたものだったので、アーミッシュの人々と一緒の仕事に失敗することは、彼らに対する不満と同じくらい自分に対する失望を感じさせるものだった。調査への協力に対するキャンセルが何度となく続いた後、私は、いったん立ち止まって目標を見直してみようと考えた。すると、実は私の目標は、必ずしもアーミッシュの人々の目標ではないということに気がついた。私はこれまで、目標をこん棒のようにふりかざして、自分の言い分を通そうとしていたことに気がついた。

私は、アーミッシュの人々が何を望んでいるのか、そして、私が彼らに何をしてあげなければならないのかを考え始めた。幸福に関するデータを、採血する医者のようにただただ集めるのではなく、情報交換した方がお互いの利益になる。私はさっそく次の週からアーミッシュの小学校で異なる文化の日常生活についての講演を始めた。周辺の住民も私の話を聞きに集まってくるようになった。アーミッシュの人々からもらうのと同じくらいの情報を私から彼らに提供することによって、私は自分自身が良い気分になり、調査目標もより首尾よく達成できるようになった。データの回収率は急上昇したのだ。

アーミッシュの人々と一緒に調査をした場合も、イヌイットの人々と一緒に調査をした場合も、同じ厳しい現実を突きつけられた。**最も大事にしている目標は、時に深刻な困難に出くわすことがある**、ということである。こうした困難は外部の環境に由来していることもあれば、最初の段階でどのように目標を設定したのかに関係していることもある。このような事態が起こると、私達は不満に思ったり失望感を感じたりしがちだが、目標について柔軟に考え、失敗にかんがみ調整することができるようになれば、最後にはより幸福な気持ちになれるのである。仮にあなたの人生が物語、つまり本のように展開するストーリーであると考えれば、自分がその物語の著者であるとも想像できる。困難に遭遇した時でも、ストーリーを修正することができる。人生の物語をさらに良くし、より幸福になるようにストーリーを若干別の方向に変えることができる。私はグリーンランドで遠く離れた集落までハイキングすることに失敗したのではなく、不毛地域を無傷で歩き回ることに成功し、難しいが賢明な選択をしたのでおそらく命拾いをすることに成功したのだ。私は、非常に多くのアーミッシュの人々に私の調査に参加してもらうことに失敗したのではなく、アーミッシュの人々が望んでいたもの――彼らとは異なる文化についての情報――を伝えることに成功したのだ。失敗について柔軟に考え続けることは、失敗から学び、失敗を通して成長し、そして、失敗を成功に変える助けとなるだろう。

ここで話したような内容を論文にしたことはない。だが、同じように手ひどい失敗を通して貴重な体験をする機会は、これから先もボルネオやモンゴル、マダガスカルで私を待っているに違いない。

KEY

・失敗や困難は、最初の段階でどのように目標を設定したのかに関係していることがある。あなた自身のためにも、他者のためにも、目標を明確に設定しよう。

・一歩譲って目標を見直すことを恥だと思わないようにしよう。柔軟に考えられるようになろう。失敗だと思われることも、成功という観点から捉え直してみよう。

・あなたの人生が本のように展開するストーリーであり、自分がその物語の著者であると想像しよう。

ロバート・ビスワズ＝ディーナー　Robert Biswas–Diener

幸福に関する20以上の本や章を刊行しており、学術雑誌『Journal of Happiness Studies（幸福研究）』と『Journal of Positive Psychology（ポジティブ心理学）』の編集委員を務める。ポジティブ心理学サービスセンター（アメリカ）の創設者で、ポジティブ心理学応用センター（イギリス）のプログラム・ディレクターを務める。主著は『Happiness：Unlocking the Mysteries Psycological Wealth（幸福：心理学的豊かさの解明）』。ポジティブ心理学の恩恵を全ての人が確実に手にすることができるようにするために、「ストレンクス・プロジェクト」と呼ばれる組織も共同で設立した。

004 パラドックス

より多くの所得は、より多くの幸福につながらない

スタブロス・ドラコプーロス――ギリシャ

エド・ディーナーの研究は、年収が10万ドル以上あるような最も裕福なアメリカ人の幸福度は、彼らの下で働く人々の幸福度よりもほんのわずかに上回っているにすぎないことを実証した。それに、発展途上国の人々が富裕国の人々よりも幸福なのはなぜだろうか？　この現象は「幸福のパラドックス」と呼ばれている。スタブロス・ドラコプーロス教授は現在、お金が幸福に与える影響について調査している。さて、彼のアドバイスは？

所得と幸福との関係

多くの経済学者が明らかにした興味深い研究結果の1つは、所得水準と全体的な幸福度の報告との間の関係である。とりわけ、多くの国別調査の結果は、所得水準は人々が感じる幸福度にとってとても重要な要因であることを示唆している。しかしながら、この影響は、所得が低い時には大きいが、所得が高い時にはそれほど大きくないようである。専門家達は、所得水準と幸福度との間の

このような関係を「幸福のパラドックス」と呼んでいる。言い換えれば、貧乏な時には所得は人々の幸福にとってとても重要であるが、経済的にある程度余裕があるか、裕福であれば、所得はそれほど重要な要因ではない。これは、個々の国においてのみ見られる現象ではなく、さまざまな国を比較した時にも見られる現象である。例えば、周辺の多くの先進国よりも高い幸福度を報告している発展途上国がある。人というものは概して、食べものや住まいといった基本的なニーズが満たされていない時にはとても不幸を感じるので、そのような現象が起こるのだと主張する人もいるだろう。いったん基本的なニーズが満たされると、他のさまざまな要因が重要になってくる。これは、重要なニーズ（現代社会でそのように定義されているもの）を賄うのに十分な所得があることがきわめて重要であることを意味する。しかし、その水準から所得が増えても、その所得の水準に見合うだけ幸福度が高くなるわけではないようである。結果的に、所得水準がいったん社会的に決められた物質的ニーズを満たすのに十分になれば、他の要因——自由、生活の質、信頼、個人的・社会的な関係——全てが所得よりも幸福度に影響を与えることになる。

この解釈の理論的な基礎にあるのは、人間のニーズが階層的な構造をしていることである。それゆえ、所得は幸福にとって重要な要因であるが、両者は、所得が増えれば増えるほどますます幸福度が高まるという正比例の関係にはないのである。

所得が幸福に与える影響については、経済学者が「比較所得（Comparison income）」と呼ぶものもある。「比較所得」が意味するのは、私達は自分の所得を同じような仕事をして、同じような経歴・資格を持っている人の所得と比較する傾向があるということである。とりわけ私達は、同じような仕事・経歴・資格を持っている人の所得と比べて自分の所得が遅れを取っていることがわかった時には不幸を感じる傾向がある。結果として、たとえ昇給したとしても、もし同僚が自分よりもより大幅な昇給を得たならば、幸福度は上昇しないだろう。

総括すれば、いったん基本的なニーズを満たすのに十分な所得を得て、所得以外の要因を重視するようになれば、私達の幸福度にとって有益だろう。

KEY

- 所得は幸福度にとって重要な要因であるが、所得が増えれば増えるほど幸福度も高まるという関係ではない。
- 自分の所得を同僚や他者の所得と比較しないようにしよう。
- 自由、生活の質、信頼、人間関係をより重視しよう。それらは所得よりも幸福度に影響する。

スタブロス・ドラコプーロス　Stavros Drakopoulos

アテネ大学（ギリシャ）の経済学教授。スコットランドのアバディーン大学とグラスゴー大学の講師も務める。『Values and Economic Theory：The Case of Hedonism（ヘドニズムにおける価値および経済の論理）』など多くの刊行物がある。幸福度と経済学との関係に焦点を当てて研究を行っている。

005

幸福について学ぼう

長い目で見れば、幸福な社会だけが生き残る

エルンスト・ゲーマッハー――オーストリア

「実験的な社会政策のいくつかが花開いて、数多くの分野でより多くの幸福がもたらされようとしている――教育の分野でも経済の分野でも、医療の分野でも住環境の分野でも、教会やスポーツクラブにおいても。分野は実に多様だ」とエルンスト・ゲーマッハーは言う。幸福には良い形のものと悪い形のものがある。良い方を訓練せずに学ぶことはできるのか？

健康、友人、そして楽しみ

過去40年間、社会科学者として幸福度の研究に携わったことで、私は次の2つの法則を学んだ。

↓長い目で見れば、幸福な社会だけが生き残る――そのような社会こそが、文明が発展する過程における勝者となりうるのである。人類の幸福度は、歴史を通じて文明、文化、コミュニケーション、経済などの成熟度を検証するのにきわめて重要な尺度であった――それは現在も同じである。人類の幸福度はまた、家族単位から人類全体にいたるまでのあらゆる社会集団における連帯

の度合いを測る有用な指標でもある。

進歩は知識に、そして知識は客観的な観察によって成り立っている。客観的に観察できるかどうかは、正確に測定できるかどうかにかかっている。原子や宇宙の大きさ、脳内の神経細胞の動き、あるいは経済学における需要と供給の循環なら測定することができるようになった。しかし、広く認められた幸福の測定基準というものはいまだ存在しない。もし、将来的な大惨事を避けたいならば、各国は客観的な尺度として機能的に優れた国民総幸福量（Gross National Happiness Product）を全世界の新しい国際秩序のために最優先すべきである。

そうはいっても、幸福は簡単にみつかるものではない――それを保持するのはもっと難しい。世の中には優れた、長続きする「持続可能な」形の幸福がある。日曜大工に熱中する時の楽しさ、愛し合うこと、友情を育むこと、健康とフィットネス、新しい知り合いができること、そして社会が良くなったことを実感する時のような幸福である。一方、悪い形の「中毒性の」幸福もある――アルコールと薬物、成功と地位への固執、くだらない娯楽、そして孤独な社会生活に浸るような幸福である。長い目で見ればこうした中毒性の幸福は、あなたとあなたの周囲、ひいては社会を駄目にする。

良い形の幸福は、学び、訓練して身につけるべきものである。人は簡単に悪い形の幸福に陥りがちだ――ストレスを感じたり、貧しい状態の時には特にそうである。しかし、良い形の幸福は、あなたの友人、近隣の人々、社会にとってばかりでなく、人類全体にとってもためになるものだ。あなたにとって良いものであることはもちろんのことである。元来、幸福は民主的なものなのだ。個人的な関わりがなければ幸福にはなれないが、個人的に関わっていても、他者からの力添えがなければ幸福にはなれない。

幸福に関する研究からは、明確なメッセージが得られる。もし、次のFで始まる基本的な3つの要素が備わっていれば、幸福を見つけることができるだろうし、年とともに高めることさえできる。それは、健康的であること（Fitness）、友人（Friends）、そして楽しみ（Fun）である。

↓健康的だろうか？――年齢が50歳以上で、孤独で不健康な生活を送っている人々が慢性的な病気にかかる割合は80％以上である。一方、良い「社会関係資本」（例えば地域コミュニティにおいてうまくやっている）を持っていて、仕事を楽しむ、あるいは趣味を活発に行っている人々の間では、その割合はたったの5％である。

↓友人がいるだろうか？――「社交的な」幸福を得られる可能性が最も高いのは、完全に信頼でき、困った時には頼ることができる親密な関係の人が、家族や友人の中に、少なくとも4人（ただし多くても12人までのようだ）いる場合である。同時に、その他にも、少なくとも15人（上限はない）のよく知っている人と友好的で協力的な関係と、大きな社会的組織体（「最適な社会関係資本」の基準）への強い所属感も持っている場合である。

↓楽しみなことはあるだろうか？――富（所得と物質的財産の総額）は貧しい人を幸福にし、金持ちを不幸にする。富の成長（勝利、獲得、経歴、昇給、一般的な経済成長）により、人々は短期的には幸福になれるが、その幸福は長続きしない。富の不平等は敵対心を生み、最終的には全ての人を不幸にする。持続可能な良い形の幸福を獲得するよう目指すべきである。

幸福は学ばなければならない。幸福は学校で教えることさえできる。実際に、中等教育における「幸福の授業」の最初の試みは、うまくいったことが証明されているのだ。

KEY

・中毒性のある悪い形の幸福は捨て、持続可能な良い形の幸福を選びなさい。
・3つの基本があれば、あなたの幸福度は上がる。それらは、健康的であること（Fitness）、友人（Friends）、そして楽しみ（Fun）である。
・幸福は学ぶことができるし、学ばなければならない。だから、すぐに学び始めよう！

エルンスト・ゲーマッハー Ernst Gehmacher

「本書に私のメッセージを寄稿することは、私自身の幸福にも有益なことだった」とゲーマッハー教授は言う。ローマクラブとBoaS（ドイツソーシャルリサーチ協会）に所属し、経済協力開発機構（OECD）に深く関わっている。OECDのプログラム「社会関係資本の測定（Measuring Social Capital）」は、世界的規模において幸福追求の観点からの政策決定を行うための第一歩となるものである。

006

ウェーブ

幸福になる可能性についていったん考え始めてしまえば、すでにあなたは幸せに向かっている

ホセ・デ・ヘスス・ガルシア・ベガ——メキシコ

メキシコのひとりあたりの所得は約7千ドルである。オーストラリアの5分の1だ。それにもかかわらず、メキシコは幸福度のランキングでオーストラリアよりも上位に位置している。学術雑誌『The Journal of Happiness Studies（幸福研究）』によれば、「いったんある程度の——今日のメキシコぐらいの——生活水準に達すれば、それ以上に富が増えても幸福度は増加しない」のだとか。ガルシア・ベガ博士は、住まいも仕事場もメキシコのモンテレイにある。60年代にいわゆる「ウェーブ」の発祥地の1つとされたことで有名となった場所である〔訳注：スタジアムの観客が連続して立ったり手を振ったりしてうねりを起こす行動。1986年のメキシコワールドカップの際に広まったことから、英語では「メキシカン・ウェーブ」という〕。さあ両手を挙げて、リズムに合わせて振ってみよう。

究極の目標

幸福とは旅の過程であって、目的地ではないという。実際、私にとっての幸福の研究は、まさに

旅であった。実に素晴らしい旅だ！　しかし、幸福を研究することが可能なことを知る以前から、私は幸福が人生において最も重要であると感じていた。私達が行うたいていのことは私達を幸福にしてくれる、というアリストテレスの言葉を再発見した時、幸福が究極の目標であることをはっきりと自覚できたのである。

それ以来、私の人生をより気楽でより幸福なものにしてくれるアイデアを、他にもいろいろと見つけた。そしてまた、それを福音として世界に広めていくことこそが私の仕事だという思いを抱くようになった。私はしばしば、無知は幸福になるための最大の障害であると思う。人々をより幸福にするのに役に立つ道具や手段、アイデアはたくさんあるし、それらは有効であると科学的に証明されているというのに！　誰もがそれらを利用できるようにすればいいだけなのだ。

手始めに、まずは今より幸福になる可能性について考えてみよう。いったん考え始めれば、すでにあなたは幸福に向かっていることになる。幸福になる必要があることを忘れたまま一生懸命働き、成功を目指して右往左往することに人生を費やしている人々が多いのは驚きである。私達は絶えず物質的充足を得ようと努力しているが、それらを楽しもうとする時には、すでに手遅れであることに気づく。よく言われていることだが、人は、人生の中で最高の時期を金儲けに費やし、いつの間にか健康と家族を犠牲にし、結局、損なった健康と疎遠になってしまった家族との関係を回復させるために稼いだ分と同じ額を支出して、残りの人生を費やしているのだ！

私は、物事をあるがままに受け入れることができれば、とても助かることも学んだ。「神よ、変えることのできないものを受け入れる忍耐力を与えたまえ：変えるべきものを変える強さを与えたまえ：そして、それらを見分けることができる知恵を与えたまえ」という昔からある祈りの言葉を思い出す。私達は、自分に起こることに対して不満を述べるのに多くの時間をかけるが、これはただ時間と努力を無駄にしているだけである。常に不満を言い、絶えずより多くを欲することはできるが、そうしても決してどうにもならない。幸福になるためには、持っている物を楽しむ必要があるのだ。

さらに私は、どんな状況に直面しても、その時にどんな方法で対処するかを選ぶ自由はいつも自分にあることにやっと気づいた。たとえ失敗したり失望したりしても、座って泣くか、あるいは、元気を出して何とかしようとするかを決めることができるのは自分である。私はこのモットーを大事にしているし、他の人にもそうするようすすめたい。結局のところ、私の幸福は私自身と私自身の考え方次第なのである。その他のことは全て、二の次なのだ。

私にとって人生とは、全ての人々が招待されている素晴らしいパーティーのようなものである。私達がすべきことは、ただ楽しんで幸福になればいい。そして、私達が支払わなければならない唯一の会費は、他者も幸福になれるように手助けすること、パーティーの後、会場を元通りにすることであり、ことによるとその部屋を元の状態よりも良い状態にしてもいいだろう。先人達は、私達が楽しむことができるようにと、この素晴らしい舞台を努めて残したのだ。私達が立ち去った後の人々のためにも、先人達と同じようにしなければ不公平というものだ。

KEY

・幸福になることを忘れないようにしよう。多くの人は、人生の中で最高の時期を金儲けに費やし、いつの間にか健康と家族を犠牲にし、結局、損なった健康と疎遠になってしまった家族との関係を回復させるために稼いだ分と同じ額を支出する。
・物事をあるがままに受けいれなさい。幸福になるためには、自分が持っているものを楽しむ必要がある。
・どんな状況に直面しても、その時対処すべき方法を選ぶ自由はあなたが持っている。

ホセ・デ・ヘスス・ガルシア・ベガ　José de Jesus Garcia Vega

メキシコのモンテレイ大学のウェルビーイング研究所に勤務。「おそらく、幸福の研究から得られた最も素晴らしいことは、世界中にいる研究者達と友誼を結べたことである。彼らはいつも、私が幸福になるために、そして、人を幸福にすることをさらに学ぶために、進んで力を貸してくれる。彼らは素晴らしい人々であり、私と同僚の多くが幸福の研究を発展させるために手助けしてくれている。」

007

中国における人間関係《グアンシー》

幸福は個人的な努力だけの問題ではない

インイ・ホン――中国

西洋社会は個人の幸福に焦点を当てる傾向がある。他の国々では、社会がより主要な役割を果たすことがある。社会を形作っているこの人間関係というものはしばしば、理解しがたく、説明しづらい。中東諸国では、それをワースタ（wasta）と呼ぶ。似たような概念はフィリピンにもあり、それは、ウタン・ナ・ループ（utang na loob「恩義、義理」）として知られている。香港とニューヨークで調査・研究していたインイ・ホン教授は、中国文化における人間関係、すなわちグアンシー（Guanxi）の重要性を指摘している。

中国文化における幸福の二面性

中国文化の特徴として、（西洋文化に比べて）人々の間の結びつきがより強いことが研究から明らかになっている。多くの中国人とって、社会的な義務を果たすことは、個人の権利を主張するよりも、優先されることが多い。これは、中国人がたとえ義務と責任をないがしろにして自分の望みをかなえても、幸福を感じないことを意味する。この2つが両立する必要があるのだ。西洋社会で見られる個人的なタイプの幸福は、興奮、喜びと関係しているが、その他の国々で見られる社会的なタイプの幸福は、安心感や平穏、調和した気持ちと関係がある。

しかし、そうはいっても中国社会は一枚岩でできた存在ではない。国民は人種と宗教において多様であり、外国文化と高度経済発展に影響を受けている。現代中国においては、中国人は市場経済から生じる需要に直面し、社会的地位を高めるために他者と競争する必要性に向き合う一方で、昔と変わらず、心身ともに援助を求めて社会的な関係を頼みにしている。

こうした二面性が、人間関係《グアンシー》という他者との関わりを形成させる。その関わりを通じて、人々は個人的な利益を手に入れる一方で、同時に社会的義務に制約され、それを守っている。こうした複雑な社会的マトリックスにおいてうまく世渡りをすることが、現代中国では幸福の必須条件である。

さらに状況を複雑にしているのは、さまざまな哲学や宗教的信条が共産主義的な思想の支配に立ち向かっていることである。仏教、道教、儒教という長い伝統とは別に、キリスト教とイスラム教の影響が増加している。いろいろな哲学や宗教的信条を持つ人々が、それぞれの方法を使って幸福を追い求めている。そのため、幸福を得るために共産党が規定している義務を果たすことだけが幸福にいたる道だと考える人々は以前よりも少なくなっているようだ。

KEY

・幸福は個人的な努力だけの問題ではない。
・幸福は社会的な義務や責任を果たすことにも関係している。
・幸福感は興奮や喜びという形だけでなく、平穏や安らぎという形でも表現される。

インイ・ホン Ying-yi Hong
香港とニューヨークで調査・研究に携わる。現在シンガポールの南洋理工大学とイリノイ大学アーバナ・シャンペーン校の心理学部に勤務。国際異文化研究協会の会員であり、学術雑誌『International Academy for Intercultural Research（文化と心理学における研究の進歩）』の編集者である。

008

ロシアのトンネル

「人間は、社会的な動物である」

エカテリナ・セレズネワ――ロシア

「1990年代の初頭以降、成功や一般的な生命の価値、さらには「標準的な」行動パターンに関して、ロシア人の考え方が新しくなってきている。この変化のプロセスが進むにつれて、ロシアに独特の現象が現れた。トンネル効果と呼ばれるものの存在である」とエカテリナ・セレズネワはまとめている。彼女の研究では、特にロシアの経済体制が変化する混乱の時期における準拠集団（自分と同じ社会的レベルにあって、自分の生活の比較対象になりうる人々を指す）の幸福と社会規範に与えるトンネル効果の影響に焦点が当てられている。

「私達は違う車線を走っている」

ロシアの社会と経済の構造が変化した時、人々はいわゆる「社会的流動性」、つまり社会的な地位の階段を上る可能性が出てきたことに気がついた。ロシア人は皆、映画で「アメリカン・ドリーム」を見たことがあった。それは、ほんの少し運があれば、貧しくても才能のある人は華々しい経歴を築くことができるというものだ。アメリカン・ドリームは今や実現可能となり、すべての人（かつてそれは共産党員だけが手にすることができた）にそのチャンスがめぐってきた。

しかし、このように絶えず変化し続ける状況で、いかにして自分に訪れたチャンスを見極めればいいのか？　自分の準拠集団を代表する人々（自分と同じ区域に住んでいる似たような人々）が達成したことを観察することによって、付加的な情報を得ることができるかもしれない。言ってみれば、彼らはあなたと同じ「トンネル」で同じ交通渋滞の中を走っているが、車線が違うだけなのだ。違う車線を走っている彼らがもし運よくどんどん前に進んでいけたとしたら、あなたはどう感じるだろうか。彼らに続いて、全く同じことができると期待して喜ぶのではないだろうか？　次は自分の番だ。落ち着いて、焦ることはない。幸運の女神は間もなくやってくるだろう……。この種の感覚を抱かせるような極端な流動性が社会にもたらされることは、「ゲームのルール」が長い間固まっている社会ではめったに起こらない。ところが、ロシアではそれが起こったのである。

私の研究によれば、２００２年にロシアが市場経済体制を持つ国としての地位を確かなものにした時点でも、その移行の過程はロシア国民の精神の上ではまだ完了していなかった。準拠集団の中で他の人よりも得るものが少なかった人々は、依然として自分達の状況が改善されるだろうと信じていた――変革が始まってから15年が経過したにもかかわらず、である。

「人間は社会的な動物である。」たとえこの意見にたいていの人は賛成するとしても、社会的環境の影響が私達の行動や、その行動に対する評価、そして人生全体にどれだけ深刻に作用するものなのかということは、普段の生活では容易にはわからないものだ。直接的であれ間接的であれ、知っている人々だけではなく、知らない人々を含む関係の中に組み込まれることは、世界中の誰かと絶えず比較されることを意味する。

KEY

・いつも楽観的に将来を考えなさい。そして、幸運を祈りなさい。
・その一方で、自分の番が来るのをただ待っているだけではいけない。積極的に行動し、スキルを高めなさい。
・この世は絶えず変化し続けている。「古いゲームのルール」に黙って従っていてはならない。

エカテリナ・セレズネワ　Ekaterina Selezneva
ロシアのサンクト・ペテルブルグ大学とイタリアのトリノ大学で調査・研究活動を行い、現在はドイツのレーゲンスブルクの東欧研究所で研究員をしている。経済学、労働市場、ジェンダー、そして主観的ウェルビーイングとの関係に関心がある。

009

サハラの教え

幸福は歴史の問題でもある

ハビブ・ティリュイヌ——アルジェリア

サハラ砂漠のど真ん中で暮らす人の生活条件は厳しいはずだ。それにもかかわらず、彼らは笑顔でいることが多い。彼らは幸福なのだろうか？　また、彼らの幸福観が次第に変化していることは、どのような影響をもたらすのだろうか？　アルジェリアには、より「現代的」な北部と、より伝統的な南部との間に顕著な違いがある。ハビブ・ティリュイヌ教授とその研究チームは、長年、アルジェリアの人々の幸福感を調査している。北から南まで、18ヵ月ごとに、1万人以上の人を面接する。サハラの砂漠から得た教訓とは？

危険をおかして変化する？

ますます互いの距離が縮まっていく世界においては、発展途上国といえども近代化の波から逃れることはできず、その要求に適応するほかない。そのプロセスは、個人レベルにおいても社会レベルにおいても痛みを伴いうる。例えば、１９９０年の初め以降、アルジェリアを震撼させた、かつて経験したことのないような危機的な状況の数々を、このもっと広い視点から考えてみよう。

アルジェリアにおける生活への満足感と主観的ウェルビーイングを調べてみると、たいてい先進国より低い。このことは生活水準の低さだけでは説明できない。この説明だと、アルジェリア南部、サハラ砂漠の奥深くにあるアドラル地区で集めたデータと矛盾するのだ。予想外なことに、こうした場所に暮らす人々の幸福度は、より発展していて、より近代的な――したがって、より所得水準が高い――北部のオラン地区に暮らす人々よりも高い値を示す。こうしたパラドックスをどうすれば最もうまく説明できるだろうか？

一見したところ、家族の強い絆、個人間の高い信頼、宗教的な強い兄弟愛であるザウィーヤ、治安問題の少なさといった、西サハラ《サハラウィ》の人々の社会の伝統的な構造は、時を超えて保たれているようだ。地域のつながりはうまく機能し、社会的役割は「伝統的な」社会制度の中であらかじめ定義されている。それにひきかえ北部のコミュニティーは、伝統的な社会的連帯を失ってしまったがゆえに、一体感が弱い。これは、個人の幸福に負の効果をもたらす。私たちはさらに西サハラ《サハラウィ》の人々の間では、男女間での生活への満足度と幸福感の違いも、近代的な北部に比べてかなり小さいことを発見した。

歴史的に言えば、アルジェリア南部（サハラ地域）は、外国からの影響――主にフランスの植民地政策――から隔たっている。北部における植民地支配の重圧は、個人生活と社会生活のほぼあらゆる面を混乱させた。したがって、幸福は歴史の問題でもあるとも言えるだろう。

幸いなことに、人間社会には回復機能が本来備わっていて、そうした衝撃に立ち向かうのを助ける。私達の研究結果では、アルジェリアで近年見られた社会的混乱の悪影響が徐々に解消し、国の経済が徐々に改善するにつれて、国民のウェルビーイングも少しずつ高まっていることが裏付けられている。しかし一方では、さまざまな社会集団の間で幸福度に多様な格差が生まれ始めているという事実も見過ごしてはならない。例えば、学歴が低い人に比べて高い人の方がより幸福だと感じている。他の社会集団でも、独身の人に比べて既婚者、信仰心の低い人に比べて高い人、不健康な人に比べて健康な人で幸福度が高いようだ。他国においても、同じように比較してみると、この傾向がたいてい当てはまるのだが、注意すべきポイントがいくつかある。

ある国際的な研究がすでに明らかにしているように、イスラム教とイスラム原理主義とを同一視することは全くの間違いである。イスラム教の宗教性は、他の形の宗教性と同様、幸福度を高めることにつながっているという研究結果が出ている。宗教は信者に人生の意味を与えるからである。人生に意味を持つことと幸福であることとの間に関係があることは、先行研究ですでに証明されているとおりである。

もちろん、こうした結果に対する解釈の仕方はたくさんあるが、少なくともこれらは、個人の人生にある程度の安定があることが、人のウェルビーイングにとって必要条件であることを示している。こういうわけで、良い学歴、配偶者、信仰／精神生活を持っていること、健康であること、これら全てが幸福と関係があることは、自明のことと言ってよい。

しかしながら、私達の研究から明確な教訓をもう1つ引き出すことができるだろう。個々の社会はそれぞれ独自のペースで変化を受け入れる。ただし、もし早い変化が必要ならば、統治者は十分な思慮分別をもって、人々を非人道的に扱わないように、そして「社会関係資本（ソーシャル・キャピタル）」を壊さないようにするべきである。これは発展途上国全般における、あらゆる階層の統治者や意思決定者にとっての良い教訓となりうる。基本的な安定を保ちつつ、いかにして国を近代化するかということは、指導者たちの最大の関心事でもあり、また最大の課題でもあるに違いない。この点において、幸福度の社会調査は指針を提供し続けなければならないし、幸福の研究は意義ある取り組みであり続けるといえよう。

KEY

・幸福は歴史の問題でもある。個々の社会はそれぞれ独自のペースで変化を受け入れる。
・伝統的な地域に暮らす貧しい人々は、近代的な地域の裕福な人々よりも幸福なことがある。
・個人の人生にいくらかの安定があることが人の幸福にとっての必要条件である。

ハビブ・ティリュイヌ　Habib Tiliouine

アルジェリアのオラン大学教授でアルジェリアの社会教育研究所の創設者。イスラム諸国の生活の質、幸福の研究、そして、開発・教育政策に関する専門知識を構築してきた。『The Journal of Happiness Studies（幸福研究）』誌の編集委員を務める。

010

誇りと謙遜

ミハエル・アイト——ドイツ

「人生でポジティブな感情を抱くことはとても大切だ。喜び、誇り、愛着、愛情、そして充足感は、幸福な人生の重要な要素である」。しかし、こうした感情が社会的文脈の中に組み込まれていることこそが重要なのだ、とミハエル・アイトは語る。

社会的な人間関係はポジティブな感情を生み出す最も強力な源の1つであり、そうしたポジティブな感情は、他者との連帯の中にあったほうが維持しやすいことを知っておくのは重要である。しかし、そうしたポジティブな感情の質とそれが幸福に与える影響力は、社会的文脈で変化するということも理解しておく必要がある。

「誇り」を例にとって考えてみよう。誇りは西洋の諸文化では重要な感情の1つである。なぜなら、誇りは成功を収めていること、目標を達成できていること、そして自尊心を表すからである。だから、誇りを感じることが多い人は幸福度も高いだろう。しかし、**成功がひとりの人間の単独行動の結果であることはほとんどない**——それは、他者の関与とともに、幸運にも左右されるものなのだ。成功は、明確であることもそうでないこともあるが、ある程度は他者の貢献（たとえ遠い昔のものであるにせよ——例えば、両親、教師など）があってこそのものなのに、人はしばしばそのことに気づかないまま、誇りに思っていることがよくある。

あなたが幸福で成功した人生を送ることができるのは、他者の力添えのおかげであり、あなたの運が良かったからである。この点に気がつくことは、真の幸福にとっての重要な条件であるように思われる。なぜか？　なぜなら、そこに気がつけば、誇りを謙虚さと感謝の気持ちに結びつけることができるからである。感謝の気持ちを伴わない誇りは、感謝の気持ちに根づいた誇りよりも、長続きする幸福の源としてはかなり弱い。それどころか、感謝の気持ちがなければ誇りはナルシシズムになりかねない。人生全般に対する、とりわけ他者に対する強い感謝の気持ちは幸福の主な源である。このことは、誇りに当てはまるだけでなく、他の多くのポジティブな感情にも当てはまる。**もし、誇りのような個人的な感情が、誰かへの感謝といった他者を巻き込む形の社会的な感情と組み合わさると、私達の幸福にはるかに強い影響を与えるものとなる。**それゆえに、日頃から人生においてポジティブにものごとを考えるとともに、深い感謝の気持ちを心に抱くようにすることによって、真の幸福へと続く道をみつけることができる。

ミハエル・アイト　Micheal Eid
この20年間、主観的ウェルビーイングに関する研究に従事。ドイツにあるベルリン自由大学の心理学教授であり、ランディ・ラーセン（Randy Larsen）とともに『The Science of Subjective Well-being（主観的ウェルビーイングの科学）』誌の編者を務める。

011

レシピ

幸福はオーブンから

ドゥブラヴカ・ミリコヴィチ、マイダ・リヤヴェチ――クロアチア

疑り深い人は言う。「幸福のためのレシピなどはない――鍋や釜の中に何を入れるというのか？」と。それにもかかわらず、ドゥブラヴカ・ミリコヴィチとマイダ・リヤヴェチは、これへの完璧な反論になりうるレシピを思いついた。２人がはっきりさせたのは、本当に必要なのはどの食材で、さらにおいしくするのがどの食材なのか、ということだ。分量の違いは人それぞれの好き嫌いによって変わることもあるだろう。しかし、最も重要なのは、レシピを試してみるのに大がかりなパーティーを待つ必要はない、ということだ。これは日々の食卓に幸福を並べるレシピである。

6つの基本食材とお好みで選べる5つの食材

まずは良いオーブン（長い間ご家庭で使用しているもので結構）と、多少の料理の腕、適度な温度、そして十分な時間を用意すること。

6つの基本食材

数人の信頼できる友人（さらに、場合によってはただ違いを知るために悪友もひとり）。

愛情のある安定した関係ひとつ（一度に複数はいけません！）。

自分のスキルに合ったやりがいのある仕事。

基本的なニーズを満たすのに十分な程度のお金（たまに自分への褒美があってもよい）。

毎日、良いことが少なくとも3つ。

以上全てを持っていることへの感謝の気持ち。

お好みで選べる5つの食材

ひとり以上の子ども（人数に応じて感謝の気持ちを追加すること）。

神さまがひとり（まあ、大体の場合）と聖人数人。

数年の高等教育期間。

身体の健康と、（程度の差はあるが）心の健康。
2、3の失望した経験。

全てを「生の」意見と混ぜ合わせること。食卓に出す際は、ネガティブな感情よりもポジティブな感情を優先すること。時々不安を感じても、（より）楽しむようにしましょう。そして、好奇心を持ち続けること、新しいことを身につけ続けること、人として成長し続けること。

KEY

・あなたのパーソナル・ヒストリーと能力が基礎になる。
・基本食材全てとお好みで選べる食材のうちのいくつかとを混ぜ合わせなさい。
・あなたの幸福料理に最後の味付けをするのはポジティブというソースである。

ドゥブラヴカ・ミリコヴィチ Dubravka Miljkovic
マイダ・リヤヴェチ Majda Rijavec

渇望と生活満足度に関する何冊かのヒット作品の著者である。教員養成に関わり、中学校にポジティブ心理学のプログラムを導入している。心理学者として、またクロアチアのザグレブ大学の教授として共同で仕事をすることが多い。「幸福？　幸福とは、自分の才能を見つけて使うこと。私達に関しては、執筆活動と教員として働くことが得意で、２人で一緒に仕事をする時が最もうまくいく。２人で負うことが、幸福の重要な要素ですね。そして私達はそうすることをとても楽しんでいます。」

012
バイキング・ワールドの秘訣

効を奏しているのは、強い個人主義と高い信頼の組み合わせだ

クリスチャン・ビョルンスコフ――デンマーク

クリスチャン・ビョルンスコフは、住まいも職場もデンマーク――世界で最も幸福度の高い国――にある。デンマークがうまくいっている理由は何だろうか？　そして、彼自身経済学教授として幸福の研究をすることになったきっかけは何だったのだろうか？　答えはアイスクリームの重要性にある。

始まりはアイスクリーム

私が幸福の研究を始めたきっかけは偶然だった。窓の外に広がるデンマークの夏の風景があまりにも魅力的だったものだから、社会資本と経済成長に関する論文を書くことに集中できず、私はぼんやりし始めた。そうしているうちにどういうわけか、社会資本の新しい概念と、その頃関心を持つようになっていた幸福の経済学とが結びついていた。私は結局、机を離れ、アイスクリームを手に、そのまま太陽の下へ散歩に出かけた。何か別のことをしながら、無意識を自由に働かせることにしたのだ。

2週間後、問題は整理され、私は幸福研究の分野に最初の論文を投稿した。論文のタイトルは「幸福な少数者（The Happy Few）」で、ほとんどの調査で、私の母国デンマークを含む少数の国が世界で最も幸福な国として首位に立っている理由についての概要を説明した。秘密は、北欧の福祉国家体制でもなければ、行政サービス、民主主義や他の政治的説明でもない。人々は福祉国家が行うほぼ全てのことにあっという間に慣れてしまうので、幸福とは無関係なのだ。そうではなく、デンマーク人は誠実であることにおいて、他のどの国の人々よりも互いに信頼し合っているのだ――そして実際、驚くほど誠実なのである。

思いがけないことであったが、私はその後研究室を出た。何か他のことをするために敷かれたレールを外れるという私自身の行動は、デンマーク人の幸福度の一因となっているもう1つの特徴を表しているかもしれない――個人の自由の存在を信じ、それに従って行動するのである。言い換えれば、個人の自由を強く意識することは、世界で最も歴史のある王国を幸福度世界第1位へと押し上げたちょっとした魔法である。デンマークとアイスランド――上位5位に入っている国である――の人々は、とりわけ（そして、驚くほど）幸福に暮らすラテンアメリカの国々の人と共通の考え方を持つ傾向がある。もし人生で何かおかしければ、自分で修正できるという考え方だ。

スウェーデン人とノルウェー人――かつてのバイキング世界のもう半分を構成していた――は、この完全に個人主義的な考え方を、デンマーク人とアイスランド人ほどには特徴として持っていない。スウェーデン人とノルウェー人が幸福度において遅れをとっている主な理由の1つはおそらくここにあるのだろう。功を奏しているのは、デンマーク人の強い個人主義と同胞への高い信頼の組み合わせなのである。

幸福の研究に携わっている他の社会学者たちと知り合うことで、私はこの研究分野で最も重要かつ最も大切な教訓を教わった。要するに、幸福の研究から私達は数多くの驚くべき洞察を得るが、客観的に見て「いいこと」とされる多くのものは、主観的ウェルビーイングの一因とはならないと受け入れなければならない、ということである。

子どもを持つことが幸福な人生だとは限らないし（多くの場合そう言っていいと思うが）、民主主義やジェンダーの平等、所得の平等といった「いいこと」は、全く重要でないか、あるいは裕福な国においてのみ重要であるかのどちらかだ。そして、良いものであろうとなかろうと、経済的・政治的な変化に人々は驚くほど早く慣れてしまうものだ。だから幸福への助言ということになれば、古代ローマの時代に言い尽くされている――「今を生きよ《カルペ・ディエム》」。自分の人生の主導権を持ち、責任を負い、なおかつその人生は自分で変えることができることを意識しよう。たとえそれが必ずしも、「やらなければならないこと」に沿わなかったとしても、だ。

確かにあの夏の日、私は幸福の研究の中に迷い込み、自分がやらなければならないことをしなかった。しかし、結局それで良かった。ユリウス・カエサルはかつてこのように言った。「四六時中、死の恐怖の中で生きるよりは、一思いに死んだほうがましだ」生きている間は、人生を楽しめばいい。

KEY

・自分を強く信じなさい。そして、同胞たる人類に高い信頼を寄せなさい。
・自分の人生の主導権を持ちなさい。そして、責任を負い、自分の人生は自分で変えることができることを知りなさい。
・思い切ってアイスクリームを食べなさい。やらなければいけないことばかりをやっていてはいけない。生きている間は人生を楽しみなさい。

クリスチャン・ビョルンスコフ Christian Bjørnskov
デンマークのオーフス大学の経済学教授。社会的信頼、主観的ウェルビーイング、そして生活満足度に関して多くの著作物を著している。水泳のコーチとして、他者の才能を伸ばすことにも長けている。

013

良薬

ヘーリ・コイヴマー＝ホンカネン――フィンランド

フィンランドでは20年以上にわたって、18歳から64歳までの「フィンランド双生児コーホート」〔訳注：疾患や社会的な調査のために集められた双子の集団〕出身者2万人以上を追跡調査し、生活満足度と幸福度を測定している。研究者へーリ・コイヴマー＝ホンカネンは、健康な人がより幸福なわけではないという結論に達した。その逆は正しい。幸福な人は、より健康なのだ。よく効く幸福の薬の3つの成分とは。

私達の20年以上の統計データの分析が明らかにしているのは、結局のところ人々が健康であろうと病気であろうとたいした問題ではないし、将来の健康のことにしても（たとえ、障害を負うことになろうが）たいして問題ではない、ということである。自分の人生に満足している人は、満足していない人よりも常に暮らし向きがよく、より幸福である。彼らの生活満足度は、4つの要因に基づいている（幸福、孤独、興味、生活水準）。この満足度は、全ての年齢層の健康に関する強力な指標であり予測因子である。生活に満足している人は、長生きし、自殺することもより少ない。

うつ病と統合失調症に関しては、うまく機能している社会的支援のネットワークを持っていることが、より高い生活満足度とより良い治療結果が得られるかどうかの判断材料となる。

人は歴史を通じて、生活満足度と幸福が健康にとってプラスになることを知らないまま、幸福と心の安寧を得ようと絶えずもがき続けてきた。今ではこのことを私達はちゃんと知っている。心の健康状態が良いことは、持続的な利益をもたらす。最も重要な要因は、人生を楽しく過ごすことができる能力、他者を尊敬し、必要とし、そして愛することができる能力、そして良好な関係を築き、維持することができる能力である。こうした能力をひとりで身につけることはできない。生まれたまさにその瞬間から育てていく必要がある。心の健康の良好な状態は、社会の中のあらゆる方面において形成、維持、促進が可能であるし、また、そうすべきだ。今そうしなければ、ただ将来世代につけをまわすだけである。

私はこの本により世界中の人が、幸福と主観的ウェルビーイングの大切さについて注目してくれることを期待する。というのは、それらは、人々の心の健康を評価し、早期に身体的・精神的健康についての予防法を促進する方法であるからだ。

ヘーリ・コイヴマー＝ホンカネン　Heli Koivumaa-Honkanen
フィンランドのオウル大学、ラップランド病院の精神科とクオピオ大学病院の教授。静かなフィンランドの夏の小別荘で、サウナの後の午後の夕日を楽しむことは、心の健康にとってことのほか良いと信じている。

014

健康の要因

アクセル・R・フグル=メイヤー――スウェーデン

あるレポートによれば、スウェーデン人の男女は4人に3人の割合で人生全般に対して満足しているか、とても満足していると答えたという。つまり、スウェーデン人は幸福なのだ。彼らの幸福度に大きな影響を与える4つの要因を重要度が高い順に挙げると、人間関係（配偶者、家族生活、性生活）、健康（体と心の健康）、余暇（友人との交流、レジャー活動）、そして、生活水準（仕事、経済）である。特に、人間関係の親密さは強い正の影響を与える。この影響は、配偶者の状態と大きく（そして不可避的に）関係している。（したがって、この影響は、配偶者がいない場合にはより低くなる）。知覚される職業と金銭の状態も幸福度と関係しているが、健康であることに比べるとその程度はずっと低い。

しかし、深刻なけがや病気に苦しんでいる人についてはどうだろうか？　慢性疾患や障害の後遺症を持つさまざまな被験者が調査されたところ、完全な脊髄損傷、重度の多発性損傷、職業から生じる慢性的な重度の腰痛、脳卒中、あるいは、多発性硬化症の罹患者を対象とした調査では、幸福であると述べた割合はかなり小さかった（およそ35～45％）。いくぶんかの人（22～41％）は、余暇と性生活の分野から満足を得ていると答えた。特に、以前に脳卒中を患った人は、満足度を測るほとんどの項目で低い値を報告していた。したがって、社会医学的な観点からすれば、これらの病気の患者は、人生の意味に関してひどく幻滅している。

幸福と人生に対する満足度は、医学的介入がどの程度、社会生活への適応の改善につながるものなのか、したがってどの程度幸福度の上昇につながることになるのかを解明するのにとても重要な問題である、というのが私達の主張である。残念なことに、この尺度は医療の現場では軽視されていることが多い。私達は、幸福度と満足度の尺度を取り入れることで、臨床治療における効果が高まるのではないかと思っている。そうすることで人生の意義が測れるからである。社会医学の世界で幸福の概念を拡大・深化させるためには、幸福の研究にさらに多くの注目を集めなければならない。

アクセル・R・フグル＝メイヤー　Axel R. Fugl-Meyer
生活満足度の専門家。スウェーデンのウプサラ大学の神経科学・リハビリテーション学部の名誉教授。チェックリストを設計した妻のケルスティン・S・フグル＝メイヤー（Kerstin S. Fugl-Meyer）は、ストックホルムのカロリンスカ研究所の性機能学の准教授。

015

金庫のお金

自分や他者にとって意味のある仕事をしなさい

エーリッヒ・キルヒラー――オーストリア

突然お金を手に入れたらあなたはどうする？　貯金する？　何か買う？　あるいは、役立ててくれるところに寄付する？　では、これら3つの中でどれがあなたを最も幸福にするだろう？　社会心理学・経済心理学において実験を行っているエーリッヒ・キルヒラーは、1年間、欧米の40組の男女の日々の意思決定（金銭的なものも含む）を注意深く観察した。お金が人を幸福にするのかどうか、彼に聞いてみよう。

黄金の輝きはすぐに消える

幸福は、おそらく、経済心理学の分野で最も重要な研究テーマだろう。経済学は、人間の欲求を最大限可能な割合まで満たすという目的のもと、希少な資源をどのように配分するかについての意思決定を研究する学問である。それらの欲求が満たされれば、個人と国家は幸福になるはずだ。金銭と物質的所有はしばしば幸福を左右する鍵であると言われる。しかし、お金で本当に全てを手にすることができるのだろうか？　幸福までも？　研究により、お金に私達を幸福にする力はほとんどなく、物質的な富から得られた幸福はすぐに消えていくという、意外だが説得力のある結論が出されている。

例えば、経済心理学の実験では、人は自分自身の利益を合理的に最大化する代わりに、慈善団体に寄付することで利他的に行動することを好み、また、ボランティア活動から幸福を得ることを好むことが示されている。

心理学が教えてくれるのは、幸福は、満足することによって、愛情のある関係から、そして、信頼でき信用できる友人から生まれるということである。幸福は、人生の喜びを楽しむことができる能力が育むものである。そして、幸福は人生にとっても社会にとっても意味のある仕事に見出すことができるのだ。

したがって、私の助言は次のとおりである。親密で長続きする関係を得ようと努力しなさい。そして、その関係を安定させるために積極的に投資しなさい。友人との関係を築くのに努力を注ぎなさい。喜びと苦悩を共有し、ともに笑い、互いに助け合いなさい。日々の喜びを楽しみ、重要なものと同様、日常のささいなものの価値も理解しなさい。楽しむことに対して罪悪感を説くような教えについては、それがいかなるものであっても疑いを持ちなさい。最後に、あなたを必ずしもお金持ちにすることはなくとも、そこそこの報酬が得られ、責任が求められる代わりに自主性が与えられる仕事を見つけなさい。要するに、あなたにとっても社会にとっても意義のある仕事、働いている時も休暇を楽しんでいる時もその成果を確認できる仕事である。

簡単なことですって？　そうかもしれない。しかし、あなたが考えているほど簡単ではないずだ。

KEY

・お金で幸福が買えると考えないように。お金で買った幸福はすぐに消えてなくなる。
・その代わり、人間関係と友情関係に投資しなさい。そして、その関係を楽しみなさい。
・あなたの人生にとっても社会にとっても意味のある仕事を探しなさい。

エーリッヒ・キルヒラー　Erich Kirchler
オーストリアのウィーン大学の心理学教授。『Love, Money and Everyday Life（愛、お金、そして日々の生活）』の著者であり、その他、経済心理学、行動経済学、親しい関係における争いなどの著書もある。『The Economic Psychology of Tax Behavior（税金にまつわる心理学）』では、税を支払うことを全ての人が悲しんでいるわけではないことが明らかにされている。例えばそれは住んでいる国によるもので、「もし税務当局が、法的また専門的な力を持ちながら、納税者のことを支払いをしぶる人として下に見るのではなく、公正なパートナーとして扱っている国ならば、うまくいくこともある。」

016 幸福の10のおきて

気分がいい人は、いいことをする

デーヴィッド・マイヤーズ――アメリカ

あなたが15年以上にわたって幸福の研究の専門家をしていて、17冊の本を書いたと想像してみよう。そんな大御所に向かって大胆にも、本書は自分の研究を１０００語で簡単に説明するように頼んだ。デーヴィッド・マイヤーズは、やれやれとため息をついて、笑顔でそれを「幸福の10のおきて」にまとめてくれた。

より幸福な人生とは何か？

末長い幸福は、成功によってもたらされるものではないことを悟りなさい。人は、裕福になることから身体に障害を負うことにいたるまで、その時の状況に順応してしまうものである。この点で富は健康のようなものである。まったくなければ苦痛の原因になるが、たとえ持っていたとしても（または切望していた暮らし向きを手に入れたとしても）必ず幸福になるとは限らない。

親密な人間関係を優先しなさい。心からあなたを大事に思ってくれる友人との親しい友情関係は、つらい時を乗り切る助けになる。誰かを信頼することは、心にとっても体にとっても良い。最も近しい人の存在を当然のように思ってそのありがたみをおろそかにせず、他の人に見せるのと同じやさしさで接し、その人のことを認めて、少しずつ同じ時間を分かち合っていくことで、最も親密な関係を育んでいくようにしよう。愛情を再び高めるために、愛情をこめて行動するようにしなさい。

自分のスキルにあった仕事と趣味を探そう。幸福な人は、「フロー」と呼ばれる領域にいることが多い。困難だがやりがいのあることに夢中になっているが、それに圧倒されているわけではない状態のことだ。非常にお金のかかる類の趣味（例えばヨット）は、ガーデニングや社交、工芸作業に比べると、得られるフローの経験は少ないことが多い。

自分の時間をコントロールしなさい。幸福な人は、自分の生活をコントロールしていると感じている。時間の使い方をマスターするためには、目標を設定し、それらを日々の目標に分解しなさい。人は1日に達成できる量を過大に評価する（そして、イライラする）ことが多いけれど、毎日ほんの少しずつ進めて1年で達成できる量については過小評価しているものだ。

楽しいふりをしなさい。私達は時に、より楽しい気持ちになるように自分を仕向けることができる。にこやかに見えるように表情をコントロールしていると、人は実際に気分が良くなる。しかめっ面をしている時は、世界全体がしかめっ面をやり返してくるように思う。だから、幸せそうな顔をしてみることだ。あたかも、ポジティブな自尊心を感じていて、楽観的で、社交的であるかのように話してみよう。感情はこうした努力をしているうちに、湧いてくるものなのだ。

「動きのある」運動に参加しなさい。エアロビクスは、健康と体力を増進させると同時に、軽度の落ち込みや不安を取り除くことができることを明らかにする研究は枚挙にいとまがない。健全な精神状態は健全な肉体に宿る。ということで、カウチポテト族の人は腰を上げてみよう！

体が求めるだけ睡眠をとりなさい。幸福な人は活動的で精力的な生活をしているが、ゆっくり睡眠をとる時間を確保している。多くの人は睡眠不足に悩まされ、結果として疲労し、集中力が低下し、憂うつな気分になっている。

自分以外の人に目を向けなさい。困っている人に救いの手を差し伸べよう。幸福は、誰かを助けようとする気持ちを増加させる。（気分がいい人はいいことをする。）そしていいことをすれば、さらにいい気分になる。

自分を精神的に養いなさい。多くの人にとって、信仰は、支援グループを生み、自分以外のものに目を向ける理由を与え、目的意識と期待感を抱かせる。信仰心の篤い人は幸福度が高く、難局によりうまく対処できることを見出した研究が次から次へと発表されている。

感謝の日記をつけなさい。毎日、一息ついて、何か良かったこと（健康、友人、自由、教育、良識、自然環境など）を回想する人は、より幸福である。

KEY

・成功の代わりに親密な関係を優先しなさい。自分のスキルに合わせなさい。自分の時間をコントロールしなさい。
・ほほ笑みなさい。よく運動し、よく眠りなさい。
・他者にいいことをしなさい。自分の精神を養い、感謝の日記をつけなさい。

デーヴィッド・マイヤーズ　David G. Myers

社会心理学者。専門的な論文から好評価の一般書まで多くの著作物がある。10のおきては、『The Pursuit of Happiness : Who Is Happy and Why（幸福の追求）』の中で述べられている考えの要約である。科学的な著作物はゴードン・オルポート賞を受賞。どんな天候の時も自転車に乗り、幸福の研究にとっては完璧な名前の大学、ミシガン州の「ホープ」大学に勤務している。

017 選択にまつわる普遍の法則

全ては選択の自由と選択のコントロールの問題である

パオロ・ヴェルメ――イタリア

2人の学生はともに10点満点のテストを受け、自分ではスコアは最高でも7点ぐらいだろうとしか予想していなかったが、8点をとった。ひとりは幸福（「努力の結果だ！」）で、もうひとりはそうでもない（「たまたまでしょ…」）。2人の学生に起きたことは実際には同じなのだが、反応は違う。あるいはまた、スーパーで選べる品物の数が2倍になっても幸福が増大しないのはなぜだろうか？　パオロ・ヴェルメは、80を超える国々を訪れ、選択にまつわる普遍の法則を明らかにする。

選択の結果を決めるのは誰？　あるいは何？

幸福は、選択の自由と選択のコントロールの問題である。自由に選択できる人はより幸福であるが、それが当てはまるのは、選択によって結果をコントロールできると確信している時のみである。選択の自由が広がれば、幸福がさらに高まるわけではない。選択することで幸福を得るには、選択の自由の価値を認め、選択の自由自体が貴重であることを信じていなければならない。

このような選択の自由に関する信頼の基となっているのは「統制の所在《ローカス・オブ・コントロール》」というパーソナリ

ティの一面であることが明らかにされている。自分の選択の結果は、自分自身の能力と努力に由来する（コントロール権が内側にある）と信じる人は、自分の選択の結果が運命や宿命に由来する（コントロール権が外側にある）と信じる人よりも、選択の自由をより高く評価する傾向がある。

心理学と経済学の研究によれば、そのように信じることができるかどうかは、単に生まれながらの才能なのではなく、家庭や学校で学ぶことも含めた社会的しつけによることが示されている。

親と教師はともに、将来大人になって選択を行う子どもの幸福度に一役買っているわけだ。子どもが自信を持って自分自身の選択の結果を定めることができるように養育することは、個人と社会双方の幸福にとってかけがえのない財産となるだろう。

KEY

・選択の自由が私達を幸福にするのは、結果をコントロールできると信じている時だけである。
・運命や宿命よりも自分自身の能力や努力をより強く信じるならばより幸福になる。
・この考え方は学ぶことができる。親と教師は、子ども達が自分の選択の結果を定めることができる能力にもっと自信をつけさせなければならない。

パオロ・ヴェルメ　Paolo Verme

経歴の始まりは、アフリカにおけるNGOのボランティアであった。その後、途上国やEU、ユニセフ、ユネスコなどの政府、国際機関、民間企業の上級政策顧問を務めた。現在はトリノ大学とミラノのボッコーニ大学の経済学特任教授であり、また世界銀行の顧問でもある。

018

遺伝についてはどうだろうか？

驚くことに40％は私達の手の中にある

ソニア・リュボミルスキー——アメリカ

あなたには2人の友人がいる。ジョンとマイケルと呼ぶことにしよう。彼らは深刻な問題はなく、ほとんど同じ条件で暮らしている。にもかかわらず、ジョンはいつも不幸だが、マイケルは非常に幸福である。2人のどこが違うのだろうか？　ソニア・リュボミルスキー教授は、20年以上にわたってこうした問題を研究し続けている。教授はジョンに（そしてもちろんマイケルにも！）状況を40％は変えられるアドバイスがある、という。

遺伝子の指示に従う必要はない

一卵性双生児と二卵性双生児を対象にした研究において、一人一人は、ある「幸福の設定値」というものを持って生まれるのではないか、という提案が増えている。これは幸福感の基準となる値、あるいは幸福の平均値のようなもので、大きな敗北や大きな勝利の後でさえ、この設定値に再び戻ってくる。幸福の設定値は体重の基準値に似ている。世の中には痩せる体質に恵まれている人がいて、体重を容易に維持することができ、努力する必要すらない。それに対して、体重を望ましい水準に維持するために途方もない努力をしなければならず、さぼった瞬間に体重が戻ってくるという人もいる。ほぼ同じ原則がジョンとマイケルにも当てはまる。マイケルはただ、より高い幸福の設定値を持っていて、幸福になる潜在能力が高いだけかもしれない。幸福になる努力をする必要がない――彼は何もしないでも幸福なのだ。

もし、マイケルの幸福が遺伝によるものであるならば、哀れなジョンは何ができるだろうか？　私達は皆、遺伝子で定められた通りに従う運命にあるのだろうか？　答えはノーだ。私は、幸福の水準を**その人の幸福の設定値よりも高くし**、維持するための対照実験的介入を初めて行った実験社会心理学者である。非常に大雑把に結果を述べれば、この研究は、行動のいかんによっては遺伝条件に**かかわらず**、幸福を持続させることは可能であることを示唆している。

恒久的な減量や良好な健康状態とよく似ているが、永続的に幸福になるには、何らかの永続的な変化が、それも毎日の努力を要する変化が必要である。毎日の努力とは例えば以下のようなことだ。目標に全力で取り組む、考えすぎない、人間関係に投資する、許すことができるようになる、体を使う、心に気を掛ける、親切な行為を実践する、人生の喜びを満喫する、自分がいかに恵まれているかを考える。

私は、ミズーリ大学のケン・シェルダンとカリフォルニア大学サンディエゴ校のデーヴィッド・シュカーデとともに、幸福かどうかを決める最も重要な要因を説明する理論を構築した。これを要約すると、幸福の設定値は幸福のちょうど50％を左右し、金持ちか貧しいか、健康か不健康か、結婚しているか離婚しているかといった生活環境の違いが原因と考えられるのはわずか10％である。つまり、私達の幸福の容量のうちなんと40％もが、私達自身の力で変えられる範囲内にあるのだ。これは、ジョンは大いに幸福度を高めることができ、そしてマイケルは今よりもっと幸福になれるかもしれないことを意味する。

KEY

・幸福の50％は初期設定値によって決まる。これは受け入れるほかない。
・10％は生活環境の違いによる。この部分に目を向けすぎてはいけない。
・40％は私達が変えられる範囲内にある。この部分は、減量と同じように、何かを永続的に変えることと、日々の努力と取り組みを必要とする。

ソニア・リュボミルスキー Sonja Lyubomirsky

実験社会心理学者。20年以上の長きにわたって幸福に関する研究を行い、このトピックに関する世界的な権威、著者、講演者である。ハーバード大学とスタンフォード大学で学び、現在はカリフォルニア大学の心理学部に勤務。大いに評判を博した『How of Happiness, a scientific approach to getting the life you want（幸福の方法／思い通りの人生を手に入れるための科学的アプローチ）』の著者。

019

夢のような休日

想像上の観衆の目を意識した人生を送ろうとしてしまう

エレナ・プルヴリ——エストニア

とびきりのリゾート地で過ごす。幸福だろうか？　もしそうなら、その気持ちを自宅に持って帰れないのはなぜだろうか？　「かつて旅行作家で、観光についてのリサーチをしていた私は、世界中のすてきな場所でさまざまな人と出会った。彼らはくつろぎ、楽しく過ごし、休日をうまく利用していた。しかし、彼らが幸福だったかと言えば、そうは思えなかった」とエレナ・プレヴリは述懐する。人はいかにして「夢のような休日」といううそを「夢のような人生」に変えるのか——そして、いかにして本当に重要なものを忘れてしまうのだろうか。

舞台の表と裏

旅行者から最初に学んだ幸福についての教訓は、素晴らしい景色やぜいたくな体験、美しい自然、めったにないような交遊が、必ずしも喜びや満足のもとになるわけではないということだった。「夢のような休日」というのは実際広く知られた決まり文句であり、それが旅行者に社会が作ったステレオタイプを押し付けて、自分の夢を形作らせているのだ。環境や外的なウェル・ビーイングは重要であるが、幸福にとって欠かせないものではない。同様に、多くの人は「夢のような人生」を送ろうとし、実際の、もしくは想像で作り上げた観衆の目に、自分が幸福に生活しているという印象を作り出すことを意図してふるまう。自分の人生のあるべき姿のイメージと、社会によって流布されるステレオタイプとの隔たりは非常に大きく、これが真の心の平和を損ねている。

のちに自分のさまざまな国際的実経験を理論的基盤で強化してみようとして私がすぐに気づかせられたのが、どの文化にも第一線に現れる表の立場と舞台裏の立場があることだった。もしかすると幸福な社会やそうでない社会といったもの自体は存在しないものなのかもしれないが、文化によっては、人目を引き、騒々しく、派手につくろった表の立場の影響力がとても強いので、そうした文化の中で生きている人々は、人生に個人的に必要なものを学ぶ能力を失っている。言い換えれば、本当の自分になる方法を学ぶ能力を失っているのである。

この10年ほど、私は国際コミュニケーションを論じ、海外や国際交流において、より幸福になる方法を人々に教えることで生計を立ててきた。長期にわたって深く関わってきた全ての聴衆からは——エンジニアや映画製作者、企業家や重役もいた、中国人やインド人もいた——お返しに幸福になる方法を学んだ。要は、変化、ユーモア、そして、子どもである。

私は羊の群れをしたがえて、誰も踏み入れたことのない山に沈む美しい夕日を眺めている羊飼いの幸福について話をしているのではない。巨大な百万都市に暮らしていようと、小さな村に暮らしていようと、多忙な現代人について話をしているのである。もしあなたがより幸福な人になりたければ、変化を受け入れる能力、肯定的で、「肌感覚に近い」動機は間違いなく役に立つ。もしあなたが勉強熱心で、何か新しいことを経験したいと思っていて、現在の栄光に満足するつもりがないなら、変化を挑戦だとみなすことができるだろう。これが、あなたの人生を内側からも外側からも向上させる方法である。過去を決して悔やんではいけない。あなたは今や、より強く、より利口で、より賢く、最愛の人とより多くの思い出と体験を分かちあうことができるのだ。

次に重要なものとして、ユーモアをあげたい。卑下することとは、自尊心と関係がある。あまり深刻に考えてはいけない。どんな状況でも、楽しくておもしろい面を見なさい。良書を読み、楽しい映画を見て、思いやりのあるジョークに耳を傾け、前向きな人とコミュニケーションをとりなさい。皮肉なものや毒の強いものは避け、無視したほうがよい。よく知らない文化を食い物にして、あざけたり、からかったり、屈辱を与えたりする冗談に荷担すべきではない。人生のおもしろくて幸福な瞬間を思い出しなさい。

同様にとても重要なのは、私達の幼少期の扱われ方と私達の子どもの扱い方である。私達は自分の文化を批判的に分析することはできないが、子ども達が自分自身を理解し、自分の本当のニーズや要望を知り、価値のある個性の意識を持つ機会を与えることによって、彼らが幸福になる手助けをすることはきっとできる。私は子ども達が自分の意見を積極的に構築することができる環境を両親が整えてやることを強くすすめる。経験は不足していたとしても、子ども達の考えや意見は全て尊重され、真剣に受け止められるべきである。そうすることで和やかな話し合いになるかもしれないが、常に前向きな会話につながるようにすること。これは将来、偏見のない考え方を助長するだろう。

KEY

・変化を受け入れて、それを挑戦と受け取り、学びなさい。
・あまり深刻に考えてはいけない。あらゆる状況の、楽しくておもしろい面を見なさい。
・子どもに対等に接し、彼らが自分の意見を構築するよう促しなさい。

エレナ・プルヴリ　Elena Pruvli
コミュニケーション専攻で、現在は講師と異文化トレーナーをしている。ヨーロッパ中を旅し、企業家と学生に異文化コミュニケーションの講義を行ってきた。エストニアのタリンのビジネススクールに勤務。

020

幸福度の測定

人間の幸福度はかなり狭い値の範囲内にある

ロバート・A・カミンズ――オーストラリア

幸福度は測ることができる。ロバート・A・カミンズ教授は、毎年、オーストラリアで無作為に抽出した2000人を対象に、実際に幸福度の測定を実施している。人々は、どれくらいの幸福を感じているのだろうか？　その幸福は年ごとに違いがあるのだろうか？　変化するとすれば、どれくらい変化するのだろうか？　その幸福の計測器は、体温を測る体温計（主に一定）よりはむしろ、気圧計（暴風雨から平穏）に近いものなのだろうか？　ロバートはあるシステムを発見した。

幸福をコントロールするシステム

幸福（Happiness）は、非常に多くの英単語と同様に、1つ以上の意味がある点でやっかいである。たいていの人にとっては、幸福はすてきな経験に付随する一瞬の感情である。暑い日に飲む一杯の冷たいお茶とか、仕事がうまくいった後に一息つくようなものである。しかし、最近の研究では、とらえ方が変わってきており、感情よりむしろ気分に関心が持たれている。感情はつかの間のものであるが、気分はより安定している。

この心の状態がとても人気のある研究分野になった理由は、それがある非常に興味深い特徴を示しているからである。おそらくそのなかで最も重要なのが、その状態がポジティブであるということだ。心の状態がポジティブであるがゆえに、人は通常自分自身に対して肯定的な気持ちを抱いている。このポジティブな気持ちというものは極めて安定している。そこから、人はそれぞれ、遺伝的に決まる幸福度の「設定値」を持っているという考え方が生まれた。

ポジティブな気持ちの安定性ということに関しては、オーストラリアの「統一ウェルビーイング指数」調査が十分に実証している。このプロジェクトは、2001年の春以降、定期的にオーストラリア人の幸福度を測定している。各調査には無作為に招待された2000人が参加し、私達の標準測定法である、個人ウェルビーイング指数を用いて自分の幸福度を記録する。私達はそのような調査を21回実施している。

最も注目に値する統計データは、これら21回の調査の間における人々の幸福度の平均値の違いは、わずか3%にすぎない、というものである。どうしたらこのようなことになるのか? 私達は、幸福は「主観的ウェルビーイングの恒常性」とも呼ぶべき管理システムにコントロールされているという仮説を立てている。これは、例えば体温など、生理的なシステムによるコントロールを受けるものに似ており、人間の幸福度がかなり狭い値の範囲内にあることを連想させる。この範囲の正確な閾値は確かではないが、私の予想では12%、つまり設定値のプラスマイナス6%ではないかと思う。

この恒常性のシステムには復元力もある。いつになく良い経験あるいは悪い経験をすると、システムは一時的に無効になるが、間もなく回復し、幸福度を通常の範囲内に戻す。少なくとも、これが通常起こることである。しかし、この恒常性システムはあらゆる変動を吸収できるキャパシティがあるわけではなく、限界がある。もし、ひどくネガティブな気持ちになるような経験があまりに強くなり、それが長期間続いてしまうと、システムは正常な状態には戻れなくなる。すると、幸福度は長期間正常な範囲よりも低い値にとどまり、結果としてうつ病になるリスクが高くなる。

では、どうすれば恒常性システムの復元力を高めることができるのだろうか？　それには資源が必要である。資源は特徴として外的なものと内的なものに分けられる。主な2つの外的な資源は、人間関係とお金である。**感情的に親しい人間関係を有することは、最も強力な防御手段である。**親友がネガティブな感情にとらわれてしまうのを助けてくれるだろう。さらに、ネガティブな経験が実際に起こった時には、問題を話し合う相手となってくれる。これは、幸福の喪失に対する昔からある効果的な改善方法である。

もう1つの主要な外的資源はお金である。もちろん、お金の第一の重要性は、生きていくために必要なものを提供することである。しかし、お金はこれ以外にも、防御の購入を可能にする。家の掃除がいや？　お金があれば問題ない。お金を払って、誰か他の人にやってもらえばいい。ただし注意しなくてはならないのは、これは気分の幸福を守るための防御であるということだ。ぜいたく品を買うことにより、幸福を「買っている」わけではない。そのような消費は、一時の感情的な幸福を生み出すだけで、すぐに飽き、そのような心地よい喜びはあっという間に消えてなくなる。

では、これらの資源は常に、多ければ多いほど良いのだろうか？　それはそうだと思う。進化の中で私達は、より多くの資源を探し求める、非常に高性能の「オン」ボタンを手に入れた。これは、資源が乏しい環境では役に立つ方法であるが、現代の生活には十分に適応していない。とりわけ、お金に関しては、この古くからの仕組みと衝突する。どれくらい恒常性システムを買うことができるのだろうか？　答えはこうだ。オーストラリアの平均では、家計の総所得が10万ドルを超えても幸福度はごくわずかしか増加せず、15万ドルを超えると信頼性のある増加は見られない。

こうした現象が生じるのは、お金では解決できない問題があるからである。結婚に失敗したり、難しい子どもを持ってしまったりといった問題は、より多くの収入を得ることでは解決されない。代替手段としては、人間関係により多くの時間を投資することである。これは人間関係の問題を解決する可能性があるだけでなく、レジリエンス（精神的回復力）を高めるのにとても良い方法である。

時にはこうした外的な防御が失敗してしまうこともあるだろうが、全てを失うわけではない。良くない出来事を小さくするための思考プロセスが、頭の中で——つまり内的な手段として——働き始める。仕事を首になった？　あなたはすぐに、そんなのは将来性のないつまらない仕事で、逃げることができて運が良かったと自分を納得させるようになる。このような「認知再構成」は、自分のためになるように状況を正当化し、再び正常に前向きに考える力を与えてくれる。
こうした外的な資源と内的な資源は組み合わさって、私達が直面する難題の多くに対処できるようにする。人生について肯定的に考えるのは正常なことなのだ。それは、私達がうまくやっていけることを教えてくれる、遺伝子からのサインなのである。

KEY

・一般的な「気分」（かなり安定している）と一時的な感情（かなり不安定）とを区別しなさい。より大きな幸福のためには、前者に集中しなさい。
・信頼できる人を、良い時にも悪い時にも相談できる人を探しなさい。そうすることで、あなたのレジリエンス（精神的回復力）は高まるだろう。
・幸福な気持ちというのは、体温のようなものであると考えなさい。つまり、上がる時もあれば、下がる時もあるが、たいていは正常な水準に戻る。

ロバート・A・カミンズ　Robert A. Cummins
オーストラリア、ディーキン大学心理学部の心理学博士であり、『Journal of Happiness Studies（幸福研究）』誌の編集長である。生活の質に関する多くのテスト、指標、そして報告を作成するのに貢献してきており、「QOL研究における国際的専門家」に指名されている。

021

シーラカンスを探して

どんなものであれ追い求めるものがあるならば、人は幸福になれる

ヴォルフガング・グラッツァー――ドイツ

スリナムの首都パラマリボでは、男たちは片手で妻の手を取り、もう片方の手で鳥かごを抱えて通りを歩きまわっている。「もし彼が、あの鳥を見た時と同じぐらい私を見てうれしく思うのなら、私はそれで満足よ」と女性は言う。どうして人は、鳥を見たり鳴き声を聞いたりするだけで十分な幸福を感じるのだろうか？ なぜある国の人は別の国の人よりもずっと幸福なのだろうか？ ヴォルフガング・グラッツァー教授は、生涯を費やしてこのことを研究している。人は誰でも、自分のシーラカンスに出会う権利を持っているのだ。

あなたの幸福はどのように作られているのか

まず言っておくが、私は自分の調査結果を自分自身に当てはめて幸福を得ようとしたことは一度もなかった。私は、幸福は感情に基づいて自発的に生まれるものだと思っていた。しかし、かつて南アフリカで幸福に関する大きな会議に出席していた時、私は偶然とても深い洞察を得た。実際には、それは会議の外で起こったのではあるが。ホテルに滞在していた時、ある男性が今日という日

は本当に幸福だと言ってきた。彼は海へ行っていて、何年もの間見つけようとしていたラティメリアを目にしたのだという。ラティメリアというのは大変古くから海の深いところに住んでいるとても珍しい魚で、シーラカンスに似ている。出会える確率は、ほぼゼロに等しい。

どうしてそれが彼をそんなに幸福にしたのかという点についてあれこれ考え始めると同時に、私は彼を幸福の研究の興味深い対象としても考え始めた。私は、シーラカンスを探してごらんと言うことで誰かを幸福にすることができるかどうか自問した。もちろん、答えは「イエス」である――どんなものであれ追い求めるものがあるならば、人は幸福になれるのだ。人にはそれぞれ、象徴的な意味において、自分自身のシーラカンスを持っている。何があなたを幸福にするかは、あなたが必要としているものや社会的地位、ライフスタイルによって変わってくるだろう。そして長い間、社会学では次のように教えられてきた。「何かが実在すると考えれば、結果としてそれは実在しているに等しい」。

私は幸福な生活の特徴を述べた「**持っていること、愛すること、あなたであること**（having, loving and being)」という表現がとても好きである。私達は、基本的な生活水準を確保しなければならないし、友好的な社会関係を大切にしなければならない。そして私達は自分を幸福にする特性を覆い隠す必要はない。

幸福であることと不幸であることとは、ともに世界の構造的な特性でありながら、別の次元で存在しているものだ。ウェルビーイングには幸福、満足、喜び、健康、楽しみといったポジティブな面がある一方で、不安、疎外感、恐れ、悲しみ、落ち込みなどといったネガティブな面もある。ポジティブな面とネガティブな面との間には、正の相関があるが、その関係はそれほど強くはない。したがって、もしあなたがネガティブなウェルビーイングを減らすのに成功すれば、幸福に何らかの貢献をすることになりそうである。しかし、ポジティブなウェルビーイングを高めることは、ネガティブなウェルビーイングを減らすこととはどこか異なる。ネガティブなウェルビーイングに対比してポジティブになることができるように、逆説的だがネガティブなウェルビーイングがある意味でポジティブなウェルビーイングに貢献しているのだ。

幸福は、現在の状況だけではなく、将来の見通しにも左右される。どのような将来の見通しを持つかが、全体的なウェルビーイングを決める。現状が良くなくとも将来への良い展望があれば、おそらく良くない展望のある良い現状よりもいいだろう。概して、たいていの人は一貫性のない状況の中を生きており、相反する展望を持っているものだ。

個人から国家へ

このような観察は個人についてなされたものだが、幸福はまた、市、地域、国、社会、大陸といった集合的な社会集団の問題もある。どの国が幸福度のランキングでトップにいるかを科学的に見つける方法はある。幸福度の水準は時に重大な出来事に反応し変わることもあるが、主な印象を述べれば、連続性の内にある。常に上昇と下降を繰り返すが、結局は全部足してゼロになる。発展途上国では、一定の額を超えたお金が使われると、幸福度の増加が最大になることがわかっている。

　重要なのは、幸福度の水準が国によってさまざまに違いがあることの説明となる要因があるのかどうかという問題である。多くの要因があるように思えるが、最も興味深いいくつかについて述べておこう。北欧の比較的小さな国々は全て、世界で最も幸福を感じている国々の中に含まれる。小さい国はおそらく帰属感が高められるため、人々がより幸福に暮らすことを可能にする環境となっているのかもしれない。北欧のこうした国々が並はずれて幸福な状況にあることを説明する別の要因もある。つまり、社会民主主義的なタイプの福祉制度である。人は社会保障をとても好むので、幸福を生み出す重要な要因は福祉国家であることと考えられる。しかし、アメリカのような国では、人々はより自由主義的な環境を好むようだ。これは格差の問題へと私達を導く。最近まで不平等は、所得、富、教育、そして機会の点から論じられることが多かったのだが、今では主観的に認識される不平等の新しい一面が研究されている。それは、**社会は、満足している層と満足していない層とに分けられるというものである。**さまざまに入り混じった主観的な不平等が存在しているのである。

　概して、人は集団の状態よりも個人が置かれている環境の方により関心の目を向け、私的財ほどに公共財を大事にはしない。これは現代社会の問題である。私達は将来みな個人主義者になるのだろうか？　生活水準や環境が同じだからといって、必ずしも同じ幸福度を生むわけではない。幸福への最も重要な手がかりは、それが私的なものであろうと公的なものであろうと、とにかく人生における美しいものを意識することではないだろうか。

KEY

・幸福への3つのステップがある：持っていること（基本的な生活水準）、愛すること（家族や友人）、あなた自身であること。
・ポジティブなウェルビーイングを高めることは、ネガティブなウェルビーイングを減らすこととはどこか異なる。
・幸福は現在の状況だけではなく、将来の見通しにも左右される。良い展望のある悪い現状は、悪い展望のある良い現状よりもより幸福度を高める。プラス思考で生きなさい。

ヴォルフガング・グラッツアー　Wolfgang Glatzer
ドイツ、フランクフルト・アム・マインのゲーテ大学の社会学教授。社会的、構造的、文化的変化、そして、生活の質に関する多くの著書を刊行している。国際的な研究グループ、社会変動比較記録協会の創設メンバーであり、『Journal of Happiness Studies（幸福研究）』誌の編集委員も務める。

022

幸福のめざましい進歩

長期的には、遺伝子操作は脳刺激をはるかに上回る可能性を秘めている

ユー・カン・ン――オーストラリア

動物は幸福を探さない。動物の行動は４つのFによって決まる。ユー・カン・ン教授は人間が幸福になるためのレシピとして、さらにこれに彼独自の４つのFを加える。しかし、彼が考えているのはそのもう一歩先だ。近年、脳を人工的に刺激して幸福を感じさせることができるようになってきた。これに多額の投資をしてみてはどうだろう？　これはただちに私達を飛躍的に前進させることになるかもしれない。

４つのFを重視しなさい

いくつかの調査（双子研究など）は、個人の幸福は遺伝的に決められた設定値を持っていて、上がったり下がったりの変動はその値の周りで起こることを明らかにしている。しかし、ある程度なら単によりポジティブな態度をとることによってずっと幸福になることもできる。悲しいことはあまり考えず、楽しいことについてもっと考えるようにしよう。たとえ稼ぎが減るとしても、（健康を害さない程度に）あなたが楽しいと感じることをするのにもっと時間を使いなさい。飢えと栄養不

良に脅かされている不幸なマイノリティーを除けば、お金は幸福にとってあまり重要な要因ではない。もしあなたが物質的なものと他者との競争をあまり重要視せず、幸福にとって本当に重要なものに重きを置いているなら、これは特に当てはまる。この点において、私は幸福の4つのFが重要だと考える。それらは、faith：信条（宗教やその他）、form：調子（健康）、family：家族、friends：友人である。これら4つのFは、動物の行動のよく知られている4つのFによく似ている。それらは、feeding：えさを食べること、fighting：争うこと、fleeing：逃げること、mating：交尾することである（最後の単語がどうしてFで始まらないのかは気にしないこと）。

テクノロジーがもたらす幸福

しかし、長い目で見れば、遺伝的な設定値の壁を破るのは科学技術、特に脳刺激と遺伝子操作を活用することによってのみ可能なことだろう。私達は通常、触れること、見ること、味を感じることなど、末梢神経系の刺激によって喜びを得ている。そのような喜びは、慣れ（短期的な限界収穫逓減《ていげん》）と順応（長期的な限界収穫逓減）の過程で深刻な限界を迎える。

ある幼い少女が母親に聞いた。「1日1個のリンゴを食べれば医者はいらないって本当？」「本当よ」、母親は答えた。「今週はそんなふうにして7人の医者がいらなかったけど、今は1人必要だわ！」言い換えれば、収穫逓減は、過食防止に役立つ。しかし、1954年に人類がネズミの脳の快楽中枢を偶然電気刺激してしまうまで、生命が誕生してからの40億年の間、地球上のいかなる種も脳を直接刺激することはできなかった。この直接刺激による反応は、短期的にも長期的にも逓減しない。これは、そのような刺激が長期間に渡る強固な喜びを誘発できることを意味する。多くの人は、これは自然に反した行為だと考えるだろうが、しかし、もし300年前の人に、21世紀の人間は毎晩娯楽のために箱の中の影を見て何時間も費やすと言ったなら、それもまた自然に反すると言われただろう。文明化したものは全て、「自然に反する」ものなのだ。おそらく私達は、快楽中枢を刺激するためのもっと安全な方法を開発するために、過去50年の間に財政支援が提供されなかった理由を政府に問うべきだ。

確かにテクノロジーに関しては、特に私達の幸福の能力を遺伝子操作することに関しては、望んだものと逆の効果を生むようなことがないように、非常に慎重になる必要がある。しかし長期的には、遺伝子操作は脳刺激をはるかに上回る可能性を秘めている。適切な安全装置があれば、遺伝子操作よりも現在のように地球温暖化に対して「いつものことでしょ」という態度をとり続けていることの方がリスクははるかに大きい。なぜ人は、そのような無益で報われない危険に寛容でありながらも、もしかすると世界の幸福を1000倍増やすことを約束するようなわずかなリスクを気にするのだろうか？　答えは1つしかない――未知のものに対する非合理的な不安、というやつだ。

KEY

・4つのFに専心しなさい：faith（信条）、form（健康）、family（家族）、friends（友人）。
・感覚による喜びに力を入れすぎてはならない。そのような喜びには深刻な限界がある。
・幸福度を高めるために脳への人工的で直接的な刺激方法に投資してはどうか？ これは、世界の幸福度を飛躍的に進歩させるだろう。

ユーカン・ン Yew-Kwang Ng

マレーシア生まれ。オーストラリアのモナッシュ大学で業績が認められている。厚生経済学と福祉生物学に関する長年の研究で知られ、１００以上の査読付き論文と著書を執筆している。彼の大学のモットーは、「アンコーラ・インパーロ（私は今もなお学んでいる）」だ。

023

幸福の探偵

内にある幸福の法則は、外的な達成の法則と同じではない

マイケル・ハガーティ――アメリカ

幸福の研究者達は皆、研究結果を自分自身に活かしているのだろうか？　生涯にわたって幸福について研究してきた名誉教授に、その質問をしてみよう。幸福の探偵になった元・アドレナリン中毒者の話である。

自分の望む人生を手に入れるための一歩一歩

長年の幸福に関する研究から、私はさまざまな発見をしただけではなく、そうした発見を私自身の幸福を高めるために実際に活用してきた。「幸福は追い求めていない時にこそやってくる」と主張している著述家も幾人かいるが、科学者達は幸福の法則を追い求めるために科学を用いてきており、それなりの成功を収めている。私は、幸福になりたければ、幸福を育もうと努力しなければいけないことを学んだ。今では私は幸福の研究に関する書籍と論文を読むし、他者に効果があった活動を自分自身にも当てはめてみて、効果があるかどうかを観察してもいる。毎晩3分間の「幸福日記」を記入し、その日1日どれぐらい幸福だったか、どれぐらい希望を抱いていたか、どれぐらい

エネルギッシュであったか、そして、どんな活動が効果的だったかを評価している。そして感謝の気持ちを感じながら「3つの恵み」運動を行い、自分の幸福度が時間とともにどのくらい高まっていくものなのかを把握しようとしている。「3つの恵み」運動とは、自分のことをもっと理解できるようにするために行う瞑想のことで、具体的には、恨みにかられないようにするための寛容の実践、根気よく続けるための成熟した楽観主義の実践、そして誇りに思える目標を設定することの3つである。

私が学んだもう1つの重要な教訓は、内にある幸福の法則は、外的な達成の法則と同じではないということである。外の世界で何かを達成するために、私達は「ばか力」を出して、アドレナリンをみなぎらせて行動に出ることがある。例えば、子どもを危険から救ったり、場合によっては上司のために報告書を作成したりすることなどもこれにあたるだろう。

アドレナリンをみなぎらせて行動すると、「自分がどう感じるか」を一時的に忘れることができるので、危機が迫っている時はうまくいく。しかし、外面的な目標を達成するために、内面ではどう感じているかを長期間無視し続ければ、達成感は空虚なものとなり、慢性的なストレスを感じるようになったり、満足感の得られない人生に陥る危険がある。

生まれてこの方「アドレナリンジャンキー」として生きてきた私は、危険な状況にいない時にはこうした方法を使うのを我慢することを学んだ。その代わり私は、自分の感情の調子を常に観察し、良い時間を育み、自分と他者の中の幸福を高める新しい行動を試す「幸福の探偵」になった。人生における劇的な出来事の数は少なくなるかもしれないが、私が本当に望む生活の実現に向かってより着実に前進できるだろう。

KEY

・幸福は追い求めていない時にこそやって来る、という古い言いならわしを信じてはいけない。幸福の法則は見つけることができる。
・内面的な幸福を得るために、外面的な達成手段（「ばか力とアドレナリンに満ちた行動」）を使ってはいけない。
・常に自分の感情の調子を観察し、良い時間を育む「幸福の探偵」になろう。

マイケル・ハガーティ　Michael Hagerty
コンピュータサイエンスと心理学を修める。かつてビジネススクールの年間最優秀講師に選ばれ、以後も学術雑誌『Journal of Happiness Studies（幸福研究）』誌の最優秀論文など、多くの名誉と賞を獲得。生活の質の測定に関して国家や団体の相談役を務める。カリフォルニア大学デーヴィス校名誉教授。

024

宝物

人によってさまざまに異なる方法がある

アレックス・C・ミカロス――カナダ

「もしそなたが真の幸福がつまった宝庫を開けてくれるのなら、余は金で買えるものは何でもそなたに与えてやろう」と古いおとぎ話の中の年老いた王様は言った。この王様は、魔法の宝庫を開けるための3つの金の鍵を探している。幸福の研究に生涯を費やしてきたアレックス・C・ミカロス教授は、鍵のありかを示すにふさわしい魔法使いかもしれない。しかし、その老いた王は教授の鍵を受けとるべきなのだろうか？　そして、それらの鍵は王様に役に立つのだろうか？

3つの金の鍵

40年以上にわたる幸福に関する研究のなかで学んだことについて最も重要な3つのメッセージをお伝えしたい。もちろん、その言葉の意味するところは、純粋に楽しい経験に非常に近い事柄から数々の良い生活の構成要素や決定要因にいたるまで、人によっていくらか異なる。私が好むのは、後者のような定義である。

1つ目は、現代の人間は、少なくとも良い生活のために何が必要で何を望むかに関しては、紀元前5世紀の古代ギリシャに暮らしていた人とそれほど変わらないということである。その時から今日まで、人は同じようなものを必要とし、望んできたのだ：有機的組織が正常に機能するという最も基本的な意味での健康、栄養満点の食べ物、適度な住まいと衣服、自分を大切にしてくれる誰か（通常は友人や身内）、経済的安定を得るための手段、地域行政における適度な発言権、個人および地域社会の安全、新鮮な空気、飲料水と土地、美的経験の機会と美的表現、人間関係および政治的関係における正義と公正、自分が住んでいる環境に対し理解を深める機会、そして幸運。

2つ目は、何が人を幸福にするかに関して過去40年間で学んだ最も重要なことは、人によってさまざまな方法がありうるということである。1つ目に挙げたリストは良いスタートになるものだが、人によっては、以下のものも挙げるかもしれない：遺伝的に受け継いだ気性や何らかの生まれながらの才能、我慢強さ、粘り強さ、勇気、思いやり、中庸、知恵、正義といった培われた徳、合理的で道徳的な個人や社会の評価基準。これまでに挙げた全てのものを生み出すような選択、目的、目標、意図、計画、活動。

3つ目は、幸福の分野における研究や発表（学術的なものであれ一般的なものであれ）が持つ最も危険な特徴は、人間の状態を単純化しすぎるという傾向である。研究者は最小限の数の変数を用いて、人とその動機や行動を記述し説明する傾向がある。私達に「特効薬」を探そうとする傾向はないにしても、少なくとも比較的少ない数の変数を選びがちである。単純で愚かな経済的、物質的、決定論的な説明の方が好まれ、個人的な評価、選択、目的、目標、動機といった形の人間の営みは無視されることが多い。したがって、幸福の研究者や幸福を求める人たちへの指針として次のことを述べておこう。人は皆、非常に複雑な生命体であり、生活そのものも複雑であることを覚えておくこと、人を幸福にするものに関する単純な記述や説明に対して懐疑的であること。要するに、金の鍵は存在しないということだ。王様は、自分でその扉を開けなければならないのである。

KEY

・幸福の探求は普遍的である。幸福な生活のために私達が必要とし望むものは、過去2000年の間、ほとんど変わっていない。
・幸福を見つける方法は人によってさまざまに異なる。自分自身で選択しなさい。
・単純な説明には懐疑的でありなさい。

アレックス・C・ミカロス Alex C. Michalos
カナダのノーザン・ブリティッシュ・コロンビア大学の政治学の名誉教授。22の著書と90以上の査読付き論文を発表しており、6つの学術雑誌を創刊ないし共同で創刊した。国際QOL学会の会長を務めたこともあり、カナダの社会科学評議会からのゴールドメダルを授与された。

025

魂を無視しないで

私達の言語に、幸福を一言で表せる言葉はない

ノライニ・モード・ノール——マレーシア

マレーシアは、マレー人、中国人、インド人、その他多くが住んでいる多民族社会だ。それぞれのグループが独自の言語や文化を持ち、アニミズム、ヒンズー教、仏教、イスラム教に基づく宗教を信仰している。ノライニ・モード・ノール教授は、クアラルンプールにあるマレーシア国際イスラム大学に勤務している。多くのマレー人学生が「幸福」の概念を理解するのは難しいと感じる中、彼女はマレー人の文化と宗教に即した答えを探している。

私達が知性、物質、肉体に焦点を当てるのはなぜだろうか？

誰もが幸福について話をするが、幸福という概念自体は定義しにくい。現在のところ、幸福が実際に何を意味するかについて、意見の一致した定義はまだ存在しない。多くの文化ではたいてい、成功し、豊かになり、あるいは有名になれば幸福になれると考えられている。また、心理学の分野では数々の幸福の測定基準が開発されてきたが、それらが強調するのは、喜びと満足を得ており、

否定的な感情が存在しないことだ。それでもまだ、幸福の定義は明白とは言いがたい。

西洋で言われているような「幸福」の定義は限定的で、うつ病などの精神疾患と関連する人間の性質や行動の負の面に対抗する必要があったために生まれたものだと私は考えている。ポジティブ心理学という新しい分野は、人の性質のポジティブな面を重要視し、幸福や主観的ウェルビーイングの研究への注目度を高めることに貢献してきた。**西洋では教育を宗教から分離して宗教を個人的な問題として過小評価したがために、もはや人の魂に十分な注意を向けていない。**例えば心理学——人の認知や行動に関する科学的研究——は、知性と物質だけに、言い換えれば、肉体だけに焦点を当ててきた。したがって、肉体に多くの注目が向けられている一方で、魂はおざなりにされているのが現状といえよう。

イスラム教徒にとって、幸福を見つける方法は、唯一の神に従うことである：「本当に、神を思い出す時には心が休まる」（コーラン13：28）。したがって幸福は心の中にあり、満足感と、自分自身と世界全体とが調和している状態が生まれるのだ。

神に従うことがどのようにして人が幸福を得ることへの助けとなるのだろうか？　イスラム教では、人は神の指示——神の全ての創造物の繁栄とウェルビーイングのための公明正大な指示——に従い、世界の出来事に対処するために作り出された神の創造物の1つにすぎない。そうするために、神は、肉体（知性／知力、物質／身体）と魂（心）を人々に備えさせた。満足し、幸福であるためには、これらの構成要素を育んで、肉体と心との間のバランスを保たなければならない。もしこのバランスが保たれず、例えば心が必要とすることに注意を払わず、知的あるいは物質的な満足を増進することにだけ集中するならば、まるで何かがまだ欠けているかのように、むなしさ、不安といったものを感じるかもしれない。同様に、**精神世界への極端な傾倒は、精神的な過激主義につながる可能性があるために、健全ではない。**人が満足し、安らかな気持ちになることができるように、イスラム教は、肉体と魂が必要とすることにどのようにして取り組み、注意を向けるかについての指針を提供している。

イスラム教は、アラブ世界から世界の他の場所に広まるとすぐにその土地に普及している文化と融合し、イスラム教における幸福の意味も、その土地の伝統と習慣の中に息づくようになった。例えば、私がマレー人の学生（イスラム教徒）に、マレー語における幸福とは何かと聞いたところ、彼らの定義には、イスラム教における幸福の概念（満足、精神性を備えていること、現世的な追求と来世のバランスを保つこと）も、西洋における幸福の考え方（喜びや高揚感、満足感を感じ、否定的な感情のないこと）も、そして幸福であるとはどういうことかに関する文化的な理解（社会における自分の役割など）も含まれていた。言い換えれば、西洋における幸福の定義は、宗教的側面と文化の影響を含まないため、これらのマレー人学生が理解しているような幸福の特質を完全に表すには不十分である。マレー語に幸福の意味を包括的に伝えることができる1つの言葉が存在しないのはこのためだ。人が幸福になる必要があるのは普遍的なことであるとはいえ、幸福を得ようとする努力と幸福が必要であることの表現には、文化ごとに違いがあるのかもしれない。

KEY

・幸福は、満足感と、自分自身と世界全体とに調和している状態を特徴とする。
・満足し幸福であるためには、肉体と心との間のバランスが保たれる必要がある。
・人が幸福になる必要があるのは普遍的なことであるとはいえ、幸福を得ようとする努力と幸福が必要であることの表現には、文化ごとに違いがあるのかもしれない。

ノライニ・モード・ノール Noraini Mohd Noor

心理学教授であり、クアラルンプールにあるマレーシア国際イスラム大学の女性の向上研究コースのコーディネーターである。幸福、職務ストレス、女性の仕事と家族の役割に関して、非常に多くの論文と著書を刊行している。オーストラリア、ニュージーランド、そしてイギリスで勤務し研究したことがある。『Asian Journal of Social Psychology（アジア社会心理学）』誌の編集委員を務める。

026

パーティー気質

楽園は、もしそこに誰もいないなら、決して行くべきところではない

エリー・G・カラム――レバノン

戦争は幸福を得るための最良の状況とはとても言えない。ベイルートのエリー・G・カラム教授が「私達は大きな犠牲を払わなければならなかった」というように、レバノン人は近年の紛争で大きな苦しみを味わった。しかし教授は、自国の人々に潜む強みをもまた見つけた――彼らの気質である。それは、彼らが困難な状況に立ち向かうことができるようにうまくやっていく助けとなるものだ。レバノンの人々に言わせれば、人生は――もしそう望むのなら――絶え間なく続くパーティーのようなものなのである。

自分を知る

私達は、最近ユニークな研究プロジェクトを実施した。国中のレバノン人市民を代表するサンプルを対象に、感情の気質を探るというものである。私達は、彼らの大部分が「気分高揚気質」とも呼ぶべきものを持っていることを発見した。この気質を持っている人は、たくましく、精力的で、生産的で、とても尊敬されていることが多い。彼らは自信を持っていて、危険をいとわず、寛容で、

陽気で、心が温かい。このタイプの気質の特徴は、高いレベルの活力と、楽しいことを探し求めようとする傾向が強いことである。2番目によく見られた気質は心配性気質で、人間関係について心配しやすい傾向がある。私達はまた、この心配性気質が精神疾患の予測因子として最も重要であるのに対して、気分高揚気質は多くの精神疾患に対する保護装置となっていることを見出した（興味深いことに、物質使用障害［訳注：アルコールや薬物などの乱用・中毒をさす］と成人の分離不安障害［訳注：愛着のある場所や人から離れる時に強い不安を感じるもの。ふつうは少年期に起こるものをいう］はこれに当てはまらないようである）。レバノン人の気質に対するこうした傾向は、レバノン人が、たいていほぼ同じグループの友人および／または家族と、頻繁に会食、宴席などを持つことと関連しているのかもしれない。

特定のタイプの気質が精神疾患と関係しているということは、不必要な苦痛を避けるために自分自身の気質（経験への感情的な反応を決定づける要因である）をコントロールすることができるかもしれないことを意味する。さらには、精神疾患にかかった場合、それに気づき対処するために利用できる最善の方法――専門家の助けを借りることも含まれる――を探すための手がかりともなるだろう。

よく知られている「自分を知ること」が問題解決の鍵であるという格言は、人が幸福を探求する際にも当てはまる最も良いアプローチだと思う。**自分の気質と性格を知ることは、それゆえ、自分の生活をより予測可能な形でコントロールする助けとなるだろう。**例えば、もし怠惰がストレスを引き起こしているとわかったなら、何か真剣に取り組む活動（趣味を含む）を行う必要があることの明らかな兆候である。そして、そうすることは、自分自身にも他者にも悪影響を及ぼすリスクを低くする。同様に、もし、社交性の足りなさが問題であれば、その克服に向けた活動には異なる世代の人（高齢者にとっての若い世代の人など）を含めるようにすればより効果的だろう。

レバノン人は、全ての年齢層で、集まってパーティーを開くのが好きである。そして夏の間、レバノンには、国内人口の半数に等しい数の観光客がやってきて、パーティーの雰囲気をさらに濃くしていく。これが、レバノン人と地中海沿岸諸国の人々のよく知られた、そして彼ら自身も誇りに思っているライフスタイルである。事実、レバノンのことわざはこのライフスタイルをうまく要約している：「楽園《パラダイス》は、もしそこに誰もいないなら、決して行くべきところではない」。これは、地中海沿岸のこの小さな共和国が、いつもかなりの警戒と入り混じった独特な種類の楽しみで、自国民と他の国々を驚嘆させ続けている理由の一部を説明するかもしれない。このパーティー好きな体質が、集団にあっては気分高揚気質を満足させ、心配性の人々の不安を最小限に抑えるのに役立っていることは容易に見てわかる。そして、3つ目のタイプの気質――気分の浮き沈みを特徴とする気分循環性気質――を持っている少数のレバノン人に関しては、人間関係の密度の濃い社会にいることで、気分の高揚が次々にやってくるため、落ち込みからくるパニックを和らげられるだろう。さらに、気分循環性気質の人は、本質的に創造力があるうえに、多くの気分高揚気質の人達が周りにいる。そして、これら気分高揚気質の人達は新しい可能性を探り出す準備ができていて、それを待ち構えている。

以上は、幸福についてのごく簡略的な見方であるし、私達自身が気分をコントロールする能力は、時間とともに知識が蓄積されていけば間違いなく上達していくだろう。より高い幸福感は、おそらく、(ある時点での) あなた自身の気質と、あなたが自分の人生の可能性をどう構想しているかとのバランスに左右されるだろう。これは、家族や友人、専門家からの力を借りながら、最良の要素と治療法を選ぶことで自分のことを気にかけるという絶え間なく進化するプロセスにおいて、真面目で継続的な自己評価と、自分に有効的にはたらくものの評価に基づく必要がある。

KEY

・心配性は精神疾患を予測する最も重要な予測因子である。
・精力的で、陽気で、心が温かい (気分高揚) 気質は、多くの精神疾患に対する保護装置となっている。
・自分自身の気質と性格を知りなさい。そして、自分自身をコントロールしようと試みなさい。

エリー・G・カラム Elie G. Karam

レバノンのベイルートにあるバラマンド大学医学部の精神科・臨床心理学のトップである。精神疾患と、レバノンにおける戦争が女性と子どもに与える影響について研究し、教育、所得、男女関係、結婚、ストレス要因にさらされること、健康、そして、メンタルヘルスとその生活への影響に関する非常に詳細な観察といった、さまざまな側面を明らかにし続けている。

027 スポーツの力

ヴァヒード・サリ＝サラフ――イラン

「イランには『笑いは、あらゆる苦痛を治してくれる』ということわざがある」とヴァヒード・サリ＝サラフ博士は言う。博士は幸福な人々の免疫システムに焦点を当て、スポーツの隠れた力を発見する。

ノウルーズ（新年の最初の日）は、イランの歴史と同じくらい古くからあるもので、伝統的に人々が幸福に心の扉を開く日である。幸福は、イランの文化において高く評価され、貴重なものという位置づけにある。私は運動生理学の分野の研究をしているが、心理学との関係を研究しないで生理学について議論をすることはない。幸福な人の免疫システムは高い機能を示すが、幸福でない人の免疫システムは低調である。

スポーツは幸福の重要な源である。スポーツは、クラブやチームに所属することから、そして、活発な試合によく見られる人間同士の密接な相互作用から、社会的な満足感をもたらす。スポーツはまた、どのスポーツを選択するかは個人の選択の問題であり、他の多くの満足感を生み出すものに比べて、より個人の選択の自由がある点でも興味深い。

幸福は、他者との自然で心地の良い交流と結びついた、安定した外向性と気楽な社交性に関係している。同様に多くの研究が、不安定であることと神経質であることは不幸と関係があることを明らかにしている。イラン人学生を対象にした研究によれば、運動をする学生はそうでない学生と比べると、性格が外交的で、より幸福を感じていることが明らかになっている。活発にスポーツを行わない学生の間でも、社交性と幸福度との間には高い相関が見られる。

その一方で、運動をする学生の神経症の症状は、運動をしない学生よりも低いレベルである。これは、性格の外向的な特性を測定することによって、人の幸福度を予測することができることを示している。高度に社会的な活動として好きなスポーツに定期的に参加すれば、人の性格を改善し、幸福度を高めることができる。幸福に与える影響は、団体競技と個人競技との間で有意な差はないというほぼ一致した意見の研究が現れつつある。

ヴァヒード・サリ＝サラフ　Vahid Sari-Saraf
イランのタブリーズ大学の運動生理学の准教授。主に免疫システムと（特に運動選手の）幸福と性格との間の関係に関心がある。これらの研究活動をオーストラリアのＱＯＬセンターにイラン第一の調査員としての役割と結び付けている。彼と彼の妻は娘をシャーディー——ペルシャ語で「幸福」を意味する——と名付けた。

028

社会的集団

人生における物事への評価は、相対的に行われるもののようだ

アンドリュー・クラーク――アメリカ／フランス

「あなたは幸福ですか？」という質問に対して、私達の回答はどれくらい正直だろうか？　たいていの人は、この質問に対する回答は自らの心の奥にあると考えている、という印象を与えるだろう。しかし現実は少し違っていて、私達は主に自分の周りにいる人々を見て決めているようだ。社会的集団の重要性とは。

私達は常に比較する

私は、生活に対する満足度や仕事に対する満足度、あるいはその他の主観的ウェルビーイングを測る質問に対する何千もの（何万、いや何十万もの）回答を分析してきた。私が特に関心を持っているのは、人が感じる幸福というものは、周りにいる人々に起こることによって左右されるものなのかどうかという点だ。言い換えれば、幸福に社会的背景はあるのかということである。

研究結果は、私にそのような社会的背景が存在することを納得させるに足るものだった。そして、ことによるとがっかりさせるものでもあった。人生における物事への評価は、相対的に行われるも

のようだ。例えば、所得が増えれば私はより幸福になるが、他者の所得の方が多くなれば、私の幸福度は下がる。ここから推測できるのは、もし所得が全体的に増え、私達全員がよりお金持ちになった場合、誰の幸福度も上昇しないということだ。

幸いなことに、こうしたタイプの比較は、より不愉快な結果についても同様である。例えば失業は最も不満を覚える、あるいは最も不愉快な経験の1つだろうが、失業率が高い地域では、おそらく失業によって被る不名誉が比較的少ないので、人にそれほど苦痛を与えないようだ。

つまり幸福は個人的であるだけでなく社会的なものでもあるのだ。他者の存在が自分自身のウェルビーイングにとって重要なのだ。他者は、所得を通じて、労働市場で何を行っているかを通じて、そしておそらく、その他のたくさんのことを通じて、あなたの幸福に関わっている。

もう少し一般的で社会的な意味でも他者は重要である。個人と個人の間、そして個人と組織との間の関係性の質は、ウェルビーイングの主要な構成要素だろう。最近の研究に、個人と職場との関係の質を調査したものがある。具体的には、「勤めている企業や組織の成功のために、必要以上の仕事をすすんでするかどうか」という質問をしたものだ。回答のあった17の国のうち、アメリカとカナダでこの意見に賛成する割合が最も高く、フランスで最も低かった。私は、このような職場における人と組織全体との不信感のある関係は、人を幸福にしそうにないと思う。もちろん、それをどのようにして変えればいいかは、難しい質問なのだが。

KEY

・幸福は社会的である。私達は良い経験と不快な経験を自分の周りにいる人々と比較する。
・個人間の相互作用の質は、ウェルビーイングの主要な構成要素である。
・職場や組織と信頼関係を築けている場合は、幸福になる可能性が高い。

アンドリュー・クラーク Andrew Clark

フランスのパリ経済学院に所属。イギリスとアメリカで研究を行う。学会発表を170回行い、53の専門学術雑誌に130の論文を発表している。仕事と生活に対する満足度、社会的相互作用、社会的学習に関心がある。宝くじの賞金の影響も研究していた。OECDとイギリス政府に報告書を作成している。

029

9つの経験

私達は経験を重ねることで対応している

シン・チャンチュン――中国

北京にある紫禁城をめぐるツアーに参加したなら、ガイドは中国の歴史における数字の9の重要性について解説してくれる。それぞれの台への9つの階段、皇帝の扉の9×9のボタン、9999の部屋の屋根上の9つの像。シン・チャンチュン教授は、他の種類の数字を研究をしている――中国人の主観的ウェルビーイングを示す幸福の統計である。私達の幸福度を高めるために彼が出した最終的な結論とは何だろうか？　またしても9が関係している。

幸福はあなたが経験することである。

幸福とは何か、それはどこで見つかるものなのか、と私にたずねるなら、私は幸福はあなたの経験なのだと言うだろう。ある意味で、人生とは経験だと言うこともできるだろう。私達は経験を重ねることで生き延びている。現実の生活には多くの苦悩があるが、それでも前を向くことは可能であり、このような心構えに努力が加われば、私達は人生をより良いものにすることができる。

中国人の主観的ウェルビーイングの研究では、人々の幸福にとってとりわけ重要な類の経験があることがわかった。**満足感と豊かさ**がそれである。お金は万能の解決策ではないが、もしお金が全くなければ人生は受け入れがたいものになる。生活に最低限の物質的必要が満たされない時には、心が幸福かどうかは当然あとまわしである。

したがって、幸福の基本的な前提は、少なくとも快適に生活するために十分な所得を稼ぐことができ、そうすることによって経済状況の上での苦難を避けることである。もちろん、満足している人は、自分が持っているものに幸福を感じている。もしあなたが物質的な資源を豊富に持っていれば、そしてあなたの望みが身の丈に合ったものであれば、幸福はあなたの手の届くところにあると言えるだろう。9つの経験が、あなたのこの幸福を高めるための手助けとなる。

心の健康を経験すること。幸福はポジティブな心が経験するものである。これは、精神的な健康、立派な態度、偏見のない心、そして、陽気な性格を意味する。もし人がそのようなポジティブな心理的態度を持っていれば、より活力を感じ、毎日の仕事や問題をよりスムーズに処理できることが多い。たとえ困難に直面しても、落ち着いて対処することができる。

身体的な健康を経験すること。身体的な健康も1つの経験である。深刻な病気を避けることができるかどうかは、ある意味運の問題である――ゆえに、幸福の問題であるともいえる。しかし、病気を患いながらも、そしてそれが重度な病気であっても、人生を楽しむことができれば幸福を感じることができる。もしあなたが自分の健康に満足していれば、もしあなたが自分の身体に満足していれば、そして、もしあなたが重い病気に悩まされていなければ、あなたは幸福である可能性が高いだろう。しかし、身体上の病気は、必ずしも不幸の源ではない。幸福の源はむしろあなたのポジティブな心構えである。

精神的なバランスを経験すること。他者の成功を妬む、他者の不運を笑う、自分の過大評価に気づいている、壮大な計画を立てるが能力はそれほどない……もし人がこのような心構えであると、ほぼ間違いなくその人はあまり幸福を感じることはできないだろう。幸福は、自分自身のありのままの生活をすすんで受け入れることができる能力であり、自分自身の人生経験と正直に、不平を言わずに向き合うことができる能力である。

人間関係への順応を経験すること。あなたは、気の合う人と仲の良い、誠実な関係を築いているだろうか？　あなたは、互いに理解し、双方が合意できる親友を持っているだろうか？　人との良い社会的交流を持つことは、あなたが真に社会的な存在になる手助けをしてくれるだろう。これは、あなたが失敗したり辛酸をなめる羽目になることを避けるのに役立つだろう。

家族的な雰囲気を経験すること。家族はあらゆる人にとって、またあらゆる場所において非常に重要である。中国人にとって、「家」は、特別な意味を持つ。現代社会においてさえ、家族の感情的な機能は弱まっていない。身内の中では、人々は苦難によりうまく対処でき、よりのびのびとくつろぐことができる。もし人が、家族の温かみを感じることができれば、相互理解、双方の合意に達することができるようになる。もし、家族の雰囲気が円満で和やかであるならば、その人はいつも楽しい気持ちを感じることができるだろう。

社会に対する信頼を経験すること。人々は、社会的環境から離れて生きていくことはできない。これはすなわち、属する社会の発展を経験することが個人の幸福の発展にも影響を及ぼすことを意味する。大多数の人々の最大利益が比較的守られている社会に住み、社会の発展が個人に利益をもたらすと確信している人は、より幸福を感じるだろう。

自分を受け入れることを経験すること。自分の長所を認識し、自分の短所を容認できること、そして、自分自身に対してポジティブな考え方ができることは、自分自身に対する成熟した向き合い方である。そのように成熟した態度は、多くの場合、人々が自分自身に打ち克《か》つ助けとなる。満足感や幸福感を得ることが、その人に自信や自制をもたらす。

目標や個人的価値を経験すること。はっきりした信念を持っているならば、自分の人生における立場と方向が明確になる。自分が何を望むかを知ることができるだろう。そして、自分がしていることの価値と意味を知ることができ、常に充足感と満足感を覚えるだろう。日々の課題をこなしていくことに喜びを見出し、自信を持って新しい日を迎える可能性が高い。

成長と前進を経験すること。進歩しようと努力する人は、人生に肯定的に向き合い、人生を絶え間なく続く学びの過程であると考えることができる。そうした人たちはたいてい、自分が人生において前進していることを自覚し、人生の目標がわかっている。これは自分と目標との間にある障害を乗り越えるのを手助けする。そのような進取の気性は、実質的で実利的な利益をもたらすだけでなく、人々に幸福を与える。

KEY

・心と身体の健康、そして、精神的なバランスを経験しなさい。
・人間関係、家族的な雰囲気、そして、社会に対する信頼を経験しなさい。
・自分を受け入れること、目標や個人的価値、そして成長と前進を経験しなさい。

シン・チャンチュン　Xing Zhanjun
中国の済南にある山東大学の教授。北京の中国社会科学院の社会学協会で博士号を取得。山東省の中国国家統計局の研究拠点の長を務める。主に主観的ウェルビーイングの測定と組み合わせた、生活の質と社会政策に関心がある。

030 友人の価値

友人を失った人は、物質的には、所得の6倍の金額でもって埋め合わせがなされなければならない

エドゥアルド・ローラ——アメリカ

「幸福は、私達が直面する状況や問題と同じくらい、また、私達が持つ望みと同じくらいさまざまな事柄に左右される。そのため、幸福を見つけるための標準的な方法を提案することはできない」とエドゥアルド・ローラは言う。ラテンアメリカとカリブ海に暮らす4万人以上の人々への世論調査に基づいた研究で、彼は注目に値する意外なことを見つけた。友人の価値である。

友人の価値、仕事、そして、お金で買えるもの

私の研究では、生活に対する満足度に最も影響を与える事柄に関してすでにわかっていることを支持する結果が得られた。そうした事柄は、困った時に助けてくれる友人がいること、良い健康状態、強い宗教的信仰、配偶者との安定した関係を維持すること、そして、基本的なニーズを満たすのに十分な仕事と所得があることである。どれも驚くようなものではないだろう。驚かされるのは、少なくとも私のような経済学者にとっては、所得が幸福に関してはほとんど価値がないという発見

である。

例えば、友人を失った人は、その失った痛みを和らげるために、物質的には、所得の6倍の金額でもって埋め合わせがなされなければならない。仕事を失った人に再び満足感を感じさせるためには、単純に同じ水準の所得を与えるだけでは十分ではない。所得水準より60％多い金額が必要である。なぜなら、仕事は単なる収入源ではなく、充実した人生を送ったり、人生の重要な側面に関係したりする手段でもあるからである。多くの人にとっては、友人や仕事に値打ちをつけるのは奇怪なことのように思われるかもしれないが、そうした値打ちをつけることが計算の目的ではない。そうした計算は、友人や仕事といった人生で重要なものに比べて、お金がいかに価値が低いかを示すことを意図しているのである。

私は世論調査の研究から他のことも学んだ。それはこういうことである。人生の物質的な側面に関して自分自身と他者を比べることは、お金の価値をさらに低くし、幸福を、より多くのお金を得ることに依存させる。非常に厳しい経済状況に暮らす人々は、はるかに多くのお金を持っている人々よりも、ずっと少ないお金でより多くの満足感を感じることはよくあることだが、車や仕事を自分の周りにいる人々と比べることがある。たいていの人にとっては、そのような物質的な側面を他者と比べることは悪影響を生じさせる。どんなに多くのお金を得ようとも、得られる満足感は変わらない。なぜなら、自分より多くのお金を持っている誰かが存在することを常に知っているからである。

それゆえに、幸福を得る鍵の1つは、自分が持っているお金を楽しみ、他者が何を持っているかについて気にしないことである。もしこれができるなら、あなたは、自分が必要とする以上のお金を持っていることが、そして内面に目を向け、真に幸福を運んでくれるものにより多くのエネルギーを注ぐ方が良いことがすぐにわかるだろう。

KEY

・仕事や友人は簡単には代えられない。
・お金と所得は人生において重要なことに比べるとほとんど価値がない。
・たいていの人にとっては、物質的な富を他者と比べることは悪影響を生じさせる。

エドゥアルド・ローラ　Eduardo Lora

アメリカのワシントンDCにある米州開発銀行の研究部の部長。コロンビア出身で、ラテンアメリカの開発問題を把握することを専門とする。近年、幸福と生活の質に関する2冊の本を編集した。『Paradox and Perception（逆説と認知）』『Beyond Facts : Understanding of Quality of Life（事実を超えて：生活の質を理解する）』である。

031

実験ゲーム

社会福祉に貢献することは、個々の金銭的な利得が減ってしまうにもかかわらず、幸福度を高める

レオナルド・ベッケッティ&ジャコモ・デリ・アントーニ――イタリア

実験をしてみよう。お互いに知らない人達にお金をいくらか渡す。ある人は他者に与えることによってそのお金を「使う」ことができる。一方、ある人はお金は与えられるまで待たなければならない。しかし、このようなルールの下でも、両者が利益を得る可能性はある。2人のイタリア人の教授は、学生と一緒にこの実験を行い、学生の幸福のレベルを測定した。私達をより幸福にするものは何だろうか？　与えることだろうか、それとも受け取ることだろうか？　そして、この実験から私達は、社会福祉政策にとってどのような重要な教訓を引き出すことができるだろうか？

幸福をもたらすのは与えることだろうか、それとも受け取ることだろうか？

私達はこの問題を、幸福に関する質問を用いたアンケートと、匿名のプレーヤー達が交流により物質的な報酬を得るというある実験ゲームから集められたデータとを組み合わせることによって調査した。意外――少なくとも、人は自分自身の利益の追求のみに動機づけられているという経済学の標準的な仮定から考えると――だったのは、個々のプレーヤーの金銭的な報酬が減ってしまうに

もかかわらず、社会福祉への貢献は人の幸福度を高めるということである。

私達の調査には、イタリアの3つの大学から368人の学生が参加した。彼らは無作為にペアを組み、匿名で「投資ゲーム」を行った。このゲームでは、プレーヤーたちはある金額の通貨を与えられる。今回は10トークン(1トークンは0・5ユーロに相当するとする)であった。1人のプレーヤー(被信託者)は自分で自分の通貨を使うことはできないが、もう1人(信託者)は被信託者にいくら渡すかを決められる。送られた金額は0から全額までありうるが、実験者が3倍にして被信託者に渡す。最後に、被信託者は、この3倍にされた金額のうちいくらを信託者に送り返すかを決めなければならない。信託者と被信託者の意思決定はともに、ゲームの結果と最終的な利得に影響を与える。さらに信託者は、送られた金額が3倍にされるので、価値を作りだす力を持っている。そして、これがゲームの利得の合計(これを「社会福祉」とする)を増やす唯一の方法である。

私達は同時に最もよく使われているアンケートを用いて、実験に参加したプレーヤーたちの幸福度を測定した。質問は「総合的に見て、1から10までのスケールにおいてあなたはどれくらい幸福だと思いますか? 1は全く不幸、10は全く幸福を意味します」質問は、無作為に(a)ゲーム終了後、あるいは(b)ゲームのルールも知らされていない時、のどちらかに回答された。

私達の実験結果がはっきりと示しているのは、ゲーム終了後に自己申告された幸福度は、プレーヤーが得た個人の利得に影響されないということである。一方で、信託者の幸福度は他のプレーヤーに送った金額と正の相関がある。言い換えれば、他者にお金を送る決断をする人は、そう決断しない人よりも幸福である。そしておそらくこれが最もおもしろい結果であると思われるが、最終的な金銭的利得が低くなるにもかかわらず、他者により多くのお金を与えた人ほどより幸福であると回答していた。実際、被信託者は信託者に対して見返りを与えない傾向があり、お金を送るという決定は、かえって信託者の最終的な利得を下げることになる。より幸福な人は「より気前がいい」ということに私達の実験結果が左右されている可能性は排除できる。信託者が送った金額とゲーム開始前に彼らが自己申告した幸福度との間には相関が見られなかったからだ。

もう一点強調しなくてはならないことがある。私達は、被験者たちの総合的な幸福度を尋ねた。**しかし、一体どのようにして彼らの総合的な幸福度が、単純なゲームをすることによって影響を受けると言うのだろうか。**２００６年のノーベル賞受賞者であるダニエル・カーネマンとアラン・クルーガーが行った区別は、この問題点をはっきりさせるのに役立つ。カーネマンとクルーガーは、経験効用と記憶効用とを区別する。経験効用は即時の経験についての感じ方、記憶効用は過去の経験についての思い出し方である。過去の経験を遡《さかのぼ》って行う評価は、即時の報告に関する系統的なバイアスを受けることが証明されている。基本的には、記憶効用は平均のようなものであると思われる。それに対し、経験効用の重要性は等しくなく、直近の経験がより重要だと考えられる。私達の実験結果は基本的には、総合的な幸福度の申告をする際に直近の経験がかなり影響を与えているのかもしれないという考えを支持している。とりわけ、私達の実験で信託者が自己申告した幸福度に影響を与えたのは、信託者の効用に影響を与えた最近の（幸福度の質問への回答に関する）楽しい経験だと考える。
利得がプレーヤーに与える影響および／またはプレーヤーのゲームにおける行動がプレーヤーの幸福度に与える影響を調査するために投資ゲームが用いられたことはこれまでに一度もなかった。この方法を用いることで、私達は幸福感に及ぼす行動の影響を指摘することができた。この影響は（少なくとも私達の実験の設定では）なかなかに強いもので、政治家、経済学者などへの問題提起につなげられるかもしれない。他者の利益を考えることは、たとえそれが自分自身の利益を損ねることになったとしても、自分の利益だけを考えるよりも人を幸福にするかもしれないのだ。

KEY

・幸福は、手に入れた個人的な利得には影響されない。
・より幸福な人がより寛大なのではない。より寛大な人がより幸福なのである。
・他者の利益を考えることは、たとえそれが自分自身の物質的な利益を損ねることになったとしても、自分の利益だけを考えるよりも幸福になれるかもしれない。

レオナルド・ベッケッティ Leonard Becchetti
ローマのトル・ヴェルガタ大学の経済学教授である。イタリアの「倫理銀行［訳注：預金を倫理的基準に沿ったもののみに投資する、一種の社会的責任投資を行う銀行］」の倫理委員会の委員長であり、倫理と経済学との間の関係に関する研究を行っている20以上のイタリアの大学の連合組織、エコノメティカ（EconomEtica）の幹部である。

ジャコモ・デリ・アントーニ Giacomo Degli Antoni
ミラノ・ビコッカ大学エコノメティカ学際研究センターの研究員。特に幸福と経済学との関係に関心がある。ゲーム理論の「投資ゲーム」は、１９９５年にBerg, Dickhaut, McCabeによって導入されたもの。

032

革命の経験

革命によって状況は以前よりもかなりよくなったが、人間関係はそうでもない

ヘレナ・フニリコヴァ&カレル・フニリカ――チェコ

チェコスロバキアで起こった非暴力革命、通称ビロード革命は、1989年に共産主義政府を倒した。1年後、40年以上の間で初めてとなる民主的な選挙が実施された。その時以来、プラハの2人の教授は、社会変革が生活の質に与える影響に注目している。教授らは、人々の価値指向に変化が見られること、そして新しい価値観の間に衝突が見られることを発見した。

革命の影響

1989年にチェコ共和国で起こった全体主義から多元的な政治体制への移行は、多くの社会的・経済的な変化を伴った。こうした重大な変化が生活の質に与える影響は、2000年から2001年にかけてチェコ共和国の国民を対象に実施された大規模標本調査において調査された。

政変から10年以上の間、チェコ人は概して満足していないというよりはむしろ満足しており、現在の生活の質と1989年以前の生活の質とを比較した時に、多くの回答者(65%)が、生活は今

の方が良くなったと表明した。12％の回答者のみが、生活の質が悪くなったと考えた。大部分の回答者によれば、社会主義体制後の期間に悪化した唯一の領域は、「人間関係」であった。

チェコ人は、友人や家族に対しては高い満足感を表しているにもかかわらず、社会全体における人間関係の進展を良いと考えていなかった。**女性は、新しい時代につながる変革を男性よりも肯定的に評価しなかった。**男性は、とりわけ、職場でより高い地位を得る可能性が高まることを好意的に評価していた。どうやら新しい時代の市場経済とその競争に関連するメカニズムは、女性よりも男性により多くのチャンスを与えるものであったようである。それゆえ、こうした新しい社会的な特性は、良い生活についての男性的な考え方とより調和するのだと思われる。

チェコ共和国における最近の変化の主な特徴の1つは、個人主義の発達である。個人主義は、その内在的なロジックにより、自由市場と関係している。そして、自由市場が進展していくと、人々はお金や物質的な富が人生の重要な価値であると考えさせられるようになる。しかし、皮肉なことに、物質主義的な考え方に捉われれば捉われるほど、人は人生に対して満足しなくなる。既存の消費者調査によるこうした発見は新しくはないが、チェコ人学生に対する最近の標本調査においても再現された。分析結果は、学生がより物質主義的な考え方をしていればしているほど、人生に対してより満足していないことを裏付けていた。自尊心や神経症的な傾向、外向性といった影響を取り除いても、この関係はかなり強かった。

物質主義がそのような望ましくない結果を引き起こす理由の1つは、物質主義がたいてい、個人の健全な成長にとって有益な価値観——とりわけ、自律性、愛情関係、人間関係——を、価値観の順位においてより低く重要でない位置に下げてしまうことにあると思われる。さらに、これらの価値観の選択は相いれないことが多い。**自律性と愛情や友情への深い関わりとは本当に両立できるのだろうか。**例えば、愛する人と十分な時間を過ごすと同時に、成功した職歴を築くことは可能だろうか。

日常生活においてはどうだろうか。チェコ大学の学生調査では、相反する一対の価値観について最も多かった回答は、愛情と自己決定権（自分の目標を自由に追い求めることができる権利）である。多くの回答者（35％）が、これら2つの価値観は、自分の価値観の順位において1位と2位の位置にあると回答した。他の学生と比較すると、この35％に含まれる学生は、彼らの生活に対する満足感がかなり低く、調査前の2週間の間に、喜び、幸福、興奮といったポジティブな感情を経験したと答える人も少なかった。さらに、彼らの生活スタイルはより不健康であった。1日あたりの喫煙量も、アルコール摂取量も、より多かった。こうした健康上リスクのある生活習慣行動は、彼らが価値観を選択する際に矛盾が生じているために精神的な葛藤や不安定さを感じたりすることと関係している可能性がある。

全体的な幸福感や精神的な落ち着きを得るためには、物質的な側面を必要以上に重視することなく、自分に与えられた生活環境に満足することが肝心であるように思われる。生活における優先順位と選好が相反せず、補完し互いに補強し合うような環境は、精神的な安定と個人の統合性を失わないための重要な条件である。

KEY

・物質主義者であればあるほど、自分の生活に満足しない。
・自律性や愛情関係、友人関係といった価値観は、個人の健全な成長にとって、価値観の順位において上位に位置づけられる必要がある。
・健全な精神の安定（例えば、愛情と自己決定権の間の）を得るために、人生において相反しない優先順位や選好を定めなさい。

ヘレナ・フニリコヴァ Helena Hnilicova
健康と生活の質、患者の満足度に関する研究プロジェクトに参加している。

カレル・フニリカ Karel Hnilica
価値観、ステレオタイプ、偏見、差別、生活の質の研究に関心がある。

2人はプラハ・カレル大学（チェコ）の専任講師であり同僚である。祖国の革命が人々の考え方に与える影響について特別な関心を持っている。

033
街の灯り

大都市の生活は大きく二極化している

ジャンパオロ・ヌヴォラティ――イタリア

人類史上初めて、世界の人口の過半数が都市部に暮らすようになった。30億人以上の人々が市と町に暮らし、その数は毎日増え続けている。都市部での生活は幸福を探すのに役立つのだろうか？　都市部での生活と農村部での生活とでは、どちらが幸福なのだろうか？　都市に多くのチャンスがあることは紛れもない事実である。しかし、それで私達の生活はより幸福になるだろうか？　ミラノのような慌ただしいイタリアの街で働き、生活し、運転しながら、ヌヴォラティ教授は都市部でうまく暮らす鍵を見つけようとしている。

多くのチャンスはあるのだが……

都市における生活の質に関する実証的研究と理論的研究から学んだことの中で1つははっきりしていることは、生活の質は都市部で手にすることができる集団的資源やサービスの量だけではなく、そうした資源を人々が使うことができる能力や機会も関係している、ということだった。

この考え方は、「商品」から「機能」、「性能」へのシフト、つまり、単に「持っている」状態からより重要な「ある」や「する」への移行を伴う。例を使って説明しよう。私達は車を持っているが、交通渋滞があるために街のあちこちをドライブするのには非常に時間がかかる。私達の街には多くの劇場があるが、そこを習慣的に訪れる人はごくわずかである。劇場に行きたいのだが、私達には時間がない、あるいはチケットがとても高価か劇場が時間的・空間的に利用しにくい。その結果、多くの都市部の資源を実際の生活の質へと転換することはますます困難になっている。とりわけ、多くのさまざまな都市部の集団（居住者、通勤者、都市の利用者、観光旅行者）が集まる大都市ではそうである。大都市の生活は現在大きく二極化していて、居住者と非居住者の中で多くのサービスを利用できるグループもあれば、利用できないグループも多くある状態になっているのである。小規模と中規模の大きさの街では、おそらく利用できる資源の量は少ないが、より簡単に入手でき、より直接的に利用できるため、そうした街に暮らす人々の生活状況は改善される。他方で、資源とサービスの量が少なすぎる場合には、たとえ手軽に利用できたとしても、そのような状況下の生活の質は良くない可能性が高い。

要約すると、生活の質は、個々の市民がそれぞれ都市で利用可能な資源とサービス一式を、自分にとって望ましい形で容易に利用できるようにすることで得られるものである。こうした資源とサービスの利用は、個人の富の価値の上昇や公共インフラの増加に基づくだけでなく、個人の能力や社会関係資本、教育、情報をも必要とする。利用可能な資源とサービスが持続的に入手できることと、それらの機動性を高めることを目標とする公共政策も好ましい。客観的な生活の質と主観的な幸福度との関係は、依然としてさらに詳しく調査する必要があるが、いくつか関係があると予測するのは間違いではない。
全ての人への幸福度を高めるための具体的なアドバイスは、いわゆる「脱埋め込み」と「再埋め込み」の連続を楽しむ能力に関係している。これが何を意味しているのかというと、もし可能なら、旅行したり、国際的な人間関係を築いたり、新しい通信技術を使ったりしながら、同時に地域の人間関係や個人あるいはコミュニティーのアイデンティティー、直接の交流を強化し続けることである。ポスト・モダン的な複雑性を避けるのではなく、日常生活においても長期の活動計画においても、その複雑性に対処していくようにすること。これは、一方では、利用可能な機会は全て利用する必要があることを意味し、もう一方では、個人、家族、地域の価値を尊重しなければならないことも意味する。両者のバランスを見つけるのが難しい時もある。

KEY

・生活の質は、資源とサービスを簡単に入手でき、利用できれば得られる。
・公共政策は、教育、情報、機動性、入手可能性に焦点を当てるのが良い。
・国際的な人間関係を構築すると同時に、地域のネットワークを強化しなさい。

ジャンパオロ・ヌヴォラティ Giampaolo Nuvolati
ミラノ・ビコッカ大学（イタリア）で都市社会学を教えている。都市の生活の質の指標の研究において国際的な専門家で、著書『Lo sguardo vagabondo（放浪者たちへのまなざし）』では、新旧の「困難な生活の場で鍛えられた都会でうごめく者たち」を研究している。

034

人生を楽しむ

21世紀は最も宗教的な世紀になるだろう

アフメド・M・アブデル＝ハレック――エジプト／クウェート

これは本当である。「信仰を持っている」と言う人は、自分はより幸福だと主張していることにもなる。宗教は、社会的な関わり、他者からの支え、慰め、人生の目標、そして、自分以外のものとの関わりを与えてくれる。これらは全て、人を幸福にするものである。アフメド・M・アブデル＝ハレック教授は、20冊以上の著書を、宗教と人生を楽しむことという2つのきわめて重要な言葉に要約する。

原動力

エジプトからクウェートにおよぶアラブ諸国における私の研究は、特に2つの点に焦点を当てている。1つは人生を楽しむことに関する新しい考え方であり、もう1つは幸福と宗教（あるいは精神性）との関係である。研究結果は、これら2つの考え方の間に正の相関があることを示している。

人生を楽しむということは、一般的には、自分自身の人生に対する前向きな態度と考えられる。それは、人生に対する心地良い愛着と感謝を意味する。人生を楽しむことと幸福の探求は、人にとって決定的に重要である。それら2つの間には正の相関がある。さらに研究者達は、幸福は教えることができることを明らかにしている。同様に、社会的規則を破らず、宗教の教えに従うならば、どんな人でも人生を楽しむ方法を学ぶことができる。私達は皆、利用可能な資源に合わせると同時に、自分と他者にとって最善の状態を達成することを目指して、人生を楽しむ方法を学ばなければならない。この点において、「楽しむ」という言葉には、物質的な要求とともに道徳的な責任と宗教的な道義も含まれている。

宗教は、歴史上、強い影響力を及ぼすものの1つであった。しかし、今日の宗教がこのような以前の高い地位に戻りつつあるのには理由もある。最近の出版物のなかには、21世紀はこれまでで「最も宗教的な世紀」になるだろうと述べるものもある。例えば、アメリカでは成人の95%が神を信じると答えており、世論調査によれば86%が宗教は「最も重要である」か「重要である」と答えている。

一方、中東の人々は世界の他のどの地域よりも宗教的であるという考えが定着している。おそらく、これは驚くことではない。広範囲にわたって最も影響力の大きい3つの神の啓示――ユダヤ教、キリスト教、イスラム教――は全て、この地域から生まれたのである。

これら3つの宗教は、ひとつの神に対する信仰を共有している。世界中で大規模に行った調査――私達の小さな調査を含む――によれば、信仰している宗教とそれに対する献身は、個人のウェルビーイング、幸福感、自尊心、そして、適応感にとって効果的である。信仰心（過激主義を除く）と身体的・精神的健康を含む幸福との間には正の相関があることを実証したいくつかの研究がある。

要約すると、人は、法的・道徳的規範を破ることなく――これは、宗教的・精神的な主義に従うことも意味する――、人生を楽しむ方法を学ぶのが良い。このような宗教性は、より良い健康状態、より高い幸福感、人生に対するより高い満足感と関係している。さらに、宗教的信仰は、幸福感を求め、それを手に入れようとする強い動機づけとなる。

KEY

・自分と他者にとって最善の状態を達成することを目指して、人生を楽しみ、享受し、人生に対して感謝する方法を学びなさい。
・信仰している宗教とそれに対する献身は、個人のウェルビーイング、幸福感、自尊心、そして、全体的な適応感にとって効果的である。
・信仰心（過激主義を除く）は、より良い身体的・精神的健康につながる強いモチベーションとなる。

アフメド・M・アブデル＝ハレック　Ahmed M. Abdel-Khalek
心理学教授としてクウェート大学に勤務。アラビア語の21冊の著書、アラビア語または英語の８つの心理テストと２９５の研究論文を刊行している。人格の構造と評価、異文化間比較、死に対する態度、小児期のうつ病、そして、睡眠障害についての研究も行っている。過去10年間に、楽観主義、希望、幸福、人生を楽しむこと、そして、宗教性に関心を持つようになった。

035
陰と陽

儒教、仏教、道教の思想は、参考になる

ダニエル・T・L・シェック――中国

世界の人口の約5分の1が中国に住んでいる。これは、普遍的に当てはまるとするどんな理論も中国のデータをその分析に含んでいなければならないことを意味する。とりわけ、欧米の文脈から作り出された研究結果に基づく幸福の理論の一般的適用性を議論する場合には、さまざまな中国の状況における研究が不可欠であると香港のダニエル・T・L・シェック教授は報告する。

より全体的なアプローチ

中国文化における幸福の考え方と表現方法は、西洋文化のものとは異なっている。5千年以上の歴史がある中国文化の伝統的な価値感は、儒教、仏教、道教の思想と密接に関係していて、中国における幸福の考え方と表現の根本的な構成要素となっている。例えば、アメリカ文化においては楽観的な感情と率直な表現が幸福の重要な構成要素であるのに対して、中国の人々は、競争的な感情と幸福の控えめな表現を重視する。そういうわけで、幸福の考え方とその表現の仕方における異文

化間の相違をよりよく理解するためには、中国文化についてのさらなる研究を行うことが重要である。

幸福に関する中国の哲学、文化的価値観、伝統的な信条が、幸福について研究している欧米の研究者の参考になることは明らかである。中国の人々の幸福は、一般的に、個人レベルで研究されている。人気が高まりつつある生態学モデルが、人間の行動はさまざまな生態系（例えば、家族制度やマクロな社会文化的システムなど）に組み込まれていると主張していることから、幸福の考え方、そしてそうしたさまざまな生態系を背景とした幸福に関する現象について、より全体的な理解が必要であることは明らかだろう。欧米の幸福に関する理論が中国の人々にも当てはまることを裏付ける研究はあるけれども、依然として多くの疑問が解決されていない。

中国の人々、家族、コミュニティー、都市の幸福が、１９４９年の社会主義の政治体制の樹立、１９６０年代半ばの文化大革命によってもたらされた変化、そして１９７０年代後半の開放政策と経済改革の導入に続く数十年の間にどのように変わったかを分析することは重要である。経済改革の強化によって、中国の人々は、経済変化の影響をより受けやすくなっている。経済改革はより高い生活の質をもたらしたが（それによって、幸福度も上昇するかもしれない）、同時に、**そうした経済改革によって個人、家族、そして社会の問題も増加した。**さらに、失業や経済的不利益という——理論的には社会主義体制においては存在しない——問題も現代中国では多く見られるようになってきた。

中国の哲学と宗教に含まれる教えは、幸福度を高めたいと望む中国人ではない人々に関係があるかもしれない。しかし、その場合には、幸福が何を意味するかに関する考え方の「パラダイムシフト」を経験しなければならない。

儒教の思想では、幸福は必ずしも悪いものだとはみなされないが、強い情動的感情を表すことは、「中庸の教え」では善とされない。さらに、儒教においては自己修養が、幸福をもたらすとされる。

仏教の思想では、「解脱」と悟りの精神の考えは、人生における真の幸福をもたらす重要な要素である。快楽の意味での幸福は、実際には真の幸福の成就を妨げてしまうかもしれない幻想とみなされている。

道教の思想では、幸福の中心は、自分自身、自然、そして森羅万象との調和にある。そうした点を重視するのは、人は心の内面の安らぎと環境との良好な関係を持つべきだという、存在に関する人間主義的な考え方に沿うものである。

最後に、「陰」と「陽」との間のバランスは、伝統的な漢方医学では人間の存在の理想的な形と考えられている。漢方薬、瞑想、太極拳などの中国の武術を行うことによって、人は内面の調和を得ることができ、それはやがて自分の中の幸福感の向上をもたらす。

KEY

・楽観的な感情と率直な表現がアメリカ文化における幸福の重要な構成要素であるのに対して、中国の人々は、悟りの感情と幸福の控えめな表現を重視する。
・中国の哲学と宗教に含まれる教えを中国人ではない人々にも関係のあるものにするためには、一般に認められている幸福の考え方におけるパラダイムシフトが必要である。
・「陰」と「陽」との間のバランスを通じて、人は内面の調和を得ることができ、それはやがて自分の中の幸福感の向上をもたらす。

ダニエル・T・L・シェック Daniel T.L.Shek
香港科学技術大学の研究者、『Journal of Clinical Psychology（臨床心理研究）』誌の編集顧問であり、『Research on Social Work Practice（ソーシャルワーク研究）』誌の編集委員である。中国、欧米、そして地球規模の文脈における、思春期、総合的な健康、社会保障、そして生活の質に関する100本以上の論文を国際的な学術雑誌に刊行している。

036

ハンバ・カーレ（うまくいく）！

あなたの周りにある美しいものに目を配り、耳を澄まそう

D・J・W・ストルムファー――南アフリカ

「実のところ、本書のために私の洞察を要約するのは困難な仕事だった」と南アフリカのD・J・W・ストルムファー教授は報告する。この20年間、彼は、アントノフスキーの連帯感、回復力、そして、キースの社会心理的健康の連続体の研究に関わっている。「これらの研究から得られた考え方を、理論にはよらず、より実用的な方法で伝えられるように努力した。」80歳のストルムファー教授は、彼の生涯を通じて得られたアドバイスを私達に提供してくれる――「うまくいく！」を意味するズールー語の「ハンバ・カーレ」という挨拶とともに。

繁栄

人生は、健康、美、喜び、愛情のある関係その他多くのもので満たされている。これらは私達の力の源である。これらをあてにし、重視し、探し、そして活用する時、私達は喜びにあふれながら「繁栄」し始める。

なかには遺伝から生じる力もあり、それらは精神や感情の働きに影響を与える。経験や個人的な学習から育つ力もあれば、教育に起因する力もある。多くの力が人間関係、コミュニティ、そして私達が暮らす場所から生まれる。私達が生きている時代によっても、多くの特定の力と一般的な力が決まる。しかし、私達は身体的な力と同様に、精神的な力を養うことにも努めなければならない。これらの力の中には、身につけるためには苦しい鍛錬を必要とするものもあるが、多くのものは楽しい経験を積極的に探し求めることから得られる。

では、どのようにすればいいのだろうか。「感じ」てみるのである。微笑んでみよう！　笑ってみよう！　**でも、泣きたい時には泣こう――それは、苦しみを和らげてくれる。**自分の周りにある美しいものに目を配り、耳を澄まそう。美を探し求めよう。鳥のさえずりを聞いたり、鳥の群れを見たり、木々、草花、水の流れ、雲、日の出や夕日をじっと眺めたりすることから大きな幸福を得ることができる。自然――水、雨、風、雷、そして、自然の静けさ――に耳を傾けよう。触れるもの、味わうもの、匂いのするものに注意を傾けよう――そして、そうした喜びを体験しよう。音楽を聴こう。歌うことができようとできまいと、歌おう。

ありのままの自分、今の自分に感謝しよう。自分の能力を信じよう。（童謡の『汽車ぽっぽ』の「できると思う。きっとできる」を思い出そう。）常に楽観的でいて、毎日の仕事を含め、やらなければならないことすべてに満足と意義を見出すように全力を尽くそう。健康に注意しよう――食べて、飲んで、上手に運動しよう。人と議論したり、人の話を聞いたり、本を読んだり――そして、考えたり！――することを通じて、物事の本質を探し求めよう。「自分」にとって、それはいったい何を意味するのだろうか？

家族、友人、見ず知らずの人、医者、警察官、会社、組合、自分が所属する宗教団体――つまり、自分の周りにいる全ての人――からの支援を期待し、受け入れよう。精神的な支援も期待しよう。しかし、精神的な支援は、必ずしも頼まないで得られるわけではない――必要な時は積極的に得ようと努力し、得られるまで頼み続けよう。どんな場所であろうとも、どんな仕方であろうとも、他者を支援することも忘れてはいけない――不思議なことに、他者を支援することで、あなた自身が強くなれる。

人生は「負の要素」であふれていることも紛れもない事実である。急性・慢性の病気、身体障害、悲しみ、死、災害、荒れた家庭、社会・経済・政治の状況など、耐えられるものから破壊的なものまで、途切れることのない負担でいっぱいである。場合によっては、滅入ってしまうこともあるだろう。しかし、私達は回復力のある生き物である。私達は「立ち直り」（もといた場所に立ち戻り）、さらには、もといた場所を越えて「先に進む」こともできるのである。過度の負担を乗り越えることこそが、しばしば、成長と、将来の苦難への新たな強さの源になる。こうして身につけた強さは、耐えて、克服し、最後には再び花開く助けとなる。

KEY

・感じてみよう、耳を澄ましてみよう、味わってみよう、見てみよう、匂いを嗅いでみよう、そして人生の喜びを体験しよう。
・ありのままの自分、今の自分に感謝しよう。自分の能力を信じよう。そして物事の本質を探し求めよう。
・自分の周りにいる全ての人からの支援を期待し、受け入れよう。積極的に支援を得ようと努力しよう。そしてまた、他者に支援を提供しよう。

D・J・W・ストルムファー　D.J.W. Strümpfer
南アフリカ、ケープタウン大学の心理学名誉教授で、主観的ウェルビーイング、繁栄、そして意味の探求に関する方法論的な研究で世界中から尊敬を集めている。さらに、心理学の用語集に「fortigenesis（力を養うプロセスのこと）」という新しい単語を加えた。

037

笑顔の背後にあるもの

幸福を感じることと幸福であることとの間には重要な違いが存在する

ドー・C・シン——アメリカ

:-)　（笑顔）

:-D　（笑い）

(^_^)　（日本の笑顔の顔文字）

携帯電話やパソコンの文字列では、ボディー・ランゲージとイントネーションを表現することはできない。それが、私達が顔文字を使う理由である。☺は世界的に人気だ。この記号は、喜びや幸福な気持ちを伝える。それは、とても簡単である——円が1つ、点が2つ、そして弓形の曲線が1つである。色は？　黄色である。この色は確かに、世界的に見てうれしい気持ちと関係があるようだ。ドー・C・シン教授は調査を行い、笑顔の背後にある重要な3つの要素を発見する。

幸福を構成する万国共通の3つの要素

「幸福な（happy）」という言葉の第一の使い方は、通常は短期間のある感情について言及することである。ホメロスとヘロドトスが幸福を肉体的快楽と同一視した時、そして、より近年の哲学者達が幸福を精神の感情状態であると考えた時、彼らは短期間の陽気で上機嫌な気分のことを述べていた。これは、満足感の核心となる意味とは根本的に異なっている。このような幸福の感情は陶酔――快楽は存在するが、苦痛が存在しない状態――と呼ばれることが多い。この観点から幸福をとらえると、幸福もまた快楽の概念の1つである。

「幸福な（happy）」という言葉の第二の使い方は、「happy with～」や「happy about～」という表現で用いるもので、これらの表現は、自分が健康で安心している状態（ウェルビーイング）に対して「満足している」あるいは「満ち足りている」ことを意味し、何か特別な感情を抱いていることを意味しない。幸福についてこのように言及することは、単なる感情の心地良さ以上の意味がある。幸福という言葉がもっぱら、人生で経験するものの快適な面を述べるために用いられているのである。

第三の使い方として、「幸福な（happy）」という言葉は、2番目の使い方のように、人生の質の特定の面について述べるのではなく、人生の質全般を特徴づけるのに使われることがしばしばある。この意味では、ある人が自分は幸福であるという時、その人は幸福な人生を送っていることを意味する——その人の人生では、全ての目標を達成しようとする努力が、全体として調和のとれた満足できるものとなっている。幸福について考えるという状況で、自分の人生についてそのような全体的な評価をする時、人は自分の状態や状況のさまざまな面を考慮に入れ、また、それらについて自分がどのように感じているかを考える。この場合、幸福感は自分の人生に対する最大限の評価を表す。

はじめの2つの使い方と異なり、この3番目の幸福に関する考え方は、要求、願望、関心、好み、要望の全ての範囲を含み、全体として調和のとれたものになっているかどうかを評価しようとする。したがって、快楽とは違い、幸福は一過性とか一瞬の気分ではないのである。快楽や苦痛という感情は、幸福な人生であろうが不幸な人生であろうがどちらでも起こりうる。「幸福を感じる」と「幸福である」とのこうした区別は、幸福を体系立てて説明する時には常に考慮すべきである。

幸福が生活の質全般に言及する場合、依然として、根本的な疑問が残っている——幸福は何で構成されているのか？ 哲学者や社会科学者たちは幸福を構成する要素を探し求めて、さまざまな人生経験を分析してきた。彼らはとりわけ、「幸福な人生」のよく知られた3つの解釈に焦点を当てている。

1つ目は、快楽主義における最高の状態と呼ばれるものである。これは幸福が人に受動的な喜びを与える特定のものを所有することにあるとする。例えば、人は美しい絵画や仲間と楽しい時を過ごすことから喜びを得る。快楽主義者にとっては、幸福はこうした喜びを与えてくれるものを十分に所有することによって人生を楽しむかどうかの問題なのである。

幸福な人生の2つ目の最高の状態は、幸福は欲望を満たすことから得られると論じる功利主義の哲学者の著作物に見られる。この考え方では、幸福は基本的に満足——欲求と満足感との均衡——である。欲求がすぐに満たされると幸福になるが、欲求が長く満たされないままだと不幸になる。功利主義者にとっての幸福な人生とは、できるだけ多くの欲求と欲望が満たされたものということになるだろう。

幸福な人生の3つ目の説明は、受動的な喜びの観点から幸福を考えるのでもなければ、財産の所有や欲求の充足の観点から考えるものでもない。この考え方は、アリストテレスのエウダイモニア（幸福）の概念に表されているように、幸福を創造的な活動に等しいとする。幸福は個人の能力を実現させること、つまり個人が楽しいと感じることを行うことから得られる。この考え方では幸福は、人の潜在的な生産能力からもたらされる達成感であり、生産的なあらゆる人間活動に付随する。

これら3つの哲学的な幸福の説明を全て考慮に入れた上で私は、楽しむこと、満足すること、そして達成することという人生における3つのポジティブな経験が、幸福の3つの主要な構成要素であるということを提案する。また、これら3つの構成要素の個別の組み合わせ——その組み合わせは、人の全体的な幸福の評価を方向づける——は、文化的に異なる社会ごとに異なる。どのように異なるのか？　これは、次世代の実証的な心理学の研究者に問いかけられた重要な問いである。

KEY

・幸福の3つの主要な構成要素がある。1つ目は楽しむこと――(受動的な)喜びを与えてくれる特定のものを所有すること――である。

・2つ目の構成要素は、満足すること――欲求と満足感との均衡――である。

・3つ目は、達成することである。幸福は、個人の能力を実現させること、個人が楽しいと感じることを行うことから得られる。これら3つの構成要素の組み合わせは文化ごとに異なる。

ドー・C・シン　Doh C. Shin

アメリカ、ミズーリ大学コロンビア校の政治学教授。コリア・バロメーターの設立者であり、アジア・バロメーター(考え方や価値観の体系的な世論調査)の共同設立者である。過去20年間、民主化と生活の質に関する比較研究を行っている。

038

悲しむ権利

自分自身の幸福について考えることをしばらくやめてみてはどうだろう

グラント・ダンカン――ニュージーランド

楽しむ用意はできている？
あなたと私とみんな
これは幸せな、幸せな、幸せな歌
一晩中歌い続ける
これは幸せな、幸せな、幸せな歌
だから笑おう
これは世界で最も幸せな歌…

これはインターネット上のいわゆる『世界で最も幸せな歌』の歌詞である。ところが、学術雑誌『The Journal of Happiness Studies（幸福研究）』が、１９６０年以降に作曲された23万曲を調査した報告書によると、最近の曲はますます悲しいものになっているという。人生はパーティーのように楽しいものではないし、１日中微笑んでいると頬が痛くなるかもしれない。幸福に関する本を読むだけで悲しくなることあるかもしれない。社会科学者のグラント・ダンカンは、人が幸福に対する権利を、さらには義務をも持っているのかどうかを研究している。私達は悲しむことを許されているのだろうか？

幸福：権利も義務もない

幸福に対する権利があるかもしれないという政治的な考え方は捨ててはどうかと思う。私は主に、幸福の政治的な利用と、国民の幸福を最大化する義務が政府にあるかもしれないという考えに関する研究を行ってきた。私がこの考えにくだす結論は懐疑的で、他の人達と同様、私は依然として、私達が個人としていかにして自分自身の幸福とウェルビーイングを向上できるかに関心がある。確かに政府には、私達のウェルビーイングに欠かせない、いくつかの財やサービス――公教育と人権の保護など――を供給する義務がある。しかし、主観的に考えれば、幸福は私達それぞれの個人的な、そして私達に親しい人々の関心事である。このことはまた、幸福にならなければならないという社会的義務があるのかもしれないという考えからも私達を解放してくれる。私は時折、人は、自分は幸福になるはずで、もし幸福でないならば、他者の目には自分に何か問題があると映っているると思っているのだろうかと考えることがある。ともあれ、幸福は望ましいものではあるが、義務ではないのである。

憂うつと悲しみは、正常で健康的な感情である。確かに、どんな人生の出来事にも関係ないような深く長く続く悲しみは、真性のうつ病の兆候かもしれず、助けが必要かもしれない。しかし、普

段感じる悲しみの創造的で健全な側面を認めよう。何らかの困難にさえそうした側面はある。人生における最高の達成は多くの場合、とりわけそれが創造性と他者への思いやりに関わる場合は、さしあたって自分を気分良くしてくれたであろう何かを犠牲にすることを意味する。人生におけるある程度の悲しさと苦痛は、必要なもの、あるいは時には価値のあるものだと認めることができるのだ。

幸福に話を戻すと、まずは単純に私達を惨めにさせることをやめることから始めればいいだろう。よりたくさん睡眠をとることのように、簡単なものもある。それだけで、幸福感が高まる。しかし、より厳しい質問を自分自身に問いかける必要がある時もある。例えば、飲みすぎていないか？　愛とその同意を必死に探し求めていないか？　自分の好きなようにするために他者を犠牲にしていないか？　そうした行動を改めるために何か目標を立てよう。

幸福になるために、やめた方が良いもう1つの行動は、自分自身を他者と比べることである。社会集団に溶け込みたいのは当然のことである。帰属はウェルビーイングの重要な側面であるし、手本となる人の模範的な行動からは利益を得ることができる。しかし、妬みや恨みは心をむしばむ感情であり、実際に人の幸福を損なってしまう。自分の持っている良いものと成し遂げたことに関心を持ち、その真価を評価しよう。**他者の成功を祝福し、自分の成功に対して自分自身を褒めてあげよう。**

最後に、自分自身の幸福について考えることをしばらくやめてみてはどうだろう。他者に救いの手を差し伸べよう。人生における真の満足感は、他者のウェルビーイングへの一助に伴うものであり、困難な時に寄り添うことで、帰属と援助という見返りを享受することができる。

KEY

・幸福にならなければならないという社会的義務を捨て、幸福になることが権利であると考えないようにしよう。
・人生におけるある程度の悲しさと苦痛を必要なもの、時には価値のあるものだと認めよう。
・自分を惨めにさせることをやめ、自分自身の幸福について考えることをしばらくやめてみよう。

グラント・ダンカン　Grant Duncan

作家、社会科学者、ニュージーランドのマッセイ大学オークランド校の教師。社会政策（「社会と政治」）に関する多くの著作物があり、幸福の政治的な問題（「幸福を最大化することは政府の目標であるべきか」）に特に関心を持っている。詩人でもあり、お気に入りの本は、マルセル・プルーストの『失われた時を求めて』である。

039

人生は一番の芸術作品なり

1杯のコーヒーそれ自体を楽しむことを学ぼう

マリアノ・ロハス——メキシコ

幸福な芸術家の人生は、芸術作品を作ること、芸術作品を交換すること、そして芸術作品で自分と他者を幸福にすることにつきる。マリアノ・ロハス教授は、さらに一段と踏み込んで、私達に、自分自身の人生のデザイナー、イラストレーター、画家、カメラマン、彫刻家、そして、建築家になることを勧める。感動させる最高傑作が彼の頭にある。幸福の美術館とウェルビーイングのアトリエへようこそ。

さあ、あなた自身の芸術作品を創作する時だ

美的価値は物体という領域だけに限定されるわけではない。私達自身の人生を正しく評価し、満足したり不満に感じたりする何かであると考えることもできる。もちろん、私達は皆、満足できる人生を望んでいるが、そうするためには、体を大切にし、芸術作品を作り出すような心構えと知恵を持つ必要がある。

私の幸福に関する研究は、私達全てが人間として機能する特定の領域における満足を通じて、生

活上の満足度がいかにして達成されるのかに焦点を当てている。「人間として機能する」ことには、仕事に就くこと、商品を購入し消費すること、スポーツや趣味をすること、地域の一員であること、個人的な活動や関心事に熱中することなどはもちろん、子ども、配偶者、親族、友人、同僚、そして、隣人との付き合いも含まれる。こうした人間の活動分野は、生活領域と呼ばれている。私は、こうした生活領域における満足と不満足が、生活全体に対する満足度のおおまかな水準を説明するのに大いに役立つことを発見した。さらに、生活領域の中には、人それぞれの状況に応じて、生活上の満足感を生む際に他の領域よりも重要なものがあることもわかった。

作家のT・S・エリオット（1948年ノーベル文学賞受賞）は、次のような言葉とともに人生についてよく考えることを勧めている。「知識の中で見失った知恵はどこにあるのか？　情報の中で見失った知恵はどこにあるのか？」。私の研究は、予想されるように、膨大な量の情報を含む大規模データベースに基づいている。その大量の情報は、「知識」と考えられるかもしれない結果に到達することを目的として処理される。しかし、私が「知恵」ではないかと確信している2、3のことも指摘しておきたいと思う。それらは、私自身の芸術作品を創作するのに役立っている。

研究をしていくなかで、私達人間は単なる消費者をはるかに超えた存在であることに私は気づかされた。これは、私のような、（ミクロ経済学の教科書で教わったように）あらゆるものを消費という観点から見るのに慣れている多くの経済学者には驚きかもしれない。私は、時間をうまく管理することが大切であることを学んだ。時間は最も貴重な資源である。私達は自分の生活に対する満足度に最も関連する生活領域の満足度を上昇させるように時間を管理することに、とりわけ配慮するべきである。また、満足できる人間関係を築くのにも、その関係を深めるための時間を十分に割り当てる必要がある。さらに、趣味や関心事を行うために時間を割く必要もある。こういうわけで、他の生活領域――例えば、娘を遊び場に連れて行ったり妻と過ごす時間を増やしたりするために平日に休みをとること――に割り当てる時間を少なくせざるをえないような時間外労働や仕事の申し出は、給与は上昇するかもしれないが、断ることも時には重要であることを私は学んだ。私の経済的満足は、より多くお金を使うことだけでなく、すでに持っているものにより多くの時間と注目を向けることによって高めることができることを学んだ。個人的利益を得たり仕事上のネットワークを広げたりするための手段としてではなく、1杯のコーヒーを友人と楽しむこと自体が重要であることを学んだ。給与は高くなるがよりストレスの多い地位に就く――増えた報酬の分だけ自分が満足するわけではない――よりは、良い同僚がいて達成感のある仕事にとどまることができるようになった。

私は、自分の人生を芸術作品と見なしている。そして、生活満足度が高まるように自分の時間と資源を配分しようとしている。この点において、生活領域の考え方はとても役に立つ。それは、個人的な資源をどのように配分するかに絶えず気を配るということではなく、むしろ基本的な知恵を使うことを忘れないということである。例えば、私達は単なる消費者以上の存在であること、そして人間関係がきわめて重要であることを覚えておくと良い。さらに、他者の生活満足度を高めるような行動をすることによって、自分の芸術作品に付加価値を付けることができる。
さらにあちこちで加筆することにより私の芸術作品をもっと良いものにすることができると思う。というのも、カンバスにはまだ私の生活満足度を高めることができる余白がある。願わくば、いつか私の芸術作品が私の祖母の芸術作品と同じくらい良いものになるといいのだが――彼女は98歳で、彼女の芸術作品は最高である。

KEY

・情報を知識に変え、知識を知恵に変えよう。
・時間は私達の最も貴重な資源である。自分の生活満足度に最も関連する生活領域に対する満足度を上昇させるようにうまく管理しよう。
・人生が芸術作品であるかのように生きよう。

マリアノ・ロハス Mariano Rojas
メキシコのラテンアメリカ社会科学研究所とプエブラ人民自治大学の教授。この10年間、幸福のテーマを中心に研究を展開し、生活満足度・所得・消費の間の関係、生活の質と発達の考え方、そして幸福の喪失について調査している。

040

海外で生活することの困難

2つの文化を持つ人は、問題と不安を抱えたはみ出し者ではない

フェリックス・ネト——ポルトガル

およそ1億7500万人が、現在、生まれた国以外の国で暮らしている。これは世界の人口のおよそ3％にあたる。移民の数はここ30年間で2倍になった。何らかの理由でそうせざるをえなかった者もいれば、自ら望んで移住した者もいる。彼らのほとんどが幸福を探し求めているが、見つかるのだろうか？ フェリックス・ネト教授は、ポルトガルから移住した人々やポルトガルに移住してきた人々を調査した。また、アンゴラとギニアビサウからモザンビークと東ティモールまで、さまざまな武力紛争の犠牲者らのグループを調査した。彼の調査結果は私達の目を覚ますものかもしれない。

移民と深刻な紛争の影響

移民は多くの国の文化や民族の構成を変化させている。急激に変化する人口動態に応えて、心理学者は文化と文化変容が心の健康に与える影響をよりよく理解することに全力を注いでいる。2つの文化を持つ人に関する1つの根本的な質問は、彼らは困惑しているはみ出し者なのか、それとも

幅広い見解を持つ特別な人なのか、ということである。最近まで、複数の民族に属する人は、明確なアイデンティティーのない、問題と不安を抱えたはみ出し者であるという西洋の見方が支配的だった。しかし、最近の研究によれば、複数の民族に属している人は、1つの民族に属している人と比べても、心理的に不利な状況にあるわけではないことがわかってきた。

ポルトガルの移民――ポルトガルに戻ってきたポルトガル系移民とポルトガルに移民として来た人――に対して行われた調査によると、彼らの生活満足度は、移住したことが一度もない人と違いがないことが明らかになった。これらの発見は、文化的変化と2つの文化に暮らすという要求に応じる難しさがあるにもかかわらず、移民の大半は新しい社会にうまく適応するという考え方に沿っているようだ。

重大な地域紛争に巻き込まれた人々についてはどうだろうか？　私達の調査は、こうした紛争のある特定の面――潜在的な美徳――に焦点を当てる。それは寛容である。寛容に関する研究により、ポジティブ心理学の領域である心理学的な長所あるいは美徳のリストに寛容が加えられることになった。自分に危害を加えた人を許すことは、自分の身体的・精神的ウェルビーイングを維持するために欠かせない。心理学は、個人間、夫婦間、家族間での争いや被害から生じる憤りや苦痛にうまく対処しようとする1つの方法としての個人間の寛容に多くの関心を寄せてきた。グループ間の寛容に関する研究ははるかに少ない。

グループ間の寛容は武力衝突の犠牲者にとって意味のある考え方だろうか？　言い換えれば、被害者のグループは暴力的な加害者のグループを許すことができるのだろうか？　私達は、最近内戦や侵略戦争に巻き込まれ、結果として多くの場合、個人的に苦しむことになったアンゴラ、ギニアビサウ、モザンビーク、東ティモールの人々の考えを調査した。彼らが経験したことは非常につらいものだったため、たとえ質問が個人の感情を交えないように（つまり、個人的に喜んで許すことについてではなく、その考え方の意義について尋ねるように）作ったとしても、当初、私達のグループ間の寛容に関する調査に喜んで参加してくれる人などいないのではないかと心配していた。

ところが、大変驚いたことに、ほとんどの場合、正反対の反応だった。つまり、調査への参加者は調査に関心があり、調査に含まれる多数の質問に回答するために喜んで時間を作ってくれた。ひどい集団暴力事件の犠牲者たちが、グループ間の寛容に関する調査に喜んで参加してくれただけでなく、この調査に関心を持ってくれたということの純然たる事実は、研究者と犠牲となったグループとの間の将来の対話の可能性をかなり切り開いた。実際、私達の調査への参加者の大多数が、許すことがグループの行為としてありうることに賛同した。

これらの調査結果は、調査に参加した人々の大部分が耐えた痛みや苦しみを考えると、驚くべきことであり、信じられないことですらある。その一方で、将来的な進展につながるきわめて現実的な考えを表していると考えることもできるだろう。さらに注目に値するのは、調査への参加者は、グループ間の許しの過程を定義するために用いることができそうな概念を明確に述べていたように思われることである。この点において、寛容は、グループの前向きな態度のリストに載るに値することは確かである。

KEY

・移民の大半は新しい社会にうまく適応する。
・深刻な紛争に苦しんできた人々のグループは、それにもかかわらず、グループ間の寛容に関心を持っている。
・グループの前向きな態度のリストに寛容を載せることができるのは確かである。

フェリックス・ネト　Félix Neto

ポルトガルのポルト大学の心理学教授で、文化と幸福の関係に関する研究に興味を持っている。社会心理学と異文化間心理学に関する15冊の著書と200以上の論文を発表している。

041

人生の意義

幸福な人のようにふるまえるなら、あなたはより幸福になれるだろう

ゲーリー・T・レカー——カナダ

「真の幸福は、人生における意義と目的を見つけることによって生まれる副産物である。」と名誉教授のゲーリー・T・レカーは言う。彼は言葉を創造的に操ることが大好きで、次のしゃれを好む：「意義（Meaning）から私（Me）を取り出すことはできるが、私（Me）から意義（Meaning）を取り出すことはできない」。もっと話を聞いてみよう。

14の基本的な指針

意義と目的の元にあるのは、生産的で有意義な活動、善い行いをすること、大切な人を愛すること、創造的な製品を作り出すことといったものである。幸福それ自体を追い求めることはできない。幸福は、買ったり、売ったり、交換したりできない。幸福は必ず後からやってくる。人生に前向きになれる活動に取り組み、傾倒することにより幸福になれるのである。どちらが先かがしばしば問われる。幸福が人生に意義を与えるのか、それとも人生に意義があることが幸福につながるのか？

私の研究では一貫して、人生に意義と目的を見つけることが幸福につながるのであり、その逆ではないという結果が得られている。この研究結果は、きわめて重要な疑問を私達に投げかける。もし幸福が、誰もが切望しうる精神状態であるならば、どうすればその状態になれるのだろうか？　幸福な人を幸福にしているものとは何なのか？

フロリダの幸福学者のマイケル・フォーダイス教授とカナダのジョナサン・フリードマン教授は、あらゆる社会的・経済的・民族的階層の人々を調査してきた。彼らは、幸福な人には多くの共通点があることを発見した。私の研究から、これらと同じ特徴が、人生に意義と目的を見つけた人々にも見られることが明らかになった。フォーダイス博士は、これら共通の特徴を14の基本的な特性に要約した。それら14の特性は、ほとんどの人が自分で養うことができる。これらの基礎の背後にある理論は単純である。もし幸福な人のようにふるまえるなら、あなたはより幸福になれるだろう。さらに、幸福な人々のこれら全ての特徴は、前向きで、健康的な生き方をするための指針を提示してくれる。

↓より活動的でいつも忙しくしていなさい。 幸福な人は何歳であろうと、人生により多くを注ぐために、より多くを得る。彼らは積極的に関わる。「使わなければ失う」が彼らのモットーである。

↓社交的な交流に時間を使いなさい。 幸福な人は非常に社交的である。最も重要な幸福の源は他者である。最も幸福な人は他者と一緒に仕事をしている人であるということが研究により明らかになっている。彼らは、同好会、グループ、そして組織の一員である傾向がある。

↓**意義のある仕事をして生産的でいなさい。**幸福な人は「仕事の名声」や「仕事からの収入」よりも「仕事の意義」を重視する。彼らは楽しいと思うことをし、自分のすることを楽しんでいる。

↓**しっかり準備しなさい。**幸福な人は、計画を立て、組織する。彼らには目標や目的がある。自分が欲し、望むものをよく知っていれば、それらを手に入れることができる。

↓**心配することをやめなさい。**幸福な人は心配しない。なぜなら心配は不愉快な思考だからである。彼らは心配事の90％は実現しないことを知っている。

↓**期待や願望の程度を下げなさい。**研究によれば、幸福な人の期待や願望は控えめであることが明らかになっている。幸福な人は、失望を避ける方法とうれしい驚きを作る方法を知っている。幸福な人は現実的で実現可能な目標に向かって努力する。幸福な人は手に入れることができるものを望む。不幸な人は望むものを一度も手に入れたことがないように思える。

↓**前向きで、楽観的に考えることができるようになりなさい。**幸福な人は前向きに考える。彼らは望ましい目標の達成を楽しみに待ち、その達成を確信している。彼らはどんなに悪い状況であってもいい面を見る。

↓**今を重視しなさい。**幸福な人は今日を生きる。彼らは過去をくよくよ考えたり、理想的な未来を夢みたりしない。幸福な人は前向きに考える。今幸福でいられなければ、明日はまた違う日だなどと考えることはできない。

↓**健全な人格形成に取り組みなさい。**幸福な人はメンタルヘルスの模範だ。彼らは自分のことが好きで、自分を受け入れ、自分を知り、自分を助ける。

↓社交的で、人付き合いの良い人格を培いなさい。幸福な人はきわめて社交的で友好的である。彼らはよくほほえみ、ユーモアのセンスがある。高齢で幸福な人は目の周りにしわがある。

↓ありのままの自分でいなさい。幸福な人はおおらかで、自然で、そして偽りがない。彼らは自分が思ったり感じたりしたことを言い、他者がどう思うかを気にしない。ありのままの自分でいることで自由を感じ、本当の自分を知ることができる。

↓悪いものを解消しなさい。幸福な人はうっ積した思いを打ち明ける。彼らは感情や気持ちを抱え込まない。なぜならこれらは心理的苦悩や身体的疾患を引き起こすからである。彼らのモットーは、「悪いものは取り除こう、さもなければ自分が取り除かれてしまう」である。

↓親密な人間関係が最も大事である。研究によれば、親密で愛情のあふれる関係、親密な友情関係、あるいは家族の強い絆ほど幸福に強い影響を与えるものはないことが明らかになっている。

↓幸福の価値を評価しなさい。幸福な人は幸福を大事にする。彼らは幸福が寿命を延ばし、人生に活気を与えることをよく理解している。

KEY

・幸福は必ず後からやってくる。人生に前向きになれる活動に取り組み、傾倒することにより幸福になれるのである。
・人生に意義と目的を見つけることが幸福につながる。その逆ではない。
・もっと幸福な人になりたければ、幸福な人のようにふるまってみなさい。それがうまくいく14の前向きな指針がある。

ゲーリー・T・レカー Gary T. Reker

カナダの生涯発達心理学者。大学名誉教授として、人生の意義と目的、楽観主義、死に対する態度、人生を振り返ることなど、上手に年をとっていく過程に教育と研究の焦点を当て、こうしたテーマに関する多数の論文、本の章、書籍を出版している。

042

緩衝装置

人には不安定さの影響を和らげるのに役立つ、驚くべきレベルの忍耐力が備わっている

フダ・アイヤッシュ＝アブド――レバノン

住まいも仕事もベイルートにあるフダ・アイヤッシュ＝アブド博士は、レバノンのような激動の国に暮らす人々に備わるポジティブなパーソナリティの仕組みを発見した。「内在する特性の方が外部の状況よりも重要である」と彼女は言う。そして、彼女は知っているはずだ――彼女は、レバノンで、さらにはおそらくアラブ地域で初となるポジティブ心理学のクラスを教えていることを。

負の影響を切り替える方法

主観的ウェルビーイング（あるいは生活満足度）は、この20年間でますます多くの心理学者と社会科学者にとっての研究分野となった。レバノンのような発展途上国において私達がこの分野の研究を行いわかったことは、幸福になるために理想的な状況は必要ないということである。そうした国の人が生活に対する満足感を得るためには、暮らしていけるだけのまずまずの状況があれば十分なのである。

社会経済的状態も主観的ウェルビーイングの水準を決める重要な役割をするようである。そういうものの、性格特性は、主観的ウェルビーイングの水準とおおいに相関しているようだ。そのような性格特性として、適応力、社交性、レジリエンス（精神的回復力）、自尊心、楽観的傾向、価値観の順守、現実的な期待の調整、そして、忍耐力が挙げられる。実際、私達の研究は、こうした内在する特性の方が外部の状況よりも重要であることを示している。

レバノンには不名誉な外部の状況がある。そのなかで最も重要なのは長引く政情不安で、時に紛争を招く。私達の研究は、そのような不安定さの影響を和らげるのに役立つ、驚くべきレベルの忍耐力が人には備わっていることを指摘している。人々は、政治的暴力と不安感という負の影響を改善する手助けとしてさまざまな仕組みを用いる。慣れ、拒絶、昇華、社会的なつながり、建設的な活動への従事などがこうした仕組みの例である。これらは、人が負、つまり政治的暴力の現存する現実よりも肯定的な、異なる現実を作り出す助けとなる。

前述のさまざまな性格特性は、個人と環境との間で緩和する働きをする内在要素である。個人と潜在的な逆境との間の重要な緩衝装置として機能する外部の要素もある。そのような調整要素の1つとして、家族の団結と安定した社会的支援があげられる。もう1つの外部の要素は、目標を持つこととそれに向けて努力することである。これは人に、目的意識と達成感を与えてくれる。

何を学ぶのか？　負の感情があることは避けられないし抑え込むこともできない。実際、負の感情は、ある特定の状況では自然なことである。例えば、愛する人を失うことは一定期間の深い悲しみと嘆きに値する。しかし、正の感情と負の感情の比率（全体的に負の感情よりも正の感情を経験する人にとって）の方が、主観的ウェルビーイングを決定する重要な要因である。さらに、ある出来事の感じ方（どのように解釈するか）とその出来事の重要性は、生活満足度にとって同程度に重要である。人は、どの出来事が負の感情を引き起こすのかを知るだけでなく、正の感情を引き起こす活動に積極的に参加する必要がある。

KEY

- ・内在する特性の方が（適応力や自尊心から忍耐力や価値観の順守まで）、外部の状況よりも重要である。
- ・人々は、慣れや拒絶から社会的なつながりや建設的な活動への従事まで、政治的暴力と不安感という負の影響を改善する手助けとしてさまざまな仕組みを用いる。
- ・負の感情があることは避けられないし抑え込むことはできないが、正の感情を引き起こす活動に積極的に参加しなければならない。

フダ・アイヤッシュ＝アブド　Huda Ayyash-Abdo
レバノンのベイルートにあるレバノン・アメリカン大学の心理学准教授であり、人文科学部社会科学科の学科長である。発育のカウンセリング、青少年の育成、そして、適切なカウンセリングの行い方をレバノンや他のアラブ諸国に応用することなどの研究に関心がある。レバノンに戻る前、アメリカで16年間暮らし、教鞭をとった。

043

幸福な学校

幸福と学校教育は多くの人にとっては重ならない

マシュー・ホワイト――オーストラリア

学校でのポジティブ教育について何か人を元気にさせるような例はあるだろうか？「ある」とポジティブ心理学の創始者、マシュー・ホワイトは言う。「オーストラリアのジーロング・グラマー・スクールは、世界に先駆けて、教育カリキュラムのあらゆる側面にこの種類の学習を導入しようとして対策を講じている。その結果、この教育プログラムを受けた生徒はうつ病――これはオーストラリアも含めた欧米諸国で拡大している――に苦しむ可能性が低くなり、より前向きで充実した人生を送れるようになるだろう。」マシュー・ホワイト博士は、この「幸福な」学校の校長である。

ポジティブ教育の力

幸福と教育との関係は必ずしも容易に議論の対象になるわけではないように思われる。教育は多くの人に、準拠、競争、テストのやりすぎに対する強い感情的な反応を引き起こす。初等・中等教育が、不安な記憶の原因となる可能性がある。多くの人にとって教育が幸福と関連づけられることはないのである。

教育は未来に関するものである。教育は、向学心を発達させる能力を生徒に身につけさせると同時に、人生の試練に直面した時に、取り組んでいたことに再び従事できるよう、より高いレジリエンス（精神的回復力）を身につけるのを手助けする。ポジティブ教育は、先を見越した、全校的な指導と学習の取り組みである。この教育は、カリキュラム、共通カリキュラム、そして個人的な問題に立ち入って面倒をみる環境において、こうしたことを可能にする教育機関を整備するために暗示的な指導と明示的な指導の両方を用いる。ポジティブ教育は、ポジティブ心理学の科学的知識を利用して、より前向きな感情を抱き、より優れたレジリエンスのスキルを身につけ、より大きな意義を探すことを促進する取り組みなのである。

150年の重要な歴史を持つジーロング・グラマー・スクールは、オーストラリア最大の男女共学の全寮制の昼間学校であり、奉仕と学びとレジリエンスを重視する。1953年に建てられたティンバートップ・キャンパスはジーロング・グラマー・スクールならではである。ここで生徒達は、日々の通常の教育から離れ、外界と結びついた環境で1年間、より深いレベルのレジリエンスと自己効力感を形成する。2007年にポジティブ教育の課程を立ち上げて以来、本校は、次の問いかけをしてきた：ポジティブ心理学を学校で教えるべきか？　この問いは、伝統的な学校の役割に疑念を抱かせる多くの機会をもたらしている。ポジティブ心理学の科学的知識に基づいて、本校は全校の指導と教育にまたがる理論的な枠組みと戦略を展開してきた。優れた教育実習をサポートしているし、何が人生を価値あるものにするかについての理解を深められるよう、教師陣が用いる言語を統一している。ペンシルバニア大学のポジティブ心理学の世界的な第一人者が、本校の160人以上の教師および他校の270人の教師を指導している。

ポジティブ教育の枠組みの中心にあるのは、ポジティブ心理学の公理の3つの柱、つまり良い人生、意味のある人生、そして充実の人生について、生徒によく考えてほしいということである。これらの枠組みのもと、本校は、2つの特別に作った教育課程を提供している。これらの課程は、ペンシルバニア大学のポジティブ心理学センターのマーティン・セリグマン、カレン・レオヴィッヒ、ジェーン・グリハムが共同で作成し展開させている。彼らは生徒に一連のライフスキルを教える。それらは、本校全体を調査した7つの事例と組み合わさり、教育との関連で幸福や他の感情について議論するための理論的枠組みを形成する。

ポジティブ教育につながる暗示的な指導方法において、本校はポジティブ心理学の実証研究に関する文献から引用した次の7つのテーマに焦点を当てている。感情、感謝、強み、創造力、自己効力感、レジリエンス、心配りである。これら7つのテーマから前述の柱となる公理と実践が現れ、それらが「ポジティブ教育」として定義され始めている。これらは、青少年のメンタルヘルスの問題に対する独特で積極的な取り組みを展開させるための教育実習に関する議論と熟考を促すのに役立っている。

現在、私達は、スポーツの分野、管弦楽団、教室、そして、本校の寮においてポジティブ教育をさらに発展させるべく努力している。ポジティブ心理学の科学的知識を土台とした長所を強調することに基づく指導方法は、優れた指導、学習、生徒の心のケアの上に築かれたかなり厳しい教育を提供する。それは、全寮制の教育は寒い寄宿舎、オートミールの粥、そして決められた行動の1つであるという伝統的な型にはまった教育方法に異議を唱えるものであり、生徒達に人生の次の段階に進むための準備をさせながら、その教育経験を高め拡大させようとするものに変化させつつあるのである。

KEY

- 教育は、不安、準拠、競争、テストを重視するべきではない。教育は未来に関するものである。
- 生徒は、ポジティブ心理学の公理の3つの柱（良い人生、意味のある人生、充実の人生）についてよく考えるべきである。
- 次の7つのテーマに焦点をあてなさい：感情、感謝、強み、創造力、自己効力感、レジリエンス、そして、心配り。

マシュー・ホワイト　Mathew White

アーストラリアのポジティブ教育の先駆であるジーロン・スクールのポジティブ教育校長で、メルボルン大学のメルボルン教育大学院の評議員である。教育における指導者のための専門的なウェブサイト：「Why teach positive education in school?（なぜ学校でポジティブ教育を教えるのか？）」を更新している。

044

ブータンの国民総幸福量

正確に間違っているよりも、だいたいあっている方が良い

ヨハネス・ヒラタ――ブータン

個人の生活において幸福は非常に重要であるのに対し、公的な領域では幸福は考慮されないという点で両者はきわめて対照的である。国家の目標を議論する時には、国民総生産（GNP）と経済成長について議論する。しかし、幸福に重要な舞台を用意することを決意した1つの国がある。ブータンである。ヨハネス・ヒラタは、このヒマラヤの王国の国民総幸福量（GNH）について研究している。

幸福のための政府

2008年以来、ブータンは立憲君主国であり、スイスと同じくらいの面積を持ち、その人口は100万人に満たない規模である。ブータンの3代目の国王が「国民総幸福量は、国民総生産よりも重要である」と言ったのは早くも1980年代のことだった。これは、経済成長は悪であるという見解を表しているわけではない。しかし、経済成長を最大にすることは自動的に国民全体に包括的なウェルビーイングをもたらすという自由市場の信条をブータン人が信じていないことを明らかにしてはいる。ブータン人は、経済成長がより良い未来のための重要な基礎的要素であることは認めているものの、経済成長それ自体が目的ではなく、うまく社会経済が成長した際の副産物であることをはっきりと認識している。本質的価値のある政策——読み書きの能力を広め、社会基盤を整備し、増加する大卒者に適した職を用意することなど——を推進することが、安定した経済成長をもたらすことも疑いがないだろう。しかし、ブータン人にとって経済成長は副産物にすぎないので、これもとりたてて言うほどのものではない。

もちろん経済成長率が、経済成長を最優先したならば達成できたであろう水準より低いことは確かであるが、これは何か難解な目的のために「犠牲」になっているのではなく、むしろ、総消費に関する間違った固定観念よりも包括的な繁栄——これを「幸福」と言ってもいいだろう——を優先した意識的な選択である。例えばブータンは森林を伐採し売却することで短期間で裕福になるという衝動に反対してきた。その結果、近隣の地域が大規模な被害を被っている土壌侵食や地滑りを免れてきた。

政府が国民の幸福に関心を持つという事実を心配する観察者もいる。彼らは何かを——幸福さえも——促進するという名の下で、政府が国民の私生活に干渉することを恐れているのだ。幸いなことに、これは国民総幸福量については当てはまらない。国民総生産量を追及している政府が、人々がどのようにお金を稼ぐか、あるいはどのように稼いではいけないか、また何時間労働しなければならないかについて国民に指図しないのと全く同様に、自由市民による安定した民主主義のもとでの国民総幸福量の政策は、国の干渉とは無関係である。それどころか、あらゆる民主的な社会（実施の面でどれほど不完全であっても）と同じく、ブータンにおける決定事項は、専門的な支配層から押し付けられたものではなく、国の憲法に定められている公開討論と政治的意思決定過程の結果である。決定的に異なるのは、世界中の国々における政策提言は、経済成長に貢献するという観点で正当化されうる場合にのみ公開討論を生き残ることができるのに対し、ブータンにおける政策提言は、国民のウェルビーイングを促進するという観点で正当化されなければならないという点である。後者の政策決定過程が事実上、より理にかなっているということに何か疑問はあるだろうか？

国民総生産を弁護しようとして、幸福というのは定義が難しい概念であるため政策目標には適さないと人は言うかもしれない。結局のところ、国民総生産を測定するための方法は確立しているが、幸福を測ることはできないということだろう。しかし実際は、幸福は測ることができる。心理学者は、その方法がきわめて妥当な程度まで信頼できることを証明して以来、長い間、幸福とさまざまな要因との関係に関する多くの驚くべき洞察をもたらしてきた。しかし、たとえ幸福を測定する方法が完璧であっても、私達は議論の別れる判断を下すという責任から自由にはなれるわけではない。とりわけ正当性の問題が関係する時にはそうである。たとえそうではあっても、私は正確だが無関係の概念よりも、不正確だが関連のある概念の方を間違いなく好む。さもなければ、私達は暗闇で鍵をなくしてしまい、鍵が見つかると信じているからではなく、より明るいからという理由で街灯の下で鍵を探している酔っぱらいのようになってしまうだろう。ジョン・メイナード・ケインズもかつてこう言った、「正確に間違っているよりも、だいたいあっている方がよい」と。

KEY

・経済成長を最大にしても、自動的に国民全体に包括的な幸福をもたらすわけではない。
・経済成長はそれ自体が目的ではなく、うまく社会経済が成長した際のその副産物であり、幸福もそこに含まれる。
・自由市民による安定した民主主義のもとでの国民総幸福量の政策は、国の干渉とは無関係である。

ヨハネス・ヒラタ　Johannes Hirata

オランダ、フランス、スイス、そして、ブラジルで研究した後、国民総幸福量の理解を深めるためにブータンのブータン研究センターの客員研究員を務め、「幸福、倫理学、経済学」に関する博士論文で経済学の博士号を取得した。現在、ドイツのオスナブリュックにある大学の経済学教授。

045

人生は40歳から

幸福を達成することと幸福を維持することは別のことである

マージー・E・ラックマン——アメリカ

幸福について若者と年配者に尋ねてみよう。若者は、高齢者になると幸福度が下がると思っている。年配者は、若い頃はもっと幸福だったことを思い出す。どちらの年齢のグループも、平均的な若者は年齢とともに不幸になっていくと思っているが、実際はどうであろうか？　実際の人生は、40歳、50歳、60歳、70歳それぞれから始まると、マージー・E・ラックマン教授は言う。

高齢者は若い成人よりも幸福である

生涯発達心理学者として、私は幸福がどのように成人期に変化するかに関心がある。幸福を達成することと、成人期を通して幸福を維持することは別のことである。老化に伴い健康を害したり、記憶障害を起こしたり、最愛の人を失ったりして幸福度が下がると思うかもしれない。研究によれば実際は、高齢者は平均的に若者よりも幸福であることが明らかになっている。これは、高齢化のパラドックスと呼ばれることがある。年齢や経験を重ねていくとともに知恵が身につき、状況に関係なく満足することができることを知るようになる。この考え方には、幸福度の水準は変動し、私達は自分自身の幸福に対して責任があるということの認識が含まれている。

どの年齢においても人は大幅に異なるが、平均的な傾向は多くを語る。一方で、高齢者は若い成人よりも人生に対して満足しているし、将来の満足度についてより正確に予測できる。しかし、高齢者が、将来的に事態は良くなると考えることはあまりない。高齢者は、事態はおそらく現在と同じか、ことによると悪化すると予想する。彼らは状況を維持することに心を注ぎ、現状はこれ以上良くはならない最高の状態だと思っている。

中年かそれ以上の人達は、事態は常に悪化する可能性があることを認識しつつ、勤労の成果を享受し、今持っているものを守ろうとする。それとは対照的に、若い成人は、事態は良くなり続けると予期する。このように考えることで、彼らは常に一生懸命働き、恋人を探し、新しいことに挑戦し、探求し、発見し、創造し続けている。

何によって幸福になるかは人によって異なる。それは、友人や家族との交流だったり、仕事、人助け、運動、食事、旅行だったりする。これらの幸福の源は年齢によって変化するだろうし、幸福への道はたくさんある。

幸福を維持する鍵の1つは、幸福が一時的なものであることに気づくことである。良い時もあれば、あまり良くない時もある。四六時中幸福でいられると考えるのは非現実的であり、おそらく長引く失望に対する処方箋は、幸福でないことをいやだと思うことである。再び幸福になるための優れた方法は、良い所に再び注目し強調することである。あなたには自分自身の幸福を作り出す責任があるのだ——かなりの程度まで。

アメリカにおける私達の世論調査によれば、自分の人生の成果をコントロールしているという感覚は、幸福を手に入れ維持することと密接に関係があることがわかった。人生における多くのことは不確実であり、私達がどれくらい状況を良くすることができるかは決してわからない。しかし、人生における結果に対して自分が影響を与えることができると信じる傾向のある人は、幸福度がかなり高い。そのように信じることは、望ましい結果をもたらすように行動したり努力したりすること、つまり「やればできる」の態度につながるため、順応性がある。同時に、私達にはコントロールできない予想外の状況があることを認識することも大切である。

望ましいことが実現できない時には、自分を信じている人は別の解決策を見つけ、幸福を維持するための秘訣として別の目標を作る。それとは対照的に、望ましくない状況に直面した時になすすべがないと感じる人は、自分がすることは何の変化ももたらさないと思っており、彼らが幸福になる可能性は低い。現実には、私達は事態のいくつかを時々コントロールできるにすぎず、幸福は、人生の物語を作るうえで自分の可能性と限界を認識することにかかっている。

KEY

・高齢者は若年成人よりも幸福である。これは満足することという知恵である。
・人生における結果に対して自分が影響を与えることができると信じる傾向のある人は、そうでない人よりも幸福度がかなり高い。
・私達は事態のいくつかを時々コントロールできるにすぎない。自分の可能性と限界を認識しよう。

マージー・E・ラックマン　Margie E. Lachman

アメリカ、マサチューセッツ州のウォルサムにあるブランダイス大学の心理学教授。中年期の能力開発に関する2冊の本を編集し、アメリカの国家的で長期的な研究であるMIDUSの共同調査員を務める。MIDUSはMidlife in United States（アメリカにおける中年期）の頭文字。認知、精神、そして身体の健康を促進する変更可能な要因の同定に関して研究を行っている。

046

幸福市場システム

時間とお金とエネルギーを何でも興味のあることに使おう

アレクサンドラ・ガンルメア＝ウリスクロフト――ニュージーランド

幸福の市場がある――幸福に関する書籍を販売すること（取引は拡大している！）だけではない。消費財の宣伝はたいてい、（意識的にせよ、無意識的にせよ）幸福を探し求める私達の興味をそそる。あらゆるマーケティング・リサーチャーが知っているように、幸福市場は成長著しい。アレクサンドラ・ガンルメア＝ウリスクロフトは、消費者のライフスタイルを調べている。彼女はどの手袋を買うのだろうか？

皆に似合う手袋はない

幸福になる方法について文章を書くのは手ごわい仕事であり、私のようなマーケット・リサーチャーは、しばしば「幸福を売る」ことを試みている存在とみなされていて、この手の知識についてはあまり評判が良くない。たとえそうであっても、市場システムで活動する――時間、労力、お金を費やす――ことは、ほとんどの人にとっては生活の一部となっている。

ニュージーランドでは、他の多くの国と同様に、幸福度がより高い人を特徴づける人口学的特性がはっきりしている。最低限の所得があること、（より高い）教育水準、（正規の）職、そして安定した関係にある生活――ニュージーランド人にとっては、単に同棲しているよりも結婚している方が満足度が高い――である。

消費者のライフスタイルの研究では、ある社会の人々の集団の活動、興味、そして、意見を調べ、人が時間、お金、労力を使うことをどのように選び、また、どのように選ばなければならないのかを調査する。したがって、ライフスタイルの研究により、何が人々の幸福に寄与するのかに関して、さらなる説明を加えることができる。そこからわかることとは？　派手なショッピング・センターに行き、友人とレストランで食事をし、すてきな物を購入することから喜びを得る、教育水準が高く裕福な人々がいる一方で、同じくらい教育水準が高く裕福な消費者でも、文化的なイベントに参加し、家で夕食会を開き、有機食品をとることを好む別のグループもいる。皆に似合う手袋はなく、ほぼ同じ水準の幸福度が、非常に異なる活動から得られるのだ。

幅広い消費の選択肢に関して言えば、他人とともに行った活動は幸福度を高める効果があるようだ。友人と買い物に行く人もいれば、家で夕食会を開く人もいるし、地域社会で積極的に活動する人や、文化的なイベントに参加する人もいる。また、どんな形であれ消費者グループのライフスタイルに調和した身体的活動や、食品であればそれなりに健康的な消費選択も、人が認識する生活の質を高めるのに役立つようだ。

結論は何か？　幸福になる可能性を高めるために役立つのは、教育を受け、結婚し、他者と時間を過ごし、十分に運動し、そして、時間、お金、労力を何でも興味のあることに使うことである。

KEY

・市場システムで活動する（時間、労力、お金を費やす）ことは、私達の生活の一部となっている。
・ほぼ同じ水準の幸福度が、非常に異なる活動から得られる。皆に合う手袋はない。
・幅広い消費の選択肢に関しては、他者とともに行う活動、あなたの健康を高めるもの、そして何であれあなたが興味を持つことを選ぶと良い。

アレクサンドラ・ガンルメア＝ウリスクロフト Alexandra Ganglmair-Wooliscroft

ウィーン経済・経営大学で修士号、現在上級講師を務めているニュージーランド、ダニディンのオタゴ大学で博士号を取得。消費行動、とりわけ消費の肯定的な感情と認識される生活の質について研究している。大学の外では、サイクリングやジョギング、水泳をしている。いくつかのマラソンとトライアスロンのアイアンマン・ニュージーランドを完走した。

047

移民は得か損か

移住したからというよりむしろ、移住したにもかかわらず、私は幸福だと思う

デーヴィッド・バートラム――イギリス

幸福の研究から多くの研究者が導き出した主要な教訓の1つは、少なくともある程度安心できる生活水準に達すると、金銭の追求を重視するのは概して間違っているということである。そうだとすると、国際移住に関する面白い疑問が生じる。移民たちの動機は金銭に結びついていることが多いのだが、この理由で移住することは、同じ間違いをすることになるのだろうか？　自身が移民である、専門家のデーヴィッド・バートラムなら、その答えを知っているかもしれない。

利益を誇張し、リスクを軽視している

私は経済移民は期待外れに終わるのではないかと疑っている。豊かな国へ移住することによって生活水準を高めようとする試みは一般的に幸福度の向上につながらないし、おそらく典型的には得るものよりも失うものの方が多いだろう。もし、世界で最も貧しい人々について議論するならば、話はおそらく異なるだろう――最小閾値の考え方は、所得が増えても通常、幸福度は高まらないと

いう考え方の重要な条件である。しかし、移住する人はたいてい、最貧層の人々ではない。最貧層の人々はそもそも移住に必要な資源を持っていない。

世界で最も豊かな国に住んでいない人々の目には、そうした国々はとても魅力的に映るだろう。そうした国々を説明するのに使用される言葉には説得力があり、刺激的で、テレビに映る映像はさらに心をつかんで離さない。そして、豊かな国は全て入国を制限しているため、そうした国にはおそらく魅力をいっそう高める「禁断の果実」のような性質さえある。しかし、もし自国で金銭を追い求めている人の中に幸福が高まった人が見つからないならば、どうして他国で富を追い求めている人の中に幸福が高まった人を見つけることができるだろうか?

結局のところ、より裕福な国は単により裕福なだけではない——他の点でも異なっているのだ。長時間労働の文化を持つ国もあれば、地域の連帯感が悪化した国もあるし、精神疾患の発症率が高い国もある。言い換えれば、豊かさは相当な犠牲を払った上で得られることが多いのだ。そして、移住した人もそうした犠牲を払わなければならないだろう。おそらくはより高い犠牲を。追加して得られた金銭の恩恵は、本当にあるが、とりわけ移住者にとっては、その存在はある意味疑わしい。母国で中産階級だった人が、移住先の国の労働市場ではより低い所得層にしか到達できないことに気がつくといったように、絶対的により高い所得は相対的な地位の下落を伴うことが多いからだ。移住の唯一の目的が、祖国の家族を支援することであることもあるが、たとえ家族の幸福のためであっても、送金額が、最愛の人の不在を埋め合わせるのに十分であることはほとんどない。

ダニエル・ギルバートの素晴らしい著書『Stumbling on Happiness（幸福の偶然の発見）』は、どう行動するかを熟考する時に、利益を誇張してリスクを軽視するという、私達に深く染みついた性向について述べている。移住に関する意思決定がこの性向から免れていると考える理由は私には見当たらない。

移民に対する規制の強化を望んでいる豊かな国に既に移住している人々を、私は支持するつもりはない。1つには、国際的な移住と、それにより得られる幸福との関係を調べた実証研究はないと言ってもいいくらいであり、また上述の私の演繹的な考えが間違っている可能性もあるからだ。全ての移住が経済的な動機に基づいているとは限らないし、経済的な動機に基づく移住であっても、非物質的利益をもたらすこともある。自由は確かに幸福度を高めるので、単に豊かで安全な国に移住するチャンスを持っていること自体がその人にとっては重要である場合もある。いずれにしても、移住を効果的に規制するためには、国は、（逮捕や国外退去など）移民かもしれない人に対してだけではなく、時に自国の人に対しても、非常に厳しい何らかの措置を講じる必要がある。しかし、移住の動機が主に、より多くの所得への願望から生じている場合には、移住することで願望が実際に満足し、より高い幸福度につながることはないと考えていいように思う。

私自身が移民なので、幸福への道としての移住について懸念を表明するのは偽善的であると非難される危険があることは承知している。限定的ではあるが、私の考えは個人的な経験に基づいている。私は異なる4つの国で暮らしたことがあり、家族から私が望むよりもずっと遠く離れたところにいる。とりわけ今では子どもがいるというのに。移住は私の人生を面白く、時に刺激的なものにしてくれた。しかし、私は幸福だろうか？　移住したからというよりも、移住したにもかかわらず、私は幸福だと思う。

KEY

・豊かさは犠牲を払った上で得られることが多い。そして、移住した者は、そうした犠牲を払わなければならないだろう。おそらくはより高い犠牲を。
・絶対的により高い所得は、相対的な社会的地位の下落を伴うことが多い。
・移住の動機が主により多くの所得への願望から生じている場合には、願望が実際に満足し、より高い幸福度につながることはないだろう。

デーヴィッド・バートラム　David Bartram
イギリス、レスター大学の社会学者。アメリカ出身だが、現在はイギリスで政府の労働移民政策について研究している。『International Labor Migration：Foreign Workers and Public Policy（国際労働移民：外国人労働者と公共政策）』を出版し、学術雑誌にもいくつか論文を発表している。主な研究テーマは国際移住であり、最近は移民と幸福との関係を理解することに重点的に取り組んでいる。

048

いつも間違った選択

物質主義は私達の選択肢を決定し、選択肢を制限する

レオン・R・ガルドゥノ——メキシコ

2つの職を提示されている。1つはおもしろそうだ。もう1つはつまらなさそうだが、報酬が20%高い。どちらを選ぶだろうか？　活動を重複して予約してしまっている。どちらかをキャンセルしなければならない。片方の方がもう片方よりおもしろそうだが、もう片方には費用が2倍かかっている。どちらを選ぶだろうか？　研究によれば、どちらの場合も、たいていの人は2番目の選択肢を選ぶ傾向があるそうだ。同じような決断の多くが将来の幸福に影響を与えるが、私達は昔から、何度も何度も同じ間違いをしてきた。レオン・R・ガルドゥノ教授は、あなたをより幸福にする選択をするための6つのヒントを差し示す。

より良い選択のための6つのヒント

↓メディアを通じて私達は絶えず消費を促す情報にさらされている。その結果、私達の決定はそれらの影響から完全に逃れることは決してできない。物質主義は私達の選択肢を支配し、選択肢を制限する——そのため、私達の幸福は消費に左右されるようになる。所得と幸福との関係に関するこれまでの研究によると、（競合する理論間の矛盾に加えて）金銭は幸福を説明するための最も

重要な要素ではないようだ。代替的な可能性は他にもたくさんある。言い換えれば、金銭を過度に重要視しないようにしよう。人生には金銭よりももっと重要なことがある。自分にとって重要なことを見つけよう。

↓手始めに、個人的な利益のためにお金で買えるものを考えるのではなく、他者のためにお金を使った場合に得られるかもしれない効果について考えよう。いくつかの研究によれば、自分のお金の一部を向社会的な活動のために使う人は、お金をもっぱら自分のためだけに使う人と比べると、幸福度が高い。もしお金があれば、所得が低い人たちのために何かをしてみるようにしよう。そうすることで大きな満足感が得られるだろう。しかし、ただエゴを満足させるだけにならないように注意しよう。真心をこめて行い、真剣に助けようと努力しよう。

↓人生をいくつかのスライスに分割したパイだと見なそう。それぞれのスライスは、あなたの人生において大切な分野や領域を表す：家族、友人、精神生活（感情、欲望、変化に対する順応など）。それぞれのスライスの相対的な重要性を考え、時間の使い方と時間配分の両方またはいずれか一方を、それと一致させるようにしよう。

↓恒久的なものは何もなく、全ては変化すると考えよう。不必要なものにしがみつかないようにしよう。今を生き、将来を楽観的に楽しみに待とう。事態はいつでも改善できる。今の状況がどんなに悪くても、その状態のまま継続することはない。最終的には改善するだろう。

↓自信を持とう。自尊心の開発に取り組み、自分の幸福にとって真に重要なことを達成できる能力を認識するようにしよう。強い共通の興味を生み出すことができると感じるグループ（スポーツ、宗教、地域支援など）に参加しよう。

↓偉大な思想家、哲学者、そして、神秘家が幸福について語ったことを熟考しよう。彼らの考え方に大きな価値を見出すことができる。彼らの多くは、幸福は外からやってくるものではなく、内から生まれるものであることで意見が一致しているようだ。真の幸福は、一瞬一瞬を楽しんだり、私達に起こる全てのことの良い面を見たりといった、人生における些細なことの中に見つかるものである。

KEY

・お金で買えるものだけを考えないようにしよう。
・人生のそれぞれの領域の相対的な重要性を考えよう。そして、恒久的なものは何もないことを覚えておこう。
・あなたがやりたいことに自信を持とう。幸福は外からやってくるのではなく、内から生まれる。

レオン・R・ガルドゥノ　Leon R. Garduno
メキシコのアメリカス・プエブラ大学の生活の質と社会開発センターの所長。主に、社会計画の評価、教育、そして、生活の質に関心がある。最近、自身の計画「チャンス」が社会経済的な水準が低い学校の生徒の幸福度に与える影響について研究している。

049

子どもが教えてくれる

幸福とは存在することを学ぶことである

テレサ・フレイレ——ポルトガル

自分が幸福だったのは幸福が何かを知る前だけであると言う人がいる。つまり、子ども時代のことである。しかし、その時代に戻る方法はない。それとも何か方法があるのだろうか？　子どもの幸福の主な特徴は何だろうか？　問題は、「私達が彼らに何を教えたか」ではなく「私達が彼らから何を学ぶか」である、とテレサ・フレイレは言う。

架け橋を作る

今日、幸福について述べたいと思うなら、科学的知識の3つの主要な文脈がきわめて重要である。心理学、研究、教育である。これら3つの分野はお互いに関連しあっているが、何が幸福かについての取り組み方が違っているため、それぞれが個別に学ばれている。私がこれまでに学んだことの中で最も重要なことは何だろうか？　知識、新しいもの、違い、関わり、そして他者を喜んで受け入れる姿勢が最も重要な幸福の源の中の1つである、ということである。

この幸福に関する考え方を私の若者との共同研究から切り離すことはできない。子ども、青少年、そして若者が私の主な実験室であり、私は彼らを通して、幸福と、人生が築かれ学ばれる人格形成期における幸福の役割について理解を深めようと努力してきた。ウェルビーイングの探求が主な目標である場合、若者は人生に対処する際に必要な素朴な知恵を私たちに気づかせてくれる。若者のおかげで、私達は、成長と発達の過程がどのように幸福を追求する際に現れるのか、そして幸福がいかに構築過程であるのかについて理解できる。若者は感じて、考えるために、あるいは行動の動機づけのために、常に新しいもの、新しい挑戦、そして新しいチャンスを探している。しかも彼らは他者との関連で、そうしたいと思っている。子どもたちのおかげで、社会的、感情的につながるための橋を世界に架けたいと望む時、どうして他者がそれほど重要なのかを理解することができる。

幸福は、選択することができること、決断することができること、他者と一緒にいることができること——他者のためにそうすることができること——である。私達が自分自身に気がつくことができるのは、他者を知っているからであり、他者と暮らしているからであり、そして自分と他者を比べることができるからである。私達は、自分のことを知るために他者が必要なのである。幸福は、存在することを学ぶことである。つながり、関わることを学ぶことである。とりわけ——特に若者にとっては——幸福とは、より複雑になり、限界をより意識し、実際の私達はいかにして社会的に決められるかがわかることである。幸福とは成長することである。幸福とは改善することであり、自分を高め、人間関係を強化することである。幸福とは人生において自分の場所を見つけることである。幸福とは他者の成長や発達を通して自分の成長を見ることである。幸福とは他者を必要とし、他者と分かち合うことである。幸福とは他者や他の事情に橋を架けてつながることであり、関わることである。

最大の質問がいつも再び現れる：幸福は存在している状態なのか、それとも存在しているその状態を達成しようとする過程なのか？　状態であるなら幸福は主観的であるが、過程であるなら、個人がどのようにして世界、そして自身の内外の生活の状況と交わるのかに関して、幸福はさまざまな方向に進みうる。成長と人間の複雑性のレンズを通してこのことを分析すれば、個人と社会の過程の観点から、どのようにして幸福が形成されるかを理解することができる。

成長の観点から見ると、社会的に関わることと個人的に関わることとは単に、同じコインの表と裏である。子どもに聞いてみよう、君はなぜ幸福なのかと。青少年に聞いてみよう、君はなぜ幸福なのかと。そして、最後に大人にも同じことを聞いてみよう。発達が依然として進行中の過程である場合には、幸福は終わりのない状態である。発達を促進することは、幸福を促進することに等しい。それならこの幸福というものは、正確には何なのだろうか。幸福は、情緒、感情、認知、行動、価値、精神力、振る舞い、人々、社会などさまざまなものに橋を架けることである。しかし、橋が自分で橋を組み立てることはできない――組み立てられる必要がある。

KEY

・知識、新しいもの、違い、関わり、そして他者を喜んで受け入れる姿勢が最も重要な幸福の源の1つであることを、子ども達から学ぶことができる。
・発達と成長を促進することは、幸福を促進することに等しい。
・幸福は、情緒、感情、認知、行動、価値、精神力、振る舞い、人々、社会などさまざまなものに橋を架けることである。しかし、全ての橋は組み立てられる必要がある。

テレサ・フレイレ　Teresa Freire
ポルトガルのミニョ大学の社会心理学教授。社会的認知研究所のコーディネーターであり、最適機能研究の研究グループのコーディネーターでもある。子どもや青少年と一緒に研究することが多い。ポジティブ心理学のヨーロッパ・ネットワークに所属しており、運営委員会委員であるとともに、ポルトガル代表でもある。

050

誰がではなくどのように

ヨアール・ヴィッテルソ――ノルウェー

重要なことは成功とは無関係である

「幸福に関する文献の主流は、『誰』という質問に関心がある。金持ちは貧しい人よりも幸福か、結婚していれば幸福か、若者は幸福か、外向的な人あるいは人生の明確な目標を持っている人は幸福かを問う。これらは科学的な理論を作り上げる時には、確かに参考になるかもしれないが、デンマーク人はフランス人よりも幸福であるとか離婚はつらいといったような情報は、幸福に関する私の個人的な研究には関係がない」とヨアール・ヴィッテルソは報告する。「私はそれゆえ、幸福に関する『どのように』を問うことを主張する研究者が増えていることで推進されている、幸福の研究における最近の発展を歓迎する」。

自分自身の人生の専門家になろう

四半世紀の間ずっと、幸福の研究という空間で動き回っている1人の研究者として、私が幸福な人生を送るということの意味について、少なくともいくらか考えることなく1日が過ぎていくことはほとんどない。私は何度も何度も幸福を構成するものについて自問し、可能な限り最高の人生につながる選択をできるように、私自身の選択肢について繰り返し熟考している。確かに幸福に関する文献がより良い人生を得るのに役に立ったかどうか問うこともたまにある。私はより良い人生を得るための近道は存在しないと考えているので、「どのように」に関する文献の中には実態のないものに映るものもある。言ってみれば「アメリカ的」すぎるのだ。

しかし、「どのように」に関する文献には重要なものもある。私が今回取り上げることにした例は、70年以上前に書かれた文献である。それは、ジョアンナ・フィールドがマリオン・ミラーというペンネームで著したものだ。彼女の人生は周りから見れば成功したように見えるが、フィールドはそれほどでもないと気づいた。自分がどういう人間で、人生から何を得たいと思っているのかについてもっとよく知るために、フィールドは日記をつけることにした。

執筆は退屈な作業であることがわかった。1926年に始まり、彼女は自分の幸福の妨げになっているものをみつけるために、日常生活の一瞬一瞬を慎重に記録していった。そして見事な率直さで、自分の考えや気持ちを批判的に分析するという困難だがやりがいがある7年を過ごした。その努力は報われた。フィールドは、自分の人生において最良のものがそれまでは見えないところに隠れていたことをついに発見して、かなり驚いた。

予想外にも、フィールドの人生において重要なのは、成功や友人関係、仕事、遊びとは無関係だった。彼女を幸福にしたのは主に全体の変化――彼女の周辺と彼女の内面の両方が変化したとわかるような変化――が起きるほんのわずかな瞬間であった。興味深いことに、彼女の洞察力が実感され、身の回りの世界と自分自身に対する感じ方が変化した時、彼女に幸福をもたらす要因も変化したのだ。そして、ジョアンナがだんだん自分自身の人生の専門家になっていくにつれて、他のさまざまなことが彼女を幸福にし始めた。

ジョアンナ・フィールドの最も重要な洞察力は、スイスの心理学者、ジャン・ピアジェの本を読んだ時に得られた。ピアジェは、子どもが机といすといった実物体を見分けることができないように見える様子を説明した。同じことは、子どもたちの意見や考えにも当てはまる。それゆえ――そして、これは重要である――、**子どもの感情は極端に走る傾向がある**。母が子どもから少し離れると、子どもは母親が永久に戻ってこないのではないかと勘違いし、そのかわいそうな子どもは惨めな孤独でいっぱいになる。同様に、ジョアンナ・フィールドが多くの自然に生じる心の迷いや落ち着かない気持ちの1つに悩まされた時、彼女は幼い子どものように感情の範囲と思い描いた結果を制限できていないことに気がついた。

フィールドはこうした過程を「見えない思考」と呼んだ。そしてその影響は後に、うつに関する文献で有名になった。フィールドの研究に気づかずに、アーロン・ベックはこうした過程を「無意識の思考」と呼んだ。フィールドは、自分自身――そして心理療法士ピエール・ジャネットの研究――についてよく知るようになったので、自分の無意識の過程は、「くだらないおしゃべり」のようなものだということがわかった。それらは心配から不安定になっている状態で、不可能な基準を彼女の人生に課す。子どものようなくだらないおしゃべりが彼女と彼女の周囲の状況との間に起こったことに気づき、彼女が最終的にそれらに耐えることができた時、フィールドは重要な一歩を踏み出す用意ができていた。「私がそれを打破することができた時、その時に初めて、周りの状況がはっきりと見え、幸福が大きくなるような状況を選ぶことができた。例えば、自分の活動を制限するようになったし、新しいもの全てを追いかけたりもしない。他者がしたからという理由で彼らに追いつこうとして全てのエネルギーを使い果たし、個人的に必要なことをするためには全くエネルギーが残っていないというようなことにならないようにすることができるようになった」。

フィールドが自分の人生を理解した結果、彼女の人生は改善した。新しい理解のもと、ジョアンナ・フィールドは生きるための独自のルールを作ることができ、また彼女が周囲の状況について最も広範囲に自覚できた時に幸福がやってくることをよく理解することができた。彼女の話は、自分が変わるためには大変な努力が必要であるということだけでなく、デルフォイのアポロン神殿に書かれていた有名な警句「汝自身を知れ」の英知を証明している。

KEY

- 自分自身の人生の専門家になることは困難だが、それに成功すれば、さまざまなことで幸福になれる。
- 見えない思考による子どものようなくだらないおしゃべりを打破しよう。そうすれば、状況を明快に見て幸福が大きくなるような状況を選択することができる。
- 周囲の状況について最も幅広く自覚できた時に幸福がやってくる。

ヨアール・ヴィッテルソ　Joar Vittersø

オスロ大学で社会心理学の博士号を取得。現在、ノルウェーのトロムセ大学の心理学教授。生活満足度、ポジティブな感情、そして幸福の測定の研究にもっぱら関心を持っている。国際ポジティブ心理学会の役員であり、幸福と主観的ウェルビーイングについて幅広く執筆している。最近「Was Hercules Happy?（ヘラクレスは幸福だったか）」という論文を発表した。

051

緑の色合い

アイルランドは世界の幸福な国の上位20位に入る。聖パトリックの祝日には、アイルランド人を先祖に持つ世界中の人々は、緑色を身につける。実際、アイルランドには40の緑の色合いがあると言われている。フィンバール・ブレルトン博士が緑──彼の場合は環境を意味する──の影響について報告するのも不思議ではない。

フィンバール・ブレルトン──アイルランド

環境経済学者となった私にとって、最近の幸福の研究における最も興味深い発見は、人のウェルビーイングにとって環境が決定的に重要であるということである。これは、地球上での人間生活を維持するために環境が提供する基本的な生態学的機能だけでなく、人々が日常的に暮らして仕事をする地域の環境をも意味する。**研究結果について最も印象に残ったのは、主に環境が「無料」の商品であるため、個人が環境を重視していないということである。**きれいな空気や美しい景色などの環境財は、持続可能な発展と生活の質にとっては重要であるが、普通の消費財（最も明らかな例として車やテレビ）のように自由市場で取引されないため、人々から過小評価され、それらの財の真の価値を反映するだけの重要性が与えられない傾向がある。最近アイルランドで、過去30年間で最も寒い冬に襲われている時に、こうしたことが見られた。

パイプが凍るのを防ごうとして、人々が水道の蛇口から水を出しっ放しにした結果、国中が水不足になった。この一連の行動が、パイプが凍るのを防いだかどうかは重要ではない。重要なポイントは、この絶対不可欠な資源が「無料」なので、人々がそれを失わないようにしようと思いいたらなかったことである。私のメッセージは、外に出て周囲の環境に注目し、大切にし、関わり合うということである。なぜなら、私達はそうした環境が必要なばかりでなく、それがあなたを本当に幸福にしてくれるからである。

フィンバール・ブレルトン　Finbarr Brereton
アイルランドのUCDダブリン都市センターの研究員であり、とりわけ環境経済学と環境が主観的ウェルビーイングに与える影響について関心がある。

052

内向的か外向的か

私は内向的だが、不幸なわけではない

マレク・ブラトニー——チェコ

あなたは外向的だろうか、内向的だろうか？「研究によれば、外向的な人は内向的な人よりも幸福度が高い傾向にある」とマレク・ブラトニーは言う。「にもかかわらず、私自身は内向的であるが、幸福でないわけではない」。マレクは生涯発達に関する彼の研究において、この一見逆説に見えることに対してさらに突っ込んだ答えを探している。

私の気質の影響

1980年代以来、ウェルビーイングや幸福が外的要因と環境に依存する程度は予想よりもはるかに小さいことが明らかになった。主観的ウェルビーイングにとってはるかに重要なのは、期待の実現、良好な人間関係、人生における目標、そして価値観である。ウェルビーイングは主に気質の特徴、つまり周囲の世界を経験することと結びついた個人の特性に影響を受ける。現在の心理学は、こうした生物学的気質を土台にした2つの性格特性を同定している：外向的か内向的かと、感情的

に安定しているか不安定であるかである。研究からは、外向的で感情が安定している人の方が、内向的で感情が不安定な人よりも幸福な人生を送る傾向があることが繰り返し明らかになっている。

1990年代に私は、性格特性とウェルビーイングとの間の関係と、その詳しい分析に関わった。私は、悲しむ傾向にある人もいれば、物事を楽しげに経験する人もいるという事実に繰り返し直面した。しかし同時に、他の研究により人々は幸福かそうでないかによってよりも、むしろ幸福の水準に応じて異なるという肯定的な結果も出てきた。本当に不幸だと報告する人はほとんどいない。私は自分自身は内向的で、(仲間が励ましてくれたとしても)悲観的になる傾向があると思う。しかし、私は不幸であるわけでも、不満足であるわけでもない。私はただ、「幸福」な気質を持つ友人のように有頂天になるような幸福を感じないだけである。

このようにして、私は研究における知識欲を満たし、おそらく性格とウェルビーイングの科学のために貢献もしただろう。しかし、心理学は科学であるだけでなく、人を助ける職業でもあるため、私は心理学者として何を人に提供できるか——いかにして、人が幸福になるために、そして満足の状態に達するために手助けすることができるか——を考え始めた。

私はその答えをヒューマニスティック心理学の中に見つけた。それは、私の研究だけでなく、私生活においても役に立った。ヒューマニスティック心理学は心理学の中で、人間生活の肯定的な面を体系的に扱う最初の分野の1つであった。カール・ロジャーズやエイブラハム・マズロウの研究は、ウェルビーイングと幸福に関心がある現在の多くの研究者に影響を与えた。ヒューマニスティック心理学はまた、ポジティブ心理学に主要な刺激を与えた分野の1つでもある。ポジティブ心理学は、世紀の変わり目に登場した心理学における新しいトレンドである。ヒューマニスティック心理学は、人は善の状態で生まれるのであり、人の成長が最適でなく、本来備わっている潜在能力を引き出せない状況に陥る原因となるのは好ましくない外的条件だけであると考える。成長し、発達し、積極的に順応する性質は、人の主要な原動力——自己実現として知られている概念——だと信じられている。ヒューマニスティック心理学は、人はそれぞれ、成長し、実現させる何らかの潜在能力——才能、能力、技術——を持っていると考える。健全な人の成長にとって重要な条件は、安心感と愛情のある養育——自分の存在が、全ての長所と短所とともに受け入れられているという意識——である。ロジャーズは「無条件の肯定的な受容」という言葉を使っている。こうした他者の自分に対する好感と敬意は、徐々に取り入れられ、吸収され、その結果、自己概念と自尊心が発達するのを手助けしてくれる。

これが心理学者としての自分の仕事と私生活から私が学んだことである。幸福への第1歩は、自己を受け入れること——どのような長所や短所があろうとも、ありのままの自分自身を愛さなければならないということ——である。自分のあり方に関する心配から自由になった時にはじめて、私達は自分の潜在能力を発達させることができる。そして、その時にようやく、成長し、目標に向かって力を注ぎ、他者のために働くこと——そして、幸福になること——ができるのである。

KEY

・外的要因は内的要因（期待の実現、良好な人間関係、人生における目標、価値観）よりも重要ではない。
・外向的で感情が安定している人の方が、内向的で感情が不安定な人よりも幸福であることが多い。しかし、人は幸福の水準に応じて異なる。
・私達の主要な原動力は自己実現であり、幸福への第1歩は自己を受け入れることである。

マレク・ブラトニー　Marek Blatny

チェコ共和国の科学アカデミーの所長、ブルノのマサリク大学の社会心理学教授。生涯発達に関する研究プロジェクトは、1961年以来観察を続けている人々の調査に基づいている。がんを克服した子どもの生活の質に関する継続的研究も行っている。

053

孝好《たかよし》通貨

他の誰も買えない自分自身の貨幣を作ろう

草郷孝好——日本

「私は日本のデータを使って、経済成長と人々の生活満足度との間に正の相関があるのか調べた。その答えはノーである」と、草郷孝好教授は報告する。「これらの研究を始めてから、私の個人的な行動と価値体系にははっきりした違いあることがわかった」。ここで彼は、彼自身の孝好通貨を紹介する。それは彼自身しか買うことができない。

自分の個人的な価値体系

私はかつて、もっぱら仕事の有効性ばかりを気にして、人生の重要な尺度として生産性に大きな注意を払う合理主義者だった。私は自分の幸福を、国民総生産に基づく幸福の増大に対する評価と同じやり方で評価していた。経済的な繁栄が、私と私の家族にとって最も重要な基礎であって、非経済的な側面は二の次であった。その後、私は心理学、社会学、哲学、そして経済学の学際的な研究を行い、それによりこうした「古い」考え方の浅はかさを思い知った。経済的な繁栄は、社会的信頼、社会的絆、そしてこうした価値が発展するための会話の向上を約束しない。しかし、これらは人々の生活満足度と幸福度を高めるためには必要なものだ。

1つにはブータン人の同僚との交流と、彼らの国民総幸福量というプロジェクトが理由で、私は今では、家族、友人、そして隣人との良好な社会関係を築き、発展させていくことの重要性を十分確信している。現在では地域コミュニティとの会合に喜んで参加するし、4年前から毎月の家族会議を始めた。その会議では、家族全員が対話を通じて問題を話し合うための平等な発言権を持っている。

さらに、孝好通貨（Takayoshi Currency の頭文字をとってTC）という特別な通貨を作り出した。この通貨は、私以外だれも買うことはできない。この通貨は、私が自分自身の幸福度を高めるために時間を使うことができたら貯まっていく。例えば、私が仲の良い友人と会って会話を楽しめば、TCは例えば1000増える。私がボランティアとして老人を助けるために1日を使ったら、孝好通貨は20000増える。もうおわかりだろう。私は通貨の合計やどれだけ増えるかを正確に覚えておく必要はない。しかし、こうした評価の仕方は、優先順位をつけ、私自身と他者の生活満足度のために自分の時間をいかに上手に使うことができるかを考えるのに確実に役立つ。私の最終的な目標は、ウェルビーイング、そこそこの経済基盤、健康、知識、希望、夢、地域社会、文化、政治、そして、環境の全体的なアプローチに基づいたこの人生において、私の通貨の「蓄え」を、生涯を通じて増やしていくことである。

さらに私は、公共政策の結果だけでなく、その「過程」により注意を払うようにもなった。その「過程」は、特定の問題への公約を必要とする——たいていは、困っている人への。しかし、この過程は、問題になっている人々に真剣に考えてもらわなければならない。今では私は、人々が自分自身の社会経済的な事情においてどのように生活と関わっているのかを知るよう自分を促すことによって、人々のウェルビーイングを調べている。主観的な質問が今では、人々の幸福に関する私のフィールドワークの主要な調査になっている。そして、ウェルビーイングと権利拡大の過程における変化は、私の主要な研究となった。遅くても何もしないよりはましである。

KEY

- 経済的な繁栄は、社会的信頼、社会的絆、そしてこうした価値が発展するための会話の向上を約束しない。
- 自分自身の価値体系を順守しよう。そして、それを促進させるための自分自身の評価方法を作ろう、孝好通貨のように。
- 公共政策では、最も密接に関連し最も影響を受ける人の「過程」にもっと注意を払おう。

草郷孝好　Takayoshi Kusago
関西大学社会科学部社会システムデザイン専攻の教授。過去20年間、研究と実践の双方で活躍しここ数年は、主観的ウェルビーイングの研究に専心している。現在、人間開発指数を主観的なデータを使って改良することで、先進国の事情に適した開発指数の開発に取り組んでいる。

054

善悪を超えて

悪は善よりも強い

ドヴ・シュモトキン――イスラエル

「私達が人に会って、『元気ですか』とか『どうしてますか』と尋ねられた時、あえて否定的な返事をすることはめったにない。世界中で行われた多くの世論調査によると、圧倒的多数の回答者は、高齢者、貧困者、障害者、あるいは、過去に不運を耐えた人といった不利な状況にいる人々も含めて、中間レベル以上の幸福度を報告している」。どこで幸福になるための力を見つけることができるのだろうか？　ドヴ・シュモトキン教授は、逆境に直面した時の幸福の追求に関する総合的な理論を展開する。

敵意を持った世界における秘密諜報員

（基本的に）幸福であろうとする気持ちは、さまざまな厭世哲学の伝統にとってだけでなく、「悪は善よりも強い」ことを示す実証的な証拠にとっても、矛盾したものとして映ることが多い。これは、有害で不愉快な、望ましくない結果の方が、有益で心地良く、望ましい結果よりも、精神に与える影響が強いことを示している。したがって、人々は通常ほとんどの不利な状況に適応できるのだが、ある種の負の出来事（例えば、障害や失業など）は幸福度を恒久的に下げてしまうこともある。精神的トラウマ――これは多くの場合、根深い喪失感や精神的苦しみを表す――は、資源を消耗させ、さらなる喪失を招く悪循環を引き起こすことによって、厳しい影響を永続させるかもしれない。「悪」が「善」よりも力がまさっていることは、否定的な経験が人の防御や生存に与える非常に重要な影響によってうまく説明できる。

しかし、人生において悪が善よりも強いのなら、大部分の人はどうやって幸福でいられるのだろうか？　実際、2つの証拠の集まりの間の相違を解消するのは容易ではない。それは純粋に、人の人生における積極性と消極性という2つの相反する主義を映し出す。そこで私が提案する概念モデルが、幸福の役割についてより総合的な視点を導入するかもしれない。

私のモデルでは、主観的ウェルビーイング（幸福のより学術的な言葉）を単に望ましい結果として扱うだけでなく、動的システム――その役割は、「好ましい心理的環境」を構成すること――として扱う。この好ましい心理的環境では、私達は、混乱を最小限度にして正常かつ有能に機能することができる。このモデルで主観的ウェルビーイングを補足するのが「敵意を持った世界のシナリオ」と名付けられたシステムである。このシステムは、人の人生に対する、あるいはさらに広く見れば人の身体的・精神的統合性に対する、現実的あるいは潜在的な脅威のイメージである。敵意を持った世界のシナリオは、事故、暴力、自然災害、戦争、病気、老化、そして死といった破滅と苦悩に関する信念によって形成される。この苦難のイメージは、潜在的に否定的な状況を探し、もしも状況がすでに否定的になっている場合には、いっそう悪化した状況を探しさえする。このシナリオがうまく作動すれば、人々が安全で快適なままでいようと努力する際に、脅威に対する注意を助長する。しかし、極端に敵意を持った世界のシナリオは、破滅的な世界で危険と隣り合わせの状態で生きる感覚を作り出す。

主観的ウェルビーイングと敵意を持った世界のシナリオは、安全性と保護を保証する一方で、喜びと達成感を促進するというそれぞれの役目を果たすために、さまざまな仕組みによって互いに調節しあっている。これらの仕組みの詳細な説明は、この文章には収まらないので割愛するが、一般的に、主観的ウェルビーイングの状態は、高度に活性化された敵意を持った世界のシナリオの負の影響を弱め、あるいは取り除くことができる。しかし、これは全ての状況に適応できる手だてではない。もし私達が本当の危機に直面すれば、とらえどころのない幸福を維持するよりはむしろ、その危機に対処する必要があるだろう。

実際、主観的ウェルビーイングと敵意を持った世界のシナリオがともに活性化することが必要になる状況もある。例えば、新しい状況が主観的ウェルビーイングを刺激する時に、敵意を持った世界のシナリオは同時に潜在的な危険に対して注意をおこたらないようにさせる。これらと他の仕組みは、主観的ウェルビーイングがどのようにして敵意を持った世界と絶えず折り合いをつけ、生活が悪夢のような切迫した大参事によって台無しになったり、夢の世界にいて現実を直視しない単純なものになってしまったりしないようにしているかを示している。

幸福の探求は依然として、かなりの混乱をもたらすものである。幸福には多くの異なる面（実際に経験するもの、他者に伝えるもの、記憶しているもの）があり、それらは時々、矛盾する。幸福は、具体的に目に見える形で実現可能な、現実的な結果なのだろうか、それとも最終的にはそれを探し求める人を不幸にしてしまうような、とらえどころがなく信用できない経験なのだろうか？それぞれの見方を支持する人はすぐに見つかる。私の基本的な考え方は、幸福は敵意を持った世界における秘密諜報員のように機能するので、一般的に想定されたものというよりも弁証法的なものであるということである。

KEY

- 主観的ウェルビーイングは動的システムである。その役割は、「好ましい心理的環境」を構成することである。そして、この好ましい心理的環境で、私達は混乱を最小限度にして正常に機能することができる。
- 敵意を持った世界のシナリオは、人々が安全で快適なままでいようと努力する際に、脅威に対する注意を助長する。
- 主観的ウェルビーイングの状態は、高度に活性化された敵意を持った世界のシナリオの負の影響を弱め、あるいは取り除くことができる。

ドヴ・シュモトキン　Dov Shmotkin

生涯を通じての主観的ウェルビーイング、および大参事の生存者の長期間にわたる心的外傷の影響に関する研究を行っている。イスラエルのテル・アビブ大学の心理学部とヘルツェグ高齢化研究所に所属し、イスラエルの高齢者を対象とした全国世論調査を実施した研究チームのメンバーでもある。

055

幸福な人間関係の文化

孤立した人はいない

コンスタンティノス・カフェトシオス——ギリシャ

「孤立した人はいない。世界中で人間関係は人のウェルビーイングにとって重要である。友人、家族、そして同僚と感情を共有すること、親しくすること、コミュニケーションをとることは、社会的支援を促進し、ストレスを制御し、幸福、ウェルビーイング、そして健康の向上をもたらす。しかし、そうした人と関わる活動は文化によって異なり、人間関係が人のウェルビーイングに与える影響は、全ての文化的環境で同じではない」。コンスタンティノス・カフェトシオス博士は、その違いを発見した。

2つの異なる文化

社会秩序を保つために、文化は人の行動基準を規制する。これは、他のどんなことに当てはまるのと同じように、人間関係にも当てはまる。このため、文化的な人間関係における「しきたり」が人々の幸福にどのような影響を与えるのかを理解することは大切である。集団主義的な文化の価値と相互依存的な自己意識を奨励する文化（一般的には、南ヨーロッパと東洋の文化）では、人の意見、感性、そして、行動は、その人の周りにいる人々（通常は家族や親しい友人）の意見に影響される。こうしたことは、個人主義的な社会的価値をより奨励する社会（一般的には、北ヨーロッパと北アメリカの文化）ではあまり起こらない。というのは、そうした社会の平均的な人は、他者から独立した自己意識を成長させ、自分のニーズや価値観に対してより重い責任を持つからである。

以上のことから、人間関係は個人主義的な文化よりも集団主義的な文化においての方がウェルビーイングへの影響力が強いと思うかもしれない。研究は依然進行中であるが、このテーマに関する私達自身の研究や他の研究が発見したことは、必ずしもこの仮説と一致しない。逆説的ではあるが、集団主義的な文化的環境においては、人々が発展させる親しい友人や親戚との社会的ネットワークの規模はより小さい。また、それに関連した活動――感情の共有、コミュニケーション、社会的支援――は、必ずしも個人的に必要なものや感情と関係しているわけではなく、むしろそれらの役割や人間関係のルールを明確にすることにより関心を持っている。ギリシャ、韓国、そして中国における最近の研究によれば、支援的な人間関係は、アメリカ、オランダ、イギリスのような国における人間関係ほどには、個人的なウェルビーイングや肯定的な感情に対して有益な影響を及ぼしていないことが明らかになった。

集団主義的な国や地域では、個人が交流する人の数はより少なく、このことがウェルビーイングに影響を与えているのかもしれない。さらに、少ない数の人々（一般的には家族のメンバー）とより強いつながりを持つことは、個人のニーズや感情が日常レベルではより強く規制されることを意味する。このことは、肯定的な感情を表現したり共有したりすることに悪影響を及ぼす可能性がある。独立が奨励される国では、感情を表現したり、それを他者と共有したりすることは、日常レベルでもっと自由に行われていて、このことが幸福度を上昇させているのかもしれない。

しかしながら、どんな文化において、独立した、あるいは相互依存した自己意識は一様ではなく、育ち方や個性のために人によって異なりうることを忘れてはならない。この点において、個人と文化の間の幸福に対する関係について考察してみるのもおもしろいかもしれない。ギリシャとイギリスにおける日常の社会的関係に関する最近の研究によれば、「文化的自己」がその文化で支配的な価値（ギリシャでは相互依存、イギリスでは独立）に近い人ほど、そうでない人に比べて、日常の人間関係においてより肯定的な感情を経験するということが明らかになっている。もしあなたが文化に適していない人間関係のしきたりに従っていたり、また、日々同じ人間関係の文化的しきたりを共有していない人と関わっていたりするならば、あなたは困難や苦痛に直面するかもしれない。

それゆえ、個人が独立したあるいは相互依存した人間関係を実践しているかどうかを知るだけでなく、その人が関わりを持つ人々の文化的に依存した自己意識と、その個人が参加する地域について知ることも重要である。

KEY

・あなたが暮らしている国で支配的な人間関係の規範を確認しよう。人々は家族や親しい友人の意見に影響を受けている（相互依存的）か否（独立的）か？
・あなた自身が用いる人間関係の規範を確認しよう――独立的な規範か相互依存的な規範か。
・人間関係の文化的しきたりがあなたと同じものを共有している人々と交流しよう。そして、もし可能なら、こうした価値観や人間関係の実践が現れている地域を選ぼう。

コンスタンティノス・カフェトシオス Konstantinos Kafetsios

ギリシャのクレタ大学で社会心理学を教えている。『Attachment, emotion, and close relationships（愛着、感情、親密な人間関係）』の著者であり、また、感情と個人的な人間関係の社会心理学に関するいくつかの研究論文を発表している。

056
公共政策の新たな指標

最も脆弱な人々への情動的・物質的支援のための社会的ネットワークの促進は、公共政策の重要な課題になるべきである

エドゥアルド・ウィルス＝エレラ――コロンビア

世界幸福度ランキングを見ると、コロンビアは驚くべき国である。「客観的」指標が悪いにもかかわらず、人々はトップ20入りをもたらす点数をつける。国際ウェルビーイング・グループ（IWG）のエドゥアルド・ウィルス＝エレラは、新しい「主観的」尺度の検証に興味を示す研究者を世界中から集めて、国際的研究者ネットワークを構築した。彼は将来の公共政策のキーポイントを明かしてくれた。

主観的指標を重視して

組織論と開発学の研究者として私は、1人当たりの国内総生産（GDP）や1人当たりの所得といった「客観的」指標だけで国や社会の発展を測定できないし、そうすべきではないことを学んだ。「どう感じているか?」、「自分の生活全般にどの程度満足しているか?」といった簡単な質問をすることによって直接的に評価された、対象となる人々の「主観的」指標で測定することも必要なのである。こうした指標は有効なものであり、個人間や異文化間の比較を行うために使用できることが研究で示されている。新しい「主観的」尺度を用いれば、私達は、身の安全、コミュニティ、健康、生活水準などのさまざまな側面が個人のウェルビーイング感に寄与していることを理解できる。私達は精神的満足度といった新しい基準も検証した。そして、この基準が住んでいる全ての人々に同じように重要ではなく、住んでいる文化的環境によって異なることを知りつつある。

これらの質問に対する答えから、人々が自分たちの生活満足度を評価する場合、社会関係の質およびその重要性、家庭生活、人生の意義の探求といった非物質的な価値により重みをつけることを私は知った。経済的または客観的な基準で「未発達」と定義されている社会で、より多くの人々が満足していることが多い理由はここにある。私自身の国コロンビアでは、これが特に興味深い発見であり、さらに多くの研究と理解が必要である。悪い「客観的」指標、不安定な環境、社会的紛争にもかかわらず、人々は社会的ネットワークと精神性に生活の満足感を求める。物質的にもっと豊かな社会に暮らす人々と比べると、彼らはより高いウェルビーイング感を得るために人生の意義や社会からの支援を追求している。

公共政策の指標として主観的ウェルビーイングの指標を使うには、これらの指標にかかわる種々の概念と意味を識別することが重要である。私達は快楽主義の短期的な感覚としての「ハピネス」だけでなく、幸福主義（アリストテレスより）的な「ウェルビーイング」――つまり、人間として開花する能力、人として最も価値のあるものを保有すること、自分自身の精神に忠実であること――を見極めることも目指している。この意味で、ウェルビーイングは公共政策と個人的価値の実現の両方にとって究極の目標になる。

仕事の質とそこから得られる満足感はウェルビーイングの重要な要素である。これらの要素は、内的（統制の所在、楽観主義、外向性、内発的動機付け）および外的（報酬、キャリア形成、職務の自主性、フィードバック）属性に依存する。逆に失業は精神疾患、ストレスや不幸な生活につながる。健康で幸福だと感じる従業員のいる会社がより生産的であるということだけでなく、企業が一般大衆に与える影響を評価することや、商業部門が環境への負荷や社会への影響を減らして福祉向上にいかに貢献できるかを理解することも重要である。組織内部の社会的ネットワークは、仕事のためのポジティブなエネルギーの生成を促し、より高い生産性をもたらすはずである。

私は新しい社会指標開発の文脈の中で、公共政策における主観的ウェルビーイング指標の重要性を強調したい。気候変動、自然資源の枯渇、不平等と社会不安の高まりなどのグローバルな課題の全ては、社会の発展と進歩を理解するための代替的指標開発の重要性を示している。ウェルビーイングの主観的指標に注目することは、公共政策の新たな目標の策定、設計と実行の手法に関して短期的な変化をもたらす。人々、とりわけ低所得層や社会的弱者にとって、高いレベルの自己効力感、自尊心と統制感を持つことはきわめて重要である。このように、社会開発と人間開発の重要性を示す主観的指標を使うことは、それらの目標が実現されたかどうかの評価にもなる。最も脆弱な人々への情動的・物質的支援のための社会的ネットワークの促進は、重要な公共政策の課題になるべきである。

KEY

・自分の生活満足度を評価する場合、人は社会関係、家庭生活、人生の意義の探求といった非物質的な価値に重みをつける。
・仕事の質とそこから得られる満足感はウェルビーイングの重要な要素である。
・ウェルビーイングの主観的指標に注目することは、公共政策の新たな目標の策定、設計と実行に変化をもたらす。

エドゥアルド・ウィルス＝エレラ　Eduardo Wills-Herrera

組織論と幸福学の学者であり、ボゴタにあるアンデス大学のマネジメント・スクールに所属する。コロンビア社会と組織における主観的ウェルビーイングに関する研究に従事している。オランダ・ハーグの社会研究所にて開発学修士号を取得し、ニューオーリンズのテュレーン大学から組織行動学の博士号を取得した。自身の成長と幸福の追求がひとりひとりの人間の権利だと考えている。

057

失われた幸福

経済学は物質的な豊かさを重んじる人のための学問である

ロバート・E・レイン――アメリカ

半世紀以上にわたり、ロバート・E・レインはアメリカで最も尊敬され、思慮深く、かつ想像力に満ちた政治学者のひとりである。彼は最終的に次のような「ビッグ・クエスチョン」を提起した。「豊かな国になぜ不幸で落ち込んでいる人々がこれほどいるのか？」

悲劇的な崩壊

市場経済は、発展途上国では人々に繁栄をもたらし貧困や抑圧から脱出させるので、主観的ウェルビーイングを高める。しかし、先進国では必ずしもウェルビーイングを向上させる財を提供できるわけではなくなるので、限界効用を失い始める。もしそうした財を提供しているとしたら、それは偶然にすぎない。いったん貧困のレベルを越えれば、所得の増加は幸福度にほとんど貢献しなくなる。実際には、富が増えると、悲しいことに家族の連帯感やコミュニティとの一体感が蝕まれて、人々はますます相互不信と政治制度への不信に陥る。所得が減るリスクがあったとしても、連帯感を深めるために、生活の優先順位を変えることが急務である。

2つの観測事実から話を始めよう。（1）感情中枢にある神経細胞は、認知中枢の神経細胞より先に発火する。（2）ほとんどの「思考」は、無意識的なものである。これらの見解に基づく研究と理論は、合理化が原因ではなく感情的な反応によって「決められたこと」への正当化に基づくことを示唆している。なぜなら、合理化の思考プロセスだけが、私達が「意識可能」と経験するものに関われるのであり、私達は原因となるものを合理化のプロセスによるものとみなし、自分の「知っている」ことに基づいて精神的世界を作り出すからである。啓蒙運動はこの錯覚による合理化構造に哲学的な基盤をもたらした。経済学は物質的な豊かさを重んじる人のための学問であり、物質的な豊かさと解釈された効用の観点から合理的選択を正当化することによって、そうした錯覚による世界観に対してある種の道徳的な正当性を与えた。そうした世界観が物質的な所有よりも社会的な関係の機能によるものであることをウェルビーイングの研究が示して初めて、経済と合理的選択の精巧な構造は、私達の認知的限界から生まれた大きな幻想的世界の一部であるとみなされた。

神経科学と情動的生活を組み合わせた研究は、ようやく経済学、法学、政治学、哲学の基本的な認識論の誤りを見破り始めた。こうした研究による成果が、合理的な人間が人類の居住環境を壊してしまうのを防ぐのに間に合うかどうかは不確かである。希少性への回帰は、物質的なものに基づくウェルビーイングの解釈を補強して、現在西側諸国を特徴づけている不安や抑うつを抱く人口を増やしてしまう可能性がある。もし人類の居住環境だけでなくヒトゲノムも劣化すれば、意識を生み出すための長い進化の闘いは再び起こらないだろう。

KEY

・いったん貧困レベルを越えれば、所得の増加は幸福にほとんど貢献しなくなる。
・先進国では、幸福の主な要因は友情と良好な家庭生活である。
・所得が減るリスクがあったとしても、連帯感を深めるために、生活の優先順位を変えることが急務である。

ロバート・E・レイン

イエール大学（アメリカ）の名誉教授。政治学者。英国学士院の会員であり、アメリカ政治学学会の元会長および、国際政治心理学学会の元会長である。最新の著書は『The Loss of Happiness in Market Democracies（市場民主主義における幸福の喪失）』。

058

予測できる「信頼」

核心となるのは私達の目標と抱負を社会のより広範なレベルで達成することである

ルイザ・コラド——イギリス

ケンブリッジ大学のルイザ・コラド博士は、ウェルビーイングの社会地理学に関する国際研究をリードしている。彼女はヨーロッパ15ヵ国、180の地域に暮らす2万人を対象に、彼らの全体的な幸福感と長期的な充実感（「生活満足度」）を定期的に調査している欧州社会調査のデータを分析した結果、信頼が幸福の強力な予測因子であることを発見した。

固定観念を超えて

ヨーロッパのウェルビーイング・マップは、いくつかの国で長年にわたって存在する固定概念をくつがえした。特に、地中海沿岸の日当たりの良い地域に暮らす人々が最も幸福であるという考えは真実ではないようだ。調査では、南欧諸国の幸福度指標が一貫して最も低い水準を示している。一方、スウェーデン、フィンランド、オランダ、デンマークといった比較的寒い地域では、最も高い水準を示している。一般的に、女性は男性より幸福だと答える。高齢者と若者は中年の人々より幸福である傾向がある。

私達は何が一部の国の人々を他の国の人々よりも幸福にするかを現在分析している。最も一貫性のある傾向の1つは、幸福度の最も高い国では、政府、警察、司法制度に対する人々の信頼度も最高レベルであることだ。また、幸福な人々は傾向として友人や知人が多く、少なくとも最低限ひとりの非常に親しい友人かパートナーを持っている。分析の結果は、幸福はお金で買えないという言い習わしを裏付けているようだ。

一般的に、住民が政府や他の機関を信頼している国では、高所得は人々の幸福度を向上させる。しかし、こうした信頼が欠けている国では、最も裕福な人でもあまり幸福ではない傾向がある。同様に、教育水準も人々の全対的なウェルビーイングに一定の影響を与える。しかし、仕事が人々に与える自尊心の度合いは、幸福度のレベルに関係するようだ。

個々のウェルビーイングを育み促進することは、政策課題の焦点になりつつある。既存の経済指標を補うための「国民ウェルビーイング勘定」の構築に関する数多くの研究は、実際に国民の満足は、個人、社会、制度的要因の相互作用の結果であるという認識から生まれた。私はこの分野のこれまでの研究から、ある国のウェルビーイングとその国民のウェルビーイングが相互に独立していないことを知った。

友人、家族、愛する人たちといった個人レベルの人間関係から始めることは確かに重要である。しかし、核心となるのは私達の目標と抱負を社会のより広範なレベルで達成することにある。そのようなものとして、制度的な支援や政策的な介入が強く求められる。個人のウェルビーイングを計測し育むことの重要性を認める国の政策は、より生産性の高い労働力や社会的結束といった経済的・社会的な側面に良い影響をもたらすことができる。したがって、ウェルビーイングの促進は経済成長という究極の政策目標にもつながる。

欧州連合の人々は、比較的幸福なようだ。その主な理由は経済的な要因ではない。最も重要な要因は、他者との社会的交流の質と国の制度に対する信頼だと考えられる。

KEY

・仕事が人々に与える自尊心の度合いは、重要な役割を果たす。
・最も重要な要因は、他者との社会的交流の質と国の制度への信頼だと考えられる。
・制度的支援や政策介入が強く求められる。

ルイザ・コラド Luisa Corrado

所得と幸福の社会地理学に関する優れた国際研究が評価され、欧州科学賞を受賞した。現在ケンブリッジ大学経済学部のマリー＝キュリーフェローと、ローマのトル・ヴェルガタ大学の准教授である。

059

ニーズの対立

ソーシャルスキルを駆使できれば幸福になれる

マーティン・ガン&アン・ゲイダマン――アメリカ／カナダ

人間は社会的な生き物である。私達の脳の進化は、主に仲間とコミュニケーションをとることへの欲求と関連するニーズに駆動されてきた。当然のことながら、世界の宗教、幸福とウェルビーイングの理論は、社会関係の役割を扱っている。一般的に、これらは3つの基本的ニーズを検討する。私達のニーズをどのように達成させるのか。潜在的に対立するニーズをどのように調和させるのか。マーティン・ガンとアン・ゲイダマンは、彼らの見解を共有する。

集団的幸福感のより高いレベルへ

自己決定理論（Self Determination Theory）は、私達が幸福になるには3つの普遍的かつ基本的ニーズを満たす必要があると述べている（食糧、住居、健康、安全といった基本的ニーズはすでに満たされたと仮定する）。そのニーズは次のとおりである。

・気にかける相手がいると同時に、自分を気にかけてくれる人がほしいというニーズ（関係性）

・自身の活動が他人に評価されていると感じたいというニーズ（能力《コンピテンス》）
・自分自身の行動をコントロールできる感覚を持ちたいというニーズ（自律性）

これらの3つのニーズについて、数多くの研究が行われてきた。関係性（またはその変形、例えば、愛着や社会的支援）に関する研究は、社会的支援（例えば、友人、家族、隣人、同僚からの）が幸福、主観的ウェルビーイング、生活満足度、健康と関係することを示している。同様に、ある人の能力《コンピテンス》（または類似した構成概念、例えば、自己効力感や達成感）は、幸福感、そして自己認識した高いレベルの自律性（または関連諸概念、例えば統制信念）につながる。

なぜ、そしてどのようにして一部の人々は他の人より、高いレベルの関係性、能力《コンピテンス》、自立性を持つのかという疑問は、新しい研究の出発ともなった。発達の視点から、子どもは親への安定した愛着をもって成長すべきことが重要だと思われる。これは、親が予測可能かつ一貫した愛情、支援、高い（そして達成可能な）期待、明確な（道徳）規範を提供することによって育まれる。つまり子どもは、その世話と共同活動においてひとり以上の大人の持続的で愛情のある関与を必要とする。

関係性と自律性は対立するニーズだろうか。必ずしもそうではない。自己決定理論は、関係性と自律性が共存できることを示すとともに、発達の観点から、人が「自律した関係性」の状態を作り出すことが理想的だと述べている。しかし、折に触れて、関係性と自律性は対立するものであり両立しえないと認識され、そして基本的ニーズ間の対立を生み出す社会的コンテクストが疎外感と精神病理をもたらす下地作りをすると考えられてきた。

ますます多文化になってきている社会では、それぞれの価値体系を持つさまざまなサブカルチャーの共存が、同じサブカルチャーに属すメンバーの間で、また異なるサブカルチャーのメンバーの間で、関係性のニーズと自律性のニーズとの対立につながることがある。例えば、移民家族内で生じる世代間対立の例として、子どもがその仲間との間で重んじる「新しい」文化的な活動（例えば、パーティーに出かける）への参加を求めても、家族または本国の文化ではその活動が許されないことがある。さらに、サブカルチャーが異なれば、自律性が制限されたと感じたり、慣習や役割期待の衝突（例えば、ドレスコード、男女の役割、人権）のある状況においては関係性を築きたいという欲求を制限されたと感じる人もいるだろう。

異なる価値観や役割期待から生じる関係性のニーズと自律性のニーズとの間の対立を、個人や社会がいかに調和させるか。この課題を解く鍵は、異なるサブカルチャーの個人とグループがそれぞれの役割期待と価値観を、対立的関係から補完的関係にもっていく際の再交渉の仕方を社会的な能力《コンピテンス》（例えば、共感、援助行動、聴く力）がいかに容易にしうるかの理解にあると私達は考えている。

また、社会が構造的な支援や資源を今以上に提供して、異なるサブカルチャーの人々の間の相互作用を容易にし、共通の喜びと誇りのもととなるものを生みだすように働きかけることを私達は提案する。例えば、子ども達と保護者らがそれぞれの文化から音楽、芸術、料理のレシピなどを持ち寄るイベントを学校やコミュニティのレベルで開催することが挙げられる。つまり、価値観の衝突によって自律性と関係性が対立する場合、人々がソーシャルスキルを駆使してどのようにとりなすかを私達は理解する必要がある。そして、学校、コミュニティ、およびその他の公共の場で、向社会的行動を起こす活動機会を作り出す必要もある。

こうした共同活動のデザインの一例は、ムザフェルとキャロリン・シェリフの集団実験に見ることができる。彼らの実験では、サマーキャンプの子どもが集団間の競争活動(例えば、スポーツゲーム)に継続的に参加したところ、競争活動以外の時間でも(例えば、朝食時)相手チームの子どもに対して無愛想で攻撃的な行動を取るようになった。しかし、(実験的な操作を通じた)全員に関わる課題(例えば、キャンプへの水道供給が止められた)に直面した時には、子ども達は問題解決に向けて協力しただけでなく、わずか数日前に無礼な態度を示していた子ども達に対しても彼らの行動が一貫して友好的で、協力的になった。

多くの社会は、教育システム、医療、社会福祉、保育制度、親の育児休暇制度、民主主義などを通じて、人間としての普遍的なニーズを満たすための相当な資源を提供している。だが、現代の脱工業化社会では脚光を浴びておらず、過小評価されている領域が1つだけあると私達は考える。それは、コミュニティの構造や資源を利用して、共同の向社会的・異文化交流活動への定期的な市民参加を促し、また、子ども達に社会的能力《コンピテンス》を発展させる機会を頻繁に提供することの程度についてである。

KEY

・幸福になるために3つの普遍的かつ基本的ニーズを満たす必要がある。それらは関係性、能力《コンピテンス》と自律性である。

・これらのニーズを高いレベルで達成するには、子どもの社会的能力《コンピテンス》と向社会的相互作用を促進する慎重な教育がきわめて重要である。

・社会が構造的な支援や資源を提供して社会協働的な異文化交流活動に人々が参加するように促せば、対立したニーズは補完的なニーズに変わるだろう。

マーティン・ガン　Martin Guhn

ブリティッシュ・コロンビア大学のヘルス・リサーチとマイケル＝スミス財団のヒューマン・アーリー・ラーニング・パートナーシップに所属する博士研究員。文化的脈絡の要因と子どもの社会的・情緒的能力に関する研究を主に行っている。

アン・ゲイダマン　Anne Gadermann

ハーバード大学の医療政策専攻に所属する博士研究員。子どもと若者の幸福に関する研究を主に行っている。

060

ヨーロッパというケーキ

根本的でしばしば大きく異なる文化的要因の影響を過小評価することは賢明ではない

イングリダ・ゲシエン――リトアニア

ヨーロッパ諸国の幸福度の水準は大きく異なる。ヨーロッパというケーキを4つに分割して、東西南北の違いを考えてみよう。イングリダ・ゲシエンは、31ヵ国に暮らす人々の幸福度を比較した。彼女は、分割されたケーキのそれぞれの部分について、政治的・宗教的背景との関係性を明らかにした。

4つに分割する

主観的ウェルビーイングに関する最近のいくつかの研究は、西側の先進諸国において、高い経済的安定が「主観的ウェルビーイングや生活の質への関心の高まりにつながり、多くの人々にとって、経済成長よりもこれらの優先度が高くなった」と主張する。これらの仮説を検証するために、西ヨーロッパおよび中東欧の31ヵ国の生活の質、生活満足度、幸福度に関する主観的指標を比較した。

分析の結果、生活の質の主観的評価に関して、2つの異なるパターンがあることが示された。すなわち、西ヨーロッパで幸福度の高い評価（10点中7～8点）が見られた一方、中央・東ヨーロッパでは低い評価（10点中4～6点）であった。これらの結果は、概して経済的先進国と発展途上の体制移行国との間の主な相違を反映している。つまり、これらのデータは経済的要因が生活の質の主観的評価に大きな影響を与えることを示すようだ。言い換えると、貧しい国の人々ほど生活の現状に満足していない。しかし、スロヴェニアやチェコなどいくつかの体制移行国の主観的ウェルビーイングは、イタリア、スペイン、ポルトガル、フランスといったラテン系のヨーロッパ諸国のそれと同じレベルである。このことは前述したグループ分けに当てはまらない。そのため、主観的ウェルビーイングについて、経済的要因だけを研究していては不十分である。

経済的要因のうち、西ヨーロッパと中央・東ヨーロッパの両方で生活満足度に最も大きな影響を与えるのは、所得水準（所得が高いほど生活満足度も高い）である。主観的指標（生活満足度と幸福度）と他の要因との関連性は、それほど直接的でない。体制移行国に比べて西ヨーロッパ諸国では、安定した対人関係と帰属感がより重要である。これはより貧しい体制移行国では、西ヨーロッパ諸国に比べ人々が経済的安定感の欠如に悩まされていると考えられる。したがって、生活満足度に関して、所属感や安定した関係といったニーズの重要性は所得よりも低い。

一方、ヨーロッパの両地域において長く続いてきたさまざまな文化的伝統を分析したところ、主観的ウェルビーイングに影響する他の重要要因が見出された。ここでの区別は、主に他者、国家、世界との関係に関する個人の自己決定に基づいている。この場合、異なる文化パターンから主に2つの国の集まりに分けてその特徴を語ることができる。あらゆる人に生活の必要物が供給されるよう国がより多くの責任をとるべきだと考える国家指向の国（体制移行国は典型例）と、人々は完璧な選択の自由を持ち、自身の人生を完全にコントロールしていると感じる個人指向の国（西ヨーロッパ、特に北欧では一般的）である。データは、強い国家指向が幸福度に負の影響を与える一方で、強い個人指向は生活満足度に強い正の影響を与えることを示唆する。

私達は、体制移行国の間で幸福度に顕著な違いがあることを見出した。これは、共産主義のイデオロギーがそれぞれの国に影響を与えた期間の違いによって部分的には説明される。最も幸福でないのはウクライナ、ロシア、ベラルーシにいる人々であるが、共産主義のイデオロギーの影響を最も長く（70年ほど）経験したのはまさにこれらの国である。何世代にもわたって、人々は自身の成長より国家の規制を受け入れることを余儀なくされた。数十年にわたり、この世界観が伝統となった。そのため、共産主義崩壊後、多くの人々は新しい社会経済的、政治的状況に適応することが非常に困難であった。その結果、彼らは国が基本的ニーズを提供してくれることを今なお期待し続け、理想と現実の矛盾を経験している。とりわけ旧共産主義国家は、体制移行で疲弊しており、以前の社会政策を維持できなくなっている。結果として、この矛盾が、体制移行国の人々の変革、国の政策、個人の生活に対する不満を左右することになるのである。

生活満足度に対する世界観の重要性も、部分的には西ヨーロッパ諸国との違いによって明らかになった。ラテン系のヨーロッパ諸国は長く続くカトリックの伝統を持ち、プロテスタントまたは混合した伝統を持つ北欧に比べて生活満足度のレベルが低い。分析で用いたデータでは、宗派と生活満足度とは直接的な関係がなかったにもかかわらず、これらの伝統は間接的な影響も持つものと考えられる。支配的な伝統は、その影響をある程度表すと考えられる。例えば、ラテン系のヨーロッパの国では宿命論者（人生において個人の介入に依存するものはほとんどないと考える人々）が多いが、北欧の国では主意主義者（選択の自由を持ち、自身の人生を完全にコントロールしていると感じる人々）が多いという特徴がある。それでもこれらの仮説は不正確であり、有意な結論をつけることができない。

新しいポスト唯物論的文化が生活の質の主観的評価に与える影響を分析することによって、私達は、ウェルビーイングの主観的指標と、個人の生活における友人や余暇の価値といったいくつかの最も重要なポスト唯物論的価値観との間に有意な関係が存在しないことを見出した。いずれの場合においても、この関係は所得よりだいぶ弱い（10倍ほど）要因である。さらに、この点において、西ヨーロッパと中央・東ヨーロッパとの間に有意な違いはない。この結果は、幸福とポスト唯物論的志向との関係性は、貧困国よりも豊かな国においてより密接であるという仮説の合理性に対して疑問を投げかけている。

要約すれば、ヨーロッパ諸国における生活の質の主観的評価に関する解釈は複雑であるにもかかわらず、生活満足度や幸福のレベルは、経済的要因（特に所得）と最も密接に関係しており、安定した人間関係や、状態依存あるいは自己依存といった文化的世界観の構成要素とはあまり関係していないと言えるだろう。したがって、体制移行国においては、政治情勢の安定化と経済的・社会的状況の改善によって、今後の主観的ウェルビーイングの向上を予想できる。とはいえ、根本的でしばしば大きく異なる文化的要因は高い生活満足度と幸福に関係しており、その影響を過小評価することは賢明ではない。とりわけ西ヨーロッパや中央・東ヨーロッパの文化的統合への示唆のために、旧共産主義国家の体制移行社会では、時代遅れの完全な状態依存指向を減らし、自己開発や自己実現に向けた主意主義的指向を発展させることが重要である。

KEY

・一般的に、貧しい国の人々の生活満足度は低い。しかし、経済的要因を研究するだけでは不充分である。
・強い国家指向は幸福度に負の影響を与えるが、強い個人指向は生活満足度に正の影響を与える。
・主意主義者は宿命論者より幸福なようだ。

イングリダ・ゲシエン Ingrida Geciene
ヴィリニュス（リトアニア）にある社会革新研究所のディレクターであり、ヴィリニュス大学コミュニケーション学部の講師でもある。体制移行国における若者、移民、変化するアイデンティティーの研究をリードしている。

061 ハイタッチ

悪いことは起こるものだが、そればかりに目を向けると状況をいっそう悪くするだけである

デーヴィッド・ワトソン——アメリカ

ハイタッチ［訳注：英語でhigh-five］は、２人が同時に片手を上げて、互いの手のひらを押したり、滑らせたり、打ったりする、祝福のジェスチャーである。これは、理解、成功、満足と高揚感のシンボルである。デーヴィッド・ワトソンは生涯の研究を通して幸福のハイタッチを探している。

原則をハイライトしよう

幸福に関する私達の研究の多くは、個人の違いに着目する。つまり、私達は、一部の人にとって幸福は比較的簡単に訪れるものだが、その他の人にとっては大変な努力をしなければならないものであるという事実に関心を持ってきた。それにもかかわらず、いくつかの基本的原則に従えば、誰もが自身の幸福度を上げることができる。私はここで、私達の研究から明らかになった特に重要な5つの原則を取り上げる。容易には幸福が訪れない人々でさえも、これらの5つの原則から恩恵を受けられる。

1つ目の原則は、幸福が客観的な状態ではなく、人の内面的人生観を反映する主観的な精神状態だと認識すること。ネガティブな面に悩むより、できる限り人生の良い面、ポジティブな面に注目するのが最善である。過去の誤りをくよくよと考えること、屈辱や挫折を気に病むこと、将来に起こりうる悪いことを心配することに多くの時間を費やしていては、幸福になるのは非常に難しい。悪いことは起こるものだが、そればかりに目を向けると状況をいっそう悪くするだけである。

2つ目の原則は、嫉妬が幸福の大敵であること。バートランド・ラッセルは、「嫉妬心を取り除くことができれば幸福を手に入れることができるし、人から羨ましがられるだろう」と書いたことがある。他者と比較し始めたら、ほぼ確実に自分より他者の方が（大きな富や成功、財産、優れた能力など）何らかの形で優れていることに気づかされるだろう。他者と比較することに多くの時間を費やす人々は、幸福になることがとても困難なことだと思っている。他者が持っているもの（もしくはあなたが持っていないもの）より、むしろ自分が持っているものに注目すべきである。

3つ目の原則は、人間が社会的な生き物であり、他者とつながっていれば、より幸福になること。ほとんどの活動は、どんなに平凡であっても、他者が関わっていたら楽しくなる。古い関係を維持するために、あるいは新しい関係を築くために、たとえ特にその気にならなくても他者とともにいることがきわめて重要である。うつ病などの障害の最も恐ろしい側面の1つは、他者に背を向けて、社会から離れて孤立することである。これは、回りまわって長く続く苦悩のサイクルを作り出す。困難な時期にアドバイスや支援をもたらしてくれる安定した長期的な社会関係（例えば、友情や信頼し合った恋愛関係）は、特に重要である。良好な支援のネットワークを持っている人は、ストレスの影響にもはるかによく耐えることができる。人を助ける手段を見つけることは、自分自身と自分の人生に満足するための1つの良い方法である。

4つ目の原則は、人生に意味を与えてくれる目標、興味、価値観を持つことが重要であること。信念と宗教を通して意義を見つける人もいる。仕事やキャリア、あるいは趣味や他者との緊密な関係性を通して意義を見つける人もいる。この意義の具体的な源は重要ではない。実際、ある人にとって非常に意義深いことが、他の人にとってはほとんど無意味であるかもしれない。重要なのは、人生に目標を与え、毎日新しいエネルギーでその目標にアプローチさせてくれるものを見つけることである。多くの幸福の研究者が指摘する1つの興味深いパラドックスは、人が人生の多くの時間をお金、教育、成功といったものを追いかけるのに費やすが、それらは彼らの幸福にほとんど影響しないことである。しかしこれは、努力が時間の無駄だという意味ではない。目標を追いかけることも、人生に意義を与えてくれるのに役に立つ。

私達の研究は、5つ目の原則、つまり運動が人の内面的幸福感を向上させることの重要性も示している。人は運動すると気分が良くなる。運動する人の幸福度や生活満足度は全体的に高い。運動療法は、ウェルビーイングの向上や気分の落ち込みを減らすのに有効であることが証明されている。さらに重要なのは、効果を発揮するには長く、激しく運動しなくてもよいということである。実際、私達の研究とその他の研究は、簡単で適度な運動が気分、そして人生観の改善に極めて有効であることを示している。私は、15分から20分程度の散歩だけでリフレッシュすることができ元気になるとしばしば感じる。

KEY

・幸福は主観的な精神状態であると認識しよう。良いことに着目して、自身の嫉妬心をなくそう。
・人間は社会的な生き物である。他者とつながっていることによって、私達はより幸福になる。
・よく運動して、人生に意味を与えてくれる目標や興味、価値観を持つことが重要である。

デーヴィッド・ワトソン David Watson

心理学の教授であり、アイオワ大学（アメリカ）のパーソナリティおよび社会心理学トレーニングプログラムの責任者である。１９８２年にミネソタ大学から「パーソナリティ研究およびその評価」の博士号を取得。人格、健康、臨床心理学について広い研究関心を持っており、この分野のトップジャーナルで多くの論文を公表している。多くの定期刊行物の編集委員を務め、『Journal of Abnormal Psychology（異常心理学）』誌の副編集長である。

062

世界一周

ケニアのひとり当たりの国民総生産（GNP）はアメリカのそれの1％だが、ケニア人はアメリカ人と同じぐらい健康だと感じている

キャロル・グラハム——アメリカ

近年、キャロル・グラハムは世界各国の幸福について研究している。チリからウズベキスタンまで、そしてアメリカからアフガニスタンまで、非常に貧しい国も非常に豊かな国も含めた、あらゆる異なる文化の国々が対象である。「私の研究結果の中で最も注目すべきなのは、大きく異なる国で幸福の基本的決定要因が非常に似ていることである」。

幸運や不運に適応する物語

環境を問わず、人類の幸福の決定要因には強い類似性があるようだ。幸福と年齢との間には、一貫した関係性がある。それはU字型の関係性で、多くの国では40歳半ばが底値になる。もう1つの強力で一貫した関係性は、幸福と健康との間にある。健康な人は幸福であり、そして幸福な人は健康である可能性が高い。雇用形態も重要である。実際には、私や他の人が幸福について研究をしたあらゆる地域で、失業者は就業者より不幸である。例えばアフガニスタンのように、雇用と失業の

間の関係がはっきりしない例もあるが、そうした例外はきわめて少ない。既婚者は、アメリカ、ヨーロッパ、ラテンアメリカ、中央アジアを含む多くの地域で一般的により幸福である。この結論は、ロシアとアフガニスタンに当てはまらないが、これらの地域では、男女間の権利が不均衡であることが理由だろう。

当然のことながら、これまでの経済学者による幸福に関する議論で支配的だったのは、幸福と所得の関係である。世界各国にまたがる私の研究は、金は個人の幸福に重要だが、それもある程度まででであるという、多くの学者がすでに達している結論を支持する。どの地域においても豊かな人は貧しい人より幸福だが、ある段階以降は、絶対的所得水準よりも所得の相対的な違いなどの他の要素が（それ以上にとはいかなくとも）同じくらい重要となり始める。私の研究は、相対的な所得の違いへの懸念（または、口語的に言えば、近所の人に負けないように見栄を張ること）が、ラテンアメリカの非常に貧しい国々や中国からの移民のような低所得層に存在することを示している。

幸福の基本的な関連要因が世界中で一貫している理由の1つに、幸福に関する質問に決まった解答がないことが挙げられる。幸福の定義は回答者に委ねられる。カブールの人々には彼らの幸福の定義があり、ニューヨークの人々には彼らの幸福の定義がある。このことは、さまざまな国や文化の幸福度の比較を可能にし、それゆえ幸福度調査はウェルビーイングに影響を与える他の要因を検討する上での強力な研究手法となる。ウェルビーイングに影響を与える他の要因には、制度的取り決めの効果あるいは犯罪、腐敗、汚染といった現象が含まれる。

しかし、幸福の絶対的定義の欠如は、研究結果がある程度相対的なものであることを意味する。人間は、良い環境にも悪い環境にも驚くほどよく適応する。したがって、不健康、犯罪や汚職に慣れている人がこうした課題にさらされても、健康水準と治安水準の高い人に比べると、不幸と答える可能性が低いだろう。例えばケニア人は、医療条件がアメリカに比べ1桁も悪いが、健康状態の満足度はアメリカの回答者と同じ水準である。また、自由は、民主主義が機能していない地域に比べ、より自由がある地域に暮らす人々の幸福にとって重要な要素である。人々は上向きにも下向きにも適応するものである。例えば、多くの自由と所得に慣れた人は、それら公共財や私的財をあまり持っていない人と比べると、同じ水準の幸福度に達成するためにはさらに多くの自由と所得を必要とする。

人間の適応力は、アフガニスタンのような極端な逆境に直面しても、個人の心理的福祉を保持する正の力であることに疑いはない。アフガニスタンの平均的幸福度は、生活の質のほとんどの客観的条件が非常に悪いにもかかわらず世界平均を上回っており、ラテンアメリカ諸国のそれと肩を並べる。世界の多くの地域と異なり、アフガニスタンの回答者は犯罪や汚職に直面しても、これらの現象に慣れているために不幸と感じない。このことは、逆境への適応力が、とても低い健康水準、治安、行政に対して集団的な耐性をもたらすことを示唆する。このことは、グローバル化の情報社会に共存しているにもかかわらず、なぜ一部の社会が低いレベルで均衡状態に陥り、他の社会は桁違いの高い生活水準にあるのかの説明に役立つかもしれない。

この世界規模の適応の話は、幸福を理解することがいかに、人類の発展という難問に関する洞察をもたらすかを示す1つの例である。それと同時に、アフガニスタンの人々はカナダやチリよりかなり劣った健康、治安、自由の水準に価することを認めようとしない限り、研究結果を公共政策に直接的に応用することは明らかに困難である。

なぜアフガンの人々は微笑んでいるのか

「アフガニスタンでは30年以上にわたり、ほぼ絶え間なく戦争状態が続いてきた。国が何度も侵略され、ひどく破壊されてきた。しかし、私達の最近の研究は、国際的な基準と比較しても、アフガニスタン人が驚くほど幸福であることを示している。私達の調査では、81%のアフガニスタン人がその前日に微笑んでいたと答えた。前日に微笑んでいたかどうかというのは、人間が持つ本来の幸福感を測る上で一般的に用いられる指標である。昨日微笑んだアフガニスタン人は、その前日も微笑んでいた可能性が高い。私達はカブールの研究者と協力して、アフガニスタンの8つの地域で調査を行った。概して高次の幸福度を私達は発見した。なぜ多くのアフガニスタン人が微笑んでいるのか、その理由は興味深いものであった。犯罪や腐敗への適応が鍵のようである。2000人の回答者のうち——女性はわずか11%であった。これは暴力への恐れからよく知らない男性と話すことを避けているからである——、25%は過去12ヵ月の間に汚職の被害を受けており、11%が犯罪の被害者であった。しかし、近所を安心して歩くことができないという被害者でも、平均的な回答者に劣らない程度で幸福であるという。このことは、被害者になることや近所に恐怖感を抱くことは不幸につながるものと考えている世界の他の多くの地域とはかなりかけ離れている。犯罪や腐敗が普通のことになってしまっているので、こうした現象がウェルビーイングに対して通常と異なった影響をもたらしているのだ。逆境に適応する能力を持つことは、個人的な観点から考えると望ましいが、社会的観点からすると、犯罪や腐敗の蔓延に直面しても無頓着になりかねない。」

キャロル・グラハム、『ワシントン・ポスト』より

KEY

・人類の幸福の決定要因には、環境を問わず強い類似性があるようだ。
・人間は良い環境にも悪い環境にもよく適応する。
・逆境への適応力は、低い健康水準、治安、行政に対する集団的な耐性をもたらす。

キャロル・グラハム　Carol Graham
メリーランド大学のブルッキングス研究所の上級研究員。貧困、不平等、公衆衛生とウェルビーイングの新しい指標の開発に焦点を当てて研究を進めている。最新の著書は、『Happiness Around the World：The Paradox of Happy Peasants and Miserable Millionaires（世界の幸福：幸せな田舎の人と不幸な百万長者）』がある。ブルッキングス研究所は、非営利の公共政策研究機関であり、堅牢で透明性があり、安全で繁栄に満ちた協力的な国際システムの構築に向けて、独創的かつ現実的な政策提言を提供するために、質の高い独立した研究を行っている。一貫して最も影響力があり、最も引用され、信頼されているシンクタンクの1つとしてランクされている。

063 幸福の筋肉を鍛える

幸福度を向上させるために私達ができることは多い

ミリアム・アクター――イギリス

成功するアスリートは、負けることではなく、勝つことに集中しなければならないことを知っている。もっと幸福になりたい人々がなぜ不幸に注目するのか。イギリスのポジティブ心理学の第一人者のひとりであるミリアム・アクターは、幸福の筋肉を鍛える12ステップのトレーニングプランを開発した。

心、身体と精神

ポジティブ心理学者としての仕事を通して私が知った最も重要なことは、幸福であれば実際に「心に描いているものを得る」ということである。幸福は筋肉のように育てることができ、力を注げば成長する。幸福の約40%は自発的にコントロールすることができる。つまり、働きかける余地が大きいと言える。これは、幸福度を向上させるためにできることが多いことを意味する。例えば、良い経験を味わうこと、感謝の気持ちを表したり、人生の良いことに感謝したり（私見では、グラスの半分が空の状態ではなく半分が満たされている状態と考えることが鍵となる）、愛する人との時間を優先すること（良い人間関係や活発な社会生活は最も幸福な人々の特徴である）、自分の長所を発揮する新しい方法を見つけて楽観主義を実践すること（うつ病に対する心理的な自然な自己防衛）といった活動が挙げられる。

幸福とは、心だけでなく身体や精神にも関わる包括的な探求である。食べ物は気持ちに影響を及ぼし、そのことが身体的な活動に影響する。もしあなたが落ち込んでいて、認知行動療法の手法を使って幸福の筋肉を育てる気にならないなら、散歩やダンスのような身体を動かすことをしよう。これによりエンドルフィンが放出され、ややこしい精神作業をせずとも自然に気分が向上するだろう。精神性も重要である（人生の意義や目標の感覚、自分以外のことに集中させる何か大きなものとつながりを持つこと）。瞑想に関する驚くべき研究がある。例えば、気づきの瞑想を定期的に行うことによって左前頭前皮質（脳内の肯定的感情をつかさどる領域）が鍛えられることがわかっている。したがって、瞑想するほど、肯定的な感情を持つ力が育てられる。

私はクライアントへの指導を通して、彼らがより大きな幸福を求めているにもかかわらず、まさに彼らが望んでいないものである不幸にしばしば目を向けることを見出した。そのため、彼らが自身のウェルビーイングを危険にさらすことを話し始めた時には、そのことではなく本当にほしいものに集中するように私は言っている。彼らがストレスのもとにひどく固執しているならば、私達はリラクゼーションなど彼らのほしいものに集中させ、そしてその目標を確実に実現できる方法を検討する。人は心を注いでいるものを得るのである。

私の研究成果は、幸福を育てる12ステップのトレーニングプランである。感謝の気持ちを表すこと、自分の長所を発揮すること、人生の目標を持つこと、自分の力を見出すこと、運動すること、健康的な食生活をすること、楽観主義を学ぶこと、立ち直る能力を身につけること、関係を改善すること、精神的幸福を得ること、休息して気分を切り換えること、楽しみのもとを持つこと。こうした誰にでもできることを実践することによって、より大きな幸福が育まれる。私達の目標は何か。それは、あなたの個人的な幸福度を向上させるとともに、より多くの幸福をこの惑星に育むために人々と手を組むことである。

KEY

・幸福は筋肉のように育てることができる。力を注げば成長する。
・幸福とは、心だけでなく身体や精神にも関わる包括的な探求である。
・12ステップのトレーニングプランの実践により、幸福の筋肉を成長させることができる。

ミリアム・アクター Miriam Akhtar

ブリストル（イギリス）のポジティブ心理学者、コーチ、トレーナー、作家であり、幸福な生活の実践についての専門家である。応用ポジティブ心理学の修士学位を持ち、ヨーロッパの認証ポジティブ心理士の第一世代のひとりであり、国際ポジティブ心理学会の会員でもある。

064

ショックの後

喜びも痛みも時間とともに消えていく

カーチャ・ウグラノワ――ロシア

私達の生活上の重要な出来事――結婚、子どもの誕生、離婚、配偶者の死、障害、生活水準の向上など――は私達の幸福度に強く影響を及ぼす。しかし、心理的ウェルビーイングに関わるこれらの衝撃的な出来事の影響は一時的なものなのか、それとも永続的なものなのだろうか。カーチャ・ウグラノワは、幸福に代わる価値のあるものは習慣であることを発見した。

しかし娘に一言の相談もなく
彼女は挙式に連れて行かれた。
妻の嘆きを紛らすために
思慮深い夫はすぐに
自分の村に旅立った。
見も知らぬ人々に囲まれて
初め彼女は身悶えて泣き、

離婚沙汰にもなりかねなかった。
それからは家事に打ち込み、
慣れるにつれて満ち足りた気持ちになった。
習慣は天からわれらに与えられ、
幸福の代用となるものだ。
＊プーシキン『エヴゲーニイ・オネーギン』

習慣——幸福に代わる価値のあるものか

『エヴゲーニイ・オネーギン』のヒロインにとって、愛のない結婚生活に慣れるという難しい課題は、「ヘドニック適応」のおかげで解決された。これは、順境や逆境がもたらす感情的反応は時間の経過とともに弱まるという重要な心理的メカニズムのことである。潜在的に被害をもたらす出来事（例えば、失恋、失業）に対処する時には適応することによって安らぎが得られるものだが、その一方で、良い出来事による喜び（例えば、給料の増加、より大きな住宅を購入、または結婚）は月日の経過とともに徐々に消えていく。ヘドニック適応はいくつかの重要な機能をもつ。第一に、永続性のある強い感情状態（特にネガティブなもの）は、有害な心理的結果をもたらす可能性がある。第二に、新しい体験は新しい情報を提供するために、古い体験を上書きするという重要な機能を持つ。こうした新しい情報は私達の行動を導き出す手立てとなり、結果として私たちはより効率的に機能できるようになる。

人々は何にでも適応するのか。その答えはイエスである。私達の適応力の潜在性は驚くべきものである。いわゆる「ヘドニック・トレッドミルモデル」では、人にはそれぞれ遺伝子や幼少期の経験によって決定される幸福度の安定水準というものがあり、こうした水準は人生の中での出来事によって変化しないと仮定する。職場で昇進したら幸福感が増すことがあるが、しばらくしたらその効果は薄れる。これまでの研究によれば、概して、結婚、離婚、出産、所得の増加、未亡人生活に人々は驚くほど速く適応することが示されている。これらの研究は、さまざまな出来事、活動や成果に由来する満足感を私達が常に過大評価していることを示しており、幸福の源に関する私達の根強い考え方に疑問を投げかけている。

このことは、より良い住宅に引っ越したり、最適なパートナーを見つけたり、より良い仕事に就くための努力の全てが無駄であることを意味するのだろうか。その答えはノーであり、適応は鉄則ではない。適応の速さとその道筋は、出来事、性格、物事の前後関係といったいくつかの側面によって異なる。第一に、適応のパターンは出来事によって変わる。例えば、離婚への適応は、失業のそれより速くて完結的なようだ。もちろん永遠に適応できない経験もある。身体に障害のある状態に慣れるということはありえない。騒音のような状況には、時間の経過とともに反応がより顕著になることもある。しかし、友人と会うこと、趣味、大好きな歌といった**絶えず喜びを与えてくれるも**

のもあるのだ。ここで、私の個人的な例を挙げてみよう。私は猫にアレルギーがあるが好きでたまらないので常に猫と暮らしている。幸運なことに、アレルギーとの共生に慣れることができる一方で、ペットを飼うことから得られるポジティブな感情は永遠に消えない。やりがいのある活動を見つけてそれを続けることは、確かに幸福への重要な道であると言える。

第二に、性格は、人がいかに速く適応するかの非常に重要な予測因子である。パートナーの死後、すぐに立ち直る人もいるが、しばらくの間苦しんだ後に徐々に通常の状態に戻る人もいる。その一方で、慢性的うつ病に陥って永遠に立ち直れない人もいる。性格はさまざまな形で「作用する」。性格は私達の対処法の選択に影響する。神経質な人（精神的に不安定で、ネガティブな感情状態に支配される人）は、拒否などの非効果的な対処方法を選ぶ傾向があるが、外向的な人は社会的支援といったより効果的な方法を選ぶ。性格は、グラスの半分が空であると見るか、半分が満たされていると見るかという考え方を決定づけるものでもある。神経質な人はネガティブなことに注目し、外向的な人はポジティブな経験を重視する。その結果、幸福度は神経質な人ほど低くなり、外向的な人ほど高まる。さらに、性格は特定の出来事が発生する確率に影響する。例えば、**幸福で楽観的な人は、**憂うつで悲観的な人より**「結婚市場」でより人気であり、**そして離婚を経験した人は結婚する以前から不幸だったという傾向がある。

最後に、社会経済的、文化的背景の特徴は一定の役割を果たしているのだが、これらの違いに焦点を当てた比較分析はこれまでほとんど行われてこなかった。このような状況ではあるが、人生の大きな出来事への適応性に関するドイツとロシアにおける比較分析は、興味深い発見をもたらした。ドイツ人の男性は結婚後のわずか2年間で「通常の」幸福度に戻るが、ロシア人の男性はより遅いペースで適応するようであり、幸福度に関して言えば、とりわけ結婚生活の初めの段階においては、結婚からより多くの利益を受けている。このことは、同じ人生経験でも背景が異なると、それに応じて反応も異なることの好例である。

要約すると、ヘドニック適応は人間の心理的機能に関する不変の法則ではなく、人はかつて考えられたように「個人的に」決められた幸福度の設定点にとどまることはない。私達は適応力を深く理解するほど柔軟になる。人生で経験することに対する人々の反応は、少なくともある程度は、彼らが暮らす社会や彼らが自由に使える個人的資質によって決定づけられるようである。しかし、なぜ人々が類似した出来事にそれほどまで異なる反応のパターンを示すかについては、まだよくわかっていない。(近い)将来の課題は、どのような個人的資質や環境特性が悲劇への対応に役立つのか、あるいはポジティブな出来事の影響を引き延ばすことができるのかを明らかにすることである。

---

*『完訳 エヴゲーニイ・オネーギン』、A・S・プーシキン著、小澤政雄訳、1996年、群像社

KEY

・概して、結婚、離婚、出産、所得の増加、未亡人生活に、人々は驚くほど速く適応する。
・適応は鉄則ではない。適応の速さとその道筋は、出来事、性格、物事の前後関係といったいくつかの側面によって異なる。
・ショックな出来事の後でも、やりがいのある活動を見つけてそれを続けることは、幸福への重要な道である。

カーチャ・ウグラノワ　Katja Uglanova
サンクトペテルブルク（ロシア）の国立大学経済高等学校で講師として勤めていた。研究領域は、生活上の大きな出来事への適応である。現在、ドイツのブレーメン国際社会科学大学院大学で博士号取得に向けて研究を進めている。

065

外面と内面の融合

自分自身の望みを超える目標はない

ホアキーナ・パロマール——メキシコ

太陽があなたに光を注いでいるのか、それともあなたが自分自身を光らせているのか。生まれた場所は、生まれつきの身体より大きな役割を果たしているのか。幸福は外から来るものなのか、それとも内から来るものなのか。ホアキーナ・パロマール教授はそのバランスを探している。

内面からか外面からか

外的要因とは、人が生まれ育ち成長する環境を指す。例えば国家の貧困や富、国から市民に提供される安全、表現や選択の自由、成長の機会、広く行き渡った社会公正、その他の多くのものがある。外的要因に着目した研究は、人々の人生における客観的な条件が幸福感に決定的な影響を与えることを示す十分な証拠を明らかにしている。そしてこのことは、人々が尊厳をもって生きる上で最も重要な物質的条件が欠如している場合と、国にガバナビリティの問題があったり深刻な社会的対立を抱えている場合に、特に当てはまる。

さまざまな国で実施された全国調査は、途上国より先進国で幸福度が高いことを示しており、所得と主観的ウェルビーイングとの間の相関指標を分析すると、所得水準が低いほど主観的ウェルビーイングに与える影響が大きいことを示す曲線の関係にあることを示唆している。強い影響力のあるその他の外的要因は、「人生の出来事」として言及できるもので、これが個人的経験の重要な流れを作り出している。事故のような出来事には強いランダム性があるが、それでも、こうした出来事への個人の対応——事後に彼らが何をできるかできないか——については、かなりの程度で彼らの個人的な資質に依存する。

個人の内的要因や資質は、環境条件や人生の出来事がきわめて不都合な時でさえ、多くの場合、主観的ウェルビーイングと幸福に決定的な影響を与える。知性、健康や気質といった変数は、特に注目すべきものである。個人の内的資質は、生まれつきのものと学習したものに分類することができるだろう。これらは、生活能力、レジリエンス（精神的回復力）あるいは個人的資質と呼ぶことができ、個人が経験する社会化のプロセスの中で発達するものである。高い生活能力や個人的資質を持つ人のほうがより幸福であることは、十分な数の研究により示されている。

心理学者、研究家としての私の経験は、仕事や家庭、社会においてより良く機能するための可能性を高めてくれる個人の資質が人にあることを示してきた。内的統制の所在、感情の識別力、感情調整力、達成に向けての動機づけ、そして問題にすぐに対処する力などである。もっと具体的に言えば、人々が感情を識別できるのなら、自分の行動の結果を、偶発的な出来事や運ではなく自身の態度に起因するものであると考えられるようになる。目標として設定したものを必死に達成しようという動機と粘り強さがある場合、途中で生じてくる問題を正面切って解決する場合、本当のことを話す場合、仕事、愛情と友情の世界で構築した人間関係の複雑なネットワークにおいて必要としているものをはっきり表明して支援を求める場合——このような状況において、人々は幸福になるか、あるいは高い主観的ウェルビーイングを持つ傾向がある。同じように、自身の仕事、努力と成果に自らが価値を見出す場合、彼らは他者と比較する傾向が低く、彼らのウェルビーイングは社会的な比較にあまり依存しなくなる。

逆に、何をほしいのかあるいはどのように感じているかを自らが気づいていない場合、生じている問題に気づいていないかその問題を隠している場合、自分の目標をはっきり示すことができない場合、これらの目標を達成するための犠牲を理解できないか払いたくない場合、目標が自分の手の届く範囲にないために失望している場合、不幸の原因を他者に求め非難する場合——このような状況においては、彼らは幸福でない可能性が高く、そして現状と近い将来の状況を変える条件をほとんど持っていない。

幸福か不幸かの状態は、人の全生涯の間に固定されたままではない。幸福度は生活状況の変化や人間が必ず経過するライフサイクルのさまざまな段階に敏感である。人は全生涯を通じて、意識的あるいは無意識的に、より高い幸福度のために行動を調整するという目的のもと、自分がしていることと達成したことを評価する。もちろん主観的ウェルビーイングを改善する上での困難は、それと関係する社会文化的特性など、個人の手の及ばない多くの要因によって説明されうる。個人の手の届く範囲にあることの中には改善されうるものがあるが、それにはかなりの時間と努力が必要である。自分自身の望みを超える目標はない。自分の最も深い願いは何かを自身に聞いてみよう――そしてそれらを実現に向けて努力しよう。

KEY

・個人の生活における外的、客観的な条件は、人々の幸福に決定的な影響を与える（例えば、お金、安全、自由、機会と平等）。
・個人の内的、主観的能力と資質は、人々の幸福に決定的な影響を与える（例えば、内的統制の所在、感情調整力、動機づけ、コーピング）。
・外的および内的条件の変化は、私達のウェルビーイングを変える可能性がある。それらの変化には、私達の手の届く範囲内にあるものもあるし、そうでないものもある。

ホアキーナ・パロマール Joaquina Palomar
イベロアメリカーナ大学（メキシコ）のフルタイムの教授。メキシコ国立自治大学で心理学の修士および博士号を取得。メキシコ国立研究者システム（ＳＮＩ）のメンバーであり、国内外のジャーナルで価値観、家族、貧困と生活の質の分野の論文を公表している。

066

4つの質問

年を取るほど、私達は自身の感情をよりよくコントロールできる

レイナルド・アラルコン――ペルー

聴衆は「幸福の心理学」という講義を熱中して静かに聞いている。さあ質問の時間だ。毎回同じ4つの質問が挙げられることを、レイナルド・アラルコン教授は知っている。その答えを見てみよう。

年齢、結婚と個性

人々を幸福にするものは何か。リマのさまざまな年齢層のグループの間では、以下の回答を以下の順番で得た。健康であること、神と良好な関係を保っていること、そして良い家庭を持っていること。しかし私は、性別、年齢と婚姻状態によってこの3つの「もの」が変わることに気づいた。例えば、20代の若い大学生にとって最も重要な目標は仕事上の成功であるが、60代のグループは良い家庭を持ち神と良好な関係を保っていることであるという（前述した）願望を述べた。ある人を幸福にする「もの」が必ずしも他の人を幸福にするとは限らないことは、紛れもない事実である。幸福は非常に個人的なものである。

年齢の影響とは何か。しばしば、年配の人は若い人より幸福ではないと見なされる。老後の健康状態の低下、パートナーの喪失によって孤独になること、友だちや親戚を徐々に失うこと、その他加齢に伴って生じる問題など、この仮説を支持するいくつかの事実がある。しかし、年齢と幸福に関する研究は、60代と70代の人がより幸福であることをしばしば示している。その理由の一部は、感情をよりうまくコントロールできる能力を彼らが持っていることと関係している。彼らは、ポジティブな出来事とネガティブな出来事の両方のコントロールの仕方を学びとっている。宝くじに当たったと言われても過剰に興奮しないし、悪い知らせの場合はなおさらだ。彼らは、主に認知的思考を通してこの感情的な刺激を処理する。

しかし、この事実は、自分の家または家族とともに暮らす高齢者にしか当てはまらない。その一方で、介護施設に暮らす高齢者には抑うつ症状、孤独、神経過敏な性格などがしばしば見られ、これらが彼らを不幸に導いている。

婚姻状態は人々の幸福に影響するのか。私達の研究は、既婚者は独身者より幸福であることを見出した。結婚した男性と女性との間では、幸福度に有意な差はない。男性、女性に限らず既婚者は、結婚生活を通じて感情に関わる出来事に満足していると考えられるかもしれない。夫婦の感情的バランスと相互の満足感が婚姻の安定性に貢献することがわかっている。

その反面、婚姻生活におけるネガティブな体験と自己中心的な行動は、危機へ導く要因として作用する。結婚生活において不幸な男性と女性は、神経症的傾向、権威主義、攻撃的行動など、共通の精神的変化に苦しむことを一部の研究者は認めている。

人を幸福にする個性とは何か。私達は幸福を明らかに促進するいくつかの心理的要因（例えば外向性）があることを見出した。外向的な人が内向的な人より高い幸福度を得ることは確かである。自分の人生、ありのままの自分と自分の成し遂げたことに満足を感じることは、生活満足度の重要な要因である。この判断は自己評価をして得られるものであり、このポジティブな自己評価を踏まえて人々は自分自身を「価値のある存在」と考える。つまり、人生に立ち向かって将来の行動を決める能力と資質があると確信するのである。幸福感と自尊心の間には非常に密接な関係があるが、自分の個人的資質に対する自己陶酔や自画自賛につながらないようにするべきである。最後に、「肯定的な感情の頻度」が個人的な幸福の状態に貢献することも、すでにわかっている。このことは、日常の関係の中でその人の価値に報いたり、それを認めたりする行為やコメントにより幸福になることを意味する。私達は認められることを渇望している。肯定的な感情は穏やかな感情であり、それは私達の幸福度を増してくれるが、より激しい感情体験は幸福には不都合である。古代ギリシアの哲学者は、感覚的な喜びが幸福を作り出さないことをすでに知っていた。それどころか、感覚的な喜びは幸福な生活のバランスを崩してしまう傾向がある。そしてこのことは、若者か老人か、男性か女性か、既婚者か独身かにかかわらない、大いなる真理なのである。

KEY

・年を取ることで不幸にはならない。感情をよりうまくコントロールできるようになる。
・一般に、結婚した男性と女性はより高い幸福度を示す。
・重要な個性は、外向性、自尊心、そして肯定的感情をやりとりできることである。

レイナルド・アラルコン Reinald Alarcón

リマ（ペルー）の国立サン・マルコス大学の名誉教授であり、心理学と哲学博士である。実証研究と理論研究を含む8冊の本と173本の心理学の論文を公表している。リカルド・パルマ大学の名誉教授、環アメリカ心理学会とアメリカ心理学会のメンバーでもある。2000年以降、ポジティブ心理学分野の研究に力を注ぎ、多くの研究論文や学会講演の業績がある。最新の著書は、『Psychology of Happiness（幸福の心理学）』。

067

自分の物語

幸福は、良い物語を描いてその中にあなたの生き方を加えていくことによって見つかる

ジョナサン・アドラー——アメリカ

世界とはひとつの舞台のようなもの
そこでは男達も女達も役者にすぎない
それぞれに割り当てられた役柄を演じているだけ……
ウィリアム・シェイクスピア

シェイクスピアがこのたとえを創作したわけではなかった。16世紀には、すでに一般的に使われており、そのことに観衆が気づくことをシェイクスピアは期待していたのだろう。ニューヨークで2001年9月11日に起こった同時多発テロの後、ジョナサン・アドラーが人々に話をしていた時もそうだ。私達は誰もが自分自身の物語の主人公であり、語り手でもある。フィクションを作り上げることは真の幸福への秘訣でもある。逆境の直後ではなおさらだ。

最も重要なフィクション

悪いことは誰にでも起こる。誰の人生にも予期せぬことや不快なことが散りばめられている。こうした出来事は、そのことに私達が意義を見つけ出すことを要求しており、起こったことを踏まえてどのように私達が人生に意義を見出し続けられるかということについて疑問を持たせてくれる。本質的には、予期せぬ逆境が自身の人生を修正する勇気を私達に与えてくれる。

広義に「人生のナラティブ研究」と呼ばれている、数を増しつつある学際的研究は、絶えず進化する自分の人生の物語を私達一人一人が持っていることを示唆している。こうした物語は、自己意識を時間をかけて調整するのを助け、これまでの自分、現在の自分と将来の自分をつなげてくれる。現代生活の多くが分裂して区分されている一方で、物語はそれらを統合してくれる。物語は人生に目的意識を与えてくれるし、「なぜ」という最大の難問にも答えてくれる。悪い出来事は、私達が語ってきた物語に試練を与える。そのような悪い出来事は、話の筋を揺るがし、すでに作り上げた全ての章の意味に疑問を投じることとさえありうる。人生で起きる困難をとても嫌なものと感じる主な理由の1つは、それが物語の不確実性をもたらし、安心感をもたらす統一性と目標を奪ってしまうからだ。しかし、まさにこの理由のために、直面する試練によって自分の物語の殻を破り、主人公と語り手の役割が代わることもある。

人生のターニングポイントに関する語りを通して、それに対する人々の対応の仕方を私は研究した。私は、人々が逆境に直面して幸福に向けて努力する時の語りに特に興味がある。わかったことは、精神的ウェルビーイングに関しては、全ての物語が平等に作られるわけではないということである。物語の語り方は、その人がいかに幸福かを反映することがわかった。

人生の語りが幸福と関係することとの最も説得力のある事例の1つは、主人公の描写のされ方である。あなたは自分自身の人生の物語の主人公であり、そして自分の性格がとても重要であることがわかる。具体的には、運命の気まぐれに完全に無力でいるのか、それとは対照的に状況をコントロールするかのように描かれるかが重要なのである。困難に立ち向かうことについての物語では、このテーマ――「行為主体性」と呼ばれる――は、性格特性のような幸福を説明する可能性のある他の特性以上に、人がどれほど幸福かを説明する。私は研究において、困難に対処するために心理療法士に助けを求める人に、カウンセリングを始める前と、各セッションの後に同じ物語を語るように求めたことがある。これらの物語における主人公の描写は、カウンセリングの度に、行為主体性の話題をますます含む方向に変わっていくことがわかった。もっと興味深いのは、彼らが幸福感を表明するようになる前に彼らの物語に変化が起きていたことである。このことは、人生の難題を経験した後でも、良い物語を作り上げてその中に自身の生き方を位置づけることによって幸福を見つけられることを示唆している。

私達が自分の人生について作り上げる物語は、ただの物語にすぎない。私達は、記憶、特に非常に感情的な出来事に関する記憶が、実際にあったことの正確な記録ではないことを知っている。しかしウェルビーイングに関しては、物語の不完全性がそれらを無力にすることはない。実際に、物語を語ることで日々の暮らしに意味と目的が吹き込まれる。私が人それぞれの人生の物語を「最も重要なフィクション」と考えるのはこのためである。自分の物語を有意義で幸福な人生への鍵の1つと見なすことは、驚くほど力を引き出す洞察である。生活環境を問わず、自分の人生について語る物語は順応性があり、自分でコントロールできるのだ。

KEY

・悪いことが起こった時でも、そのことから一歩離れて、人生の物語を修正する機会が訪れたのだと考えることを忘れないでほしい。
・人生の物語において主人公と語り手の役割の両方を自分が持っていることに気づくことは、人生物語の筋書き――自分の生き方――を描く上で役立つ。
・時に物語を変更することによって幸福度に変化をもたらすことができるので、物語を修正してその中で生きていく方法を見つけよう。

ジョナサン・アドラー Jonathan Adler
マサチューセッツ州(アメリカ)のニーダムにあるF・W・オーリン工科大学の心理学の助教授。アイデンティティの発達と幸福を促す試練への対応プロセスに着目した研究を行っており、心理療法を受けた人々の語り、そしてアメリカ人の9・11同時多発テロに関する語りについての論文を発表している。研究が、ニューヨークタイムズや『Elle』誌に取り上げられたこともある。

068

既婚か未婚か

人々は主に他者の愛情や意見から幸福感を得る

レオナルド・ケーガン――アメリカ

アンサーバグ［訳注：インターネット上の質問掲示板］に、「独身の方が良いか、それとも結婚した方が良いか」という質問が寄せられた。それに対する最初の回答は「どちらでもない」だった。レオナルド・ケーガン教授は、既婚者と独身者を対象とした研究を22年間以上にわたって推進してきた。彼はより良い答えを提示できるのだろうか。

ノアの方舟に独りでいる

独身の人には、負う責任が少ないと考えられているために、結婚した人より幸福であるという固定観念が持たれている。この考え方が根拠のない社会的通念なのか現実なのかを判断するには、幸福にはどのような要因が重要かを知ることがまず必要だ。結婚した人にとって最も重要な幸福の要因は結婚生活、愛情、子どもである一方、独身の人にとって最も重要なのは友人と個人の成長である。このように、幸福の重要な要因についての既婚者と独身者との間の最も大きな違いは、結婚生活と子どもが果たす役割である。独身者は幸福の要因として結婚を低くランク付けするにもかかわらず、彼らは口をそろえて将来には結婚するだろうと矛盾した奇妙な回答をする。同様に、私達の研究は、独身者の幸福にとって子どもの重要性が増していることも示している。これは、一人親の養子縁組や出生の大幅な増加も説明するだろう。

幸福に関する固定観念に話に戻すと、誰が自分の現状に最も満足していると自慢する権利を持っているかという疑問に、ここで答えることができる。上記の研究結果は、人々が主に他者から幸福感を得ていることを示す。私達の幸福感に最も影響するのは、他者からの愛情や意見である。

そういうわけで、既婚と独身の両方の立場のほとんどの人が幸福だと主張するにもかかわらず、独身と幸福に関する固定観念が根拠のない説であることは驚くことではない。国の調査も私達自身の研究も、既婚者が独身者より幸福であることを一貫して示している。

幸福に関する最後の疑問は、既婚者には初婚者と再婚者が含まれ、独身者には未婚者と離婚者が含まれるため、既婚か独身かの状態の違いや性別に幸福が影響されるかどうかということである。同様に、4つのグループの全ては性別で分けることができる。既婚者における幸福度の順位は、わずかな違いだが、初婚の女性、初婚の男性、再婚の男性、そして再婚の女性という順である。したがって、初婚は再婚より多くの幸福感をもたらすようだ。また、わずかの違いであるが、独身者における幸福度の順位は、離婚した男性、未婚の女性、未婚の男性、そして離婚した女性である。離婚した男性の生活と比べると、離婚した女性のそれは幸福ではないようだ。幸福感に関するこの分析結果は、全ての状態を考慮した最終的な分析を可能にする。ここでもわずかの違いであり、最も幸福なのは、既婚女性、既婚男性の順で、独身男性と独身女性がともに最下位に置かれる。

あなたには自分の信念があるし、婚姻状態がきっとあなたの意見に影響を及ぼすので、これらの結果の背後にある理由は読者の想像力に残すことが賢明であろう。

KEY

・既婚者にとって最も重要な幸福の要因は、結婚生活、愛情、子どもである。独身者にとって最も重要なのは、友人と個人の成長である。
・既婚者は独身者より幸福だ。初婚は再婚よりも多くの幸福をもたらすようだ。
・離婚した男性は、離婚した女性よりうまくやっている。

レオナルド・ケーガン Leonard Cargan
オハイオ州（アメリカ）のデイトンに位置するライト州立大学名誉教授。社会学、独身、結婚と家族に関する多数の論文と著書を出版している。独身者のためのプログラムも創立した。最新の著書は、『Being Single on Noah's Ark（ノアの方船で独身）』。

069

最後の3つ

幸福な人は呼吸する余地を必要としている

ソ・M・ユングク——韓国

「私は20年近く幸福を科学的に研究してきた。キャリアを通して、私は考えうるあらゆる角度から幸福について読んで、考えて、そして研究してきたに違いない」と、ソ・M・ユングク教授は書く。「私の専門から、よくこのような質問が聞かれる。『それで、結局のところ、あなたが選んだ幸福の最も重要な決定要因とは何ですか。』恥ずかしいが、私はこの質問を避けようとしている（これは難しい質問だ！）。しかし、この本のために、私は最終的に答えを出した」。

重要な決定要因

研究は、何らかの形で幸福と関係する要因の、終わりのないリストを提供している（例えば、犬を飼うこと）。しかし、こうした関係の大半は、どちらかといえば取るに足らないものであるか、実際には隠れた理由によって引き起こされたものである。私が提案しようとする3つの要因は、そうではない。仕事、宗教、所得、肌の色や年齢を問わず、これらの要因はそれぞれ幸福に多大な影響を与えている。

↓第一に、楽観的で陽気な気質は、おそらく人の幸福度を決定する最も強力な唯一の要因である。公平だと思うか否かにかかわらず、これは事実である。これを否定しようとすることは、砂に頭をつっこむダチョウのようなものだ。膨大な研究（双子の幸福度の比較も含む）がこの結論を支持している。幸福な人の客観的生活状況を不幸な人のそれと対比して驚くほど小さい違いを見出した研究がある。しかし、鍵となる違いは、幸福な人と不幸な人それぞれの人生への反応や解釈の仕方にあるようだ。これらの要因は、個性によって強固に形成される。もしあなたが「あまり幸福でない」遺伝子を持って生まれたと思っているならば、自分自身に対する苦い感情とより不幸な感情の悪循環から抜け出す努力をすべきだ。そのかわりに、自分のこの部分を認めて（青い目ではなく、褐色の目をしているという事実のように）、幸福な人の前向きで精力的なライフスタイルを真似してみよう。時にはこれがうまく機能する。

↓もう1つの信頼性のある発見は、幸福な人々には他の人よりとても豊かな社会生活があるということである。幸福な人の決まった行動は他者を求めることである。その一方でうつ状態の人は、ひとりでいたいという願望を強める。社会的な相互作用を通じて喜びを経験することのできない人の運命を想像しよう。そのような人々は、他者が自身の長期生存に果たす役割の重大性を考えれば、進化のプロセスからゆっくり取り除かれると考えられる。まさにこの理由で、幸福と社会的相互作用は最も原始的で、進化的な力によって連結されてきた。内向的な人でさえ、あなたの想像に反して、社会状況の中にいる時の方が幸福を感じる。要するに、人間関係は、幸福の決定要因に関するチェックリストのかなり上位にあるはずだ。しかし、適切な理由で社交的になっているかを注意深く確かめよう。本質的にやりがいがあって楽しくて有意義なのか、あるいは主にストレスと義務に染められているのか。

↓個人の自由に関する感覚は、幸福の決定要因についての私の最終候補である。私のリストにある3つの要因のうち、これがおそらく最もコントロールしやすい。私は必ずしも物理的な制約（例えば懲役）からの自由を言っているわけではなく、心に隠されている主観的自由度について話している。社会的・文化的生き物として、私達はしばしば他者にどのように評価されるかを過剰に意識するようになる。人気があり、そして他者から高い評価を受けることを唯一の目標とする人生は、心身共に疲れてむなしい。そのような人生では、いかなる形の個人的幸福も想像しがたい。実際には、過度な集団社会と階級社会（例えば日本）のメンバーが驚くほどの低い幸福度水準を報告している。人々は個人の自由を犠牲にして、社会の中の他者に過剰な注意を払うことを社会的に条件付けられている。幸福になるために、人が呼吸する余地、そして他者に決められた期待、ルールと基準を超える（時々の）機会が必要である。

私はこれらの3つの要因が十分なもので幸福を保証すると主張しているわけではない。しかし、あなたが自身の幸福を取り戻すか向上することを望んでいるならば、これがあなたの出発点であると私は提案したい。これらの要因が極めて重要であり、その他の全ては枝葉末節だ。

KEY

・最も強力な要因は、楽観的で陽気な気質である。それを持っていないなら、他者の真似しよう。
・豊かな社会生活を築こう――義務としてではなく、やりがいがあり有意義で楽しいものとして。
・他者に決められた期待、ルールと基準を超えることができるように、個人の自由と呼吸する余地を考えよう。

ソ・M・ユングク　Suh M. Eunkook

ソウル（韓国）、延世大学校の心理学の教授。イリノイ大学で幸福研究の世界的専門家であるエド・ディーナー博士の元で学び、博士学位を取得した。幸福、文化と自我に関して影響力のある科学論文を公表してきた。それらの論文は、2500回以上にわたって他の研究者に引用されてきた。『Culture and subjective Well-being（文化と主観的ウェルビーイング）』という本をエド・ディーナー博士とともに共同編集した。

070

進歩の原動力

すでに幸福になった多くの人は、退廃的な自己満足と停滞の生活を送っていない

ヤン・デルハイ——ドイツ

「現代の西洋社会は度々不幸と抑うつへの道として描かれる」と、ヤン・デルハイは言う。「しかし、このことは、社会調査から判明したことではない」。

近代性はその評判より良いものだ

社会学者としての私の主な関心は、生活環境がどのように人間の幸福に影響するかということである。確かに研究により、主観的ウェルビーイングがただ私達の生活環境、豊かさ、仕事の立派さを反映するだけのものではないことが度々明らかにされている。これらのものは、私達の性格、価値観と人生の目標、渇望そして隣人との比較というフィルターを通したものである。これは、何よりも多くの適応が起こっていることを意味する。大体において、人間は良い環境に（より簡単に）順応しやすく、そして悪い環境への適応には（比較的難しく）時間かかる。しかし、このようなフィルターや順応プロセスにもかかわらず、私達の生活に対する見方には生活環境が確実に影響を及ぼす。

一国内においては、客観的に豊かな人の方が貧しい人や恵まれない人より生活に満足していることを多くの研究が示している。社会的地位の最上位にいる人と最下位にいる人との間では満足度に隔たりがある。通説では幸福を買うことはできないという。それでも、世間の常識に反して、幸福には、少なくとも収入と富とに密接に関連する傾向があるのは確かである。とはいえ、「持てるもの」と「持たざるもの」との間の満足度の隔たりは、どこでも等しい大きさではない。実際には、この隔たりは貧しい社会より豊かな社会ではるかに小さい。

国家間では、幸福は良い生活環境として特徴づけられる場所において見つけられるという明確な傾向がある。平均して豊かで、自由で、良く統治されており、平等主義で、寛容で、そして資本豊富な国において、人々はより幸福である。デンマークやスイスのような国で幸福度の点数が最も高く、イラクやジンバブエで最も低いことは、少しも不思議なことではない。同じ条件でも、平均的な幸福感を向上させることもあるし、幸福感の不平等を導くこともある。これらの鍵となる研究成果から、私達は何を学ぶことができるだろうか。

第1に、生活満足度のような一般的に用いられる指標が国の状況について私達に何かを伝えてくれるのと同様に、「客観的」生活環境の良し悪しは、確実に私達の人生の主観的ウェルビーイングに影響する。このことは、これらの指標が政策決定者にとって重要であることを意味する。第2に、国際比較は、幸福度に寄与する条件に関して明確なイメージを示してくれる。こうした条件へ向かうことによって、国の幸福度水準を上げることができる。国内総生産の増大は、いかに犠牲を払ったからといって必ずしも目的を達成するものではないが、社会の全ての階層にトリクルダウンする広い意味での福利厚生を増大させることは、かなり効果的である。第3に、現代社会学的な分析における近代性批判という最近の流行りにもかかわらず、近代的条件は全体的な幸福度につながる最も可能性の高いものである。マクドナルド化という新しい「鉄の監獄」、モラルの低下や進行する没価値状態（アノミー現象）、柔軟で急速に変化する経済における個性の弱体化など、現代の西洋社会は度々不幸や抑うつへの道として描かれる。しかし、このことは、社会調査から判明したことではない。**発達した近代社会の大多数の人々は、幸福で生活に満足していると断言する。**これは、社会学的な分析が完全に偽りであることを証明しているわけではない。しかし、望むように生きたいという自主性や自由度の増大を含む、（他にも数多くある）近代という恩恵を過小評価している。これらの恩恵は、物質主義から脱物質主義への転換といった、豊かな社会で起こっている人類の価値観の著しい変貌と関係する。

　このことは、私達がずっと幸福に暮らせることを必然的に意味するのだろうか。そうとは限らない。**進歩は、それ自体を作り出すことができない**、人間の行動によって作り出されるはずだ。「幸福な」人はしばしば社会に対して最も批判的だからこそ、このプロセスに重要な役割を果たすに違いない。彼らは、進歩の真の意味に対して高い基準を持ち、そして人類の幸福につながると考えられている原則を（不幸な人よりもはるかに）支援する。したがってすでに幸福になった多くの人は、退廃的な自己満足と停滞の生活を送っていない。それどころか、「幸福な多くの人々」は実際にはさらなる進歩に向けての真の原動力となるであろう。

KEY

・「客観的」生活環境の良し悪しは、人生の主観的ウェルビーイングに確実に影響する。国際比較は、幸福度に寄与する条件に関する明確なイメージを示してくれる。
・発達した近代社会における人々の多くは、幸福であり生活に満足しているという。
・「幸福な多くの人々」は、さらなる進歩に向けての真の原動力であることが判明するだろう。

ヤン・デルハイ Jan Delhey

ブレーメン（ドイツ）のヤーコプス大学の社会学の教授。バンベルク、フローニンゲンとベルリンで社会学を学んだ。博士課程時の指導教官は、社会指標研究の主軸のひとりであるヴォルフガング・ツァプである。人類の幸福の国際比較、対人信頼感と社会変革などについて研究を行っている。個人的な幸福の主要な原動力は、妻のアンドレアと息子のニクラスである。

071

もろ刃のユーモア

90％以上の人、自身のユーモアのセンスが平均的であるかまたは平均以上であると考えている

ヴィリバルト・ルフ――スイス

「ユーモアはもろ刃の剣である。人々に恩恵をもたらすかもしれないが、傷つけることもある」と、ヴィリバルト・ルフは言う。彼は30年以上にわたってユーモアと笑いを研究してきた。約1万5000の人を対象とした最近のある研究プロジェクトは、総合的生活満足度に関してユーモアの特定の役割を初めて見出した。

ユーモアのセンスを向上させよう

嘲笑と皮肉は、人々に持続的で破壊的な影響を与える可能性がある。最近、私達が世界70ヵ国以上を対象に研究を行ったところ、世界中の人々のかなりの割合は、笑われることを恐れていることがわかった。彼らはおそらく、幼少期および青年期に笑いものになったかあるいは重要視されなかったという度重なるストレス経験によってもたらされたり強化されたりした恐怖、つまり笑われ恐怖症に悩まされている。文化にはしばしば私達を不快な気分にさせる現象を表す特定の言葉――例えば、皮肉、嫌味または嘲り――があるが、私達は、物事のおもしろい側面を見ること、真剣に

考えすぎないこと、冗談、はしゃぎ、娯楽、陽気、歓喜、歓楽、ナンセンス、ユーモアなどが人間にとって本質的に「良い」と仮定する。これらの言葉のうち、「ユーモアのセンス」は最も評価を受ける言葉のようだ。

人間の持っている特性の社会的好ましさを研究する研究者は、５００もの代替的オプションを含むリストの中から、しばしばユーモアが上位の特徴の1つに位置づけられることを明らかにしてきた。誰かのことをユーモアのセンスに欠けていると言うのは侮辱であり、研究によれば、ユーモアのセンスを表すことが、望ましいパートナーをひきつけたり望ましい仲間であるように見せるのに最も効果的な方法の1つであるという。90％以上の人が自身のユーモアのセンスが平均的であるかまたは平均以上であると考えていることを、研究は確かに示している。明らかに誰もがユーモアのセンスがほしいと考えている。しかし、それは何に役に立つだろうか。

私は長年にわたって、ユーモアの多様な側面について研究してきた。美的感覚、おもしろい状況を作り上げる能力、対処戦略、世界観、美徳、気質、支配的な雰囲気などとしてのユーモアについてである。私達は、**人々がおもしろいと思うものが彼らの本当の人格を示している**ことを見出した。ユーモアはあなたが逆境に対処することに役立つし、機知に富んだコメントのできる人々は他の分野でもしばしば創造力を発揮する。私達は度々、ユーモアが短時間だけれども人々のムードや全体的な気持ちに一定の影響を及ぼしたり、人々を楽しませたり、陽気な雰囲気を作り出したりするのを見てきた。ユーモアは爆笑をもたらすことがあり、それはしばしば楽しい気分または喜びの形で一時的な幸福を伴う。つまり、ユーモアは、ネガティブな効果（逆境への対処、恐怖の軽減）から私達を守り、ポジティブな効果（愉快、大喜び）を促す。十分に立証されていないのは、どのようなユーモアがネガティブな生物学的要因（例えば、ストレスホルモンのレベルを低下させること）を低減できて、そしてポジティブな生物学的要因（例えば、疼痛耐性を高めること）を強化できるかということである。

しかし、ユーモアは長期的な幸福に貢献するのだろうか。一時的な気分の高揚を提供してくれること以上のことをするのだろうか。そして、気分の低下を軽減するのに役立つのだろうか。約1万5000人を対象とした最近のある研究プロジェクトによって、私達はユーモアと総合的生活満足度との間の関係性を初めて評価することができた。興味深いことに、発達したユーモアのセンスを持つ人々は人生に満足しているという傾向を私達は見出した。ユーモアのセンスが高いほど、満足度が高い。しかし、相関関係は因果関係を証明するものではない。そこで私達は、ユーモアのセンスを磨くことができるかどうかを確認するための一連のテストを開発した――そしてその効果を測った。一般的に、ユーモアのセンスは不変的であると考えられており、そして実際にユーモアが遺伝性のものである可能性を示すいくつかの実証的根拠があるのだ。

それにもかかわらず、私達は100人以上の参加者というサンプルにおいて、構造化された8ステップのプログラムによりユーモアのセンスを大幅に増大することができた。このプログラムは、簡単なもの（日常生活の中でユーモアを見つけること、大人の中の子どもを再発見すること、言葉のユーモア）から難しいもの（自分自身を笑うこと、ストレス下でのユーモア）まで、一連の手順に沿ったステップから成り立っている。驚くべきことに、テストで参加者の総合的生活満足度が彼らのユーモアのセンスの向上とともに増加することが明らかになった。さらに、この効果は、後日のフォローアップテストの時にもなお存在していた。別の研究で私達は、ユーモアの日記をつけること――毎晩その日に起こった面白いことを書き留めるのに時間を割くこと――に、同様の効果があることを見出した。これらの結果は、**ユーモアのセンスは鍛えることができる、そして生活満足度に因果効果を及ぼす**こと（例えば、私達の人生をうまく送っているかの認知的評価）を示唆している。

言い換えると、ユーモアのスキルを養うことや、ユーモアの思い出を築くことは、私達の幸福に有益な効果がある。ユーモアは生活の中の喜びと関連している。ポジティブな効果の最大化とネガティブな効果の最小化に役立つ。より冷静な人生の見方をして、適正な角度から物事を見ることが有益である。モンティ・パイソンのグループが言うように「常に人生の明るい面を見よう。」哲学的なユーモアセンスを養ったら、何でもかんでもまじめに考えすぎることをしなくなり、人生の逆境によりうまく対処できるようになる。しかし、ユーモアは共有するものでもある。考えすぎている人を気楽にさせたり、あまりにも落ち込んでいる人を元気づけたりなど、他の人にあなたの助けが必要になることがある。さらに、他者を助けることは満足の源であるが、これはしばしばユーモアの助けを借りて達成される。要するに、自分自身、仲間、広くは社会の利益のために、ユーモアを養う必要があるのである。ユーモアには、破壊的である可能性と、より良い人生のために役立つ可能性の両方の側面がある。短期的および長期的な幸福に影響する。当然のことながら、ユーモアは19世紀では枢機卿の美徳だと考えられていた。しかし、単なる楽しみのレベルを超えて、人々の生活を向上させる要因の1つとしてユーモアの価値を理解し始めたのはつい最近のことなのである。

KEY

・私達のほとんどは、ユーモアのセンスをほしいと考えているが、笑われることを恐れている。
・ユーモアは、ネガティブな効果から私達を守る一方、ポジティブな効果を促す。
・ユーモアは鍛えられることができ、生活満足度に因果効果を及ぼす。

ヴィリバルト・ルフ Willbald Ruch
オーストリア生まれ。現在チューリッヒ大学心理学部の教授。30年前にユーモアと笑いについての研究を始め、最近ではポジティブ心理学の研究と応用に興味を持っている。

072

異なる人々

自信のあることはあなたの幸福に有益だが、傲慢であることは有益ではない

アンドレア・アヴセッチ——スロヴェニア

双子でさえ、異なる道をたどって幸福を見つけようとする。それなら、あなたとあなたの友人、あなたのパートナー、あなたの隣人あるいは同僚との間で、幸福への道が同じであるはずがない。「成功の度合が異なる幸福に関して友人達が同じ助言を口にするのを見たことから、私は幸福に関する私の研究の出発点は個人差であるべきだと認識した」と、アンドレア・アヴセッチは言う。「私に役立つ方法は、おそらくあなたには役に立たないことを私は知っている」。

異なるレシピ

私は幸福のためのさまざまなレシピがどんな人にも適しているとは思えない。例えば、あなたの人生計画を立てる最善の方法についての提案——リストを作成すること、先延ばししないこと、計画と目的を果たすことなど——は、すでに完璧主義者である人にはあまり役に立たない。家族、子ども、そして他の多くの人のために毎日身を捧げている女性にとって、ポジティブな対人関係が彼女の幸福にはきわめて重要であることは明らかであるが、真の幸福を経験するには、おそらくちょっとした快楽主義的な喜びといった、何か「特別な」ものが必要だろう。同じように、高い自尊心とナルシスト傾向のある自信過剰の人が、自分がどれほど立派な人であるかという肯定的な言葉を繰り返しながら鏡の前で運動しても、より大きな幸福を手に入れることにはつながらない。

これらの仮定に基づいて、私は、人格の素因とそれらが幸福な人々と不幸な人々に関して何を示唆するかを研究し始めた。そして、それらには言うべきことが多々あるという結論に達した。私はまず、人格が幸福、快活さ、充実感、満足感など決定づける度合いを知って失望した。外向的な人であれば、おそらく多くのポジティブな感情を経験する。その一方で、神経質な人であれば、不満足感と毎日付き合うことになるだろう。もちろん、私はこのやや単純化した結論に満足しなかった。

正直に言うと、私自身少し神経質であり、しばしば物事に不満を持っている。だから私は自分の傾向として、たいがいのことにおいて50%の確率で不幸になるという考え方をとうてい受け入れることはできなかった！　このようなパーセンテージの形で自分自身を知る努力をすることに価値があるのは明らかである。例えば、自分が刺激を脅威として認識したり、気にしすぎたりする傾向があることを知っていたら、これらの傾向を自覚して、特定の環境で違った判断をしようと努力することができる。

人は時に、生まれつきの資質を強化する幸福のためのアドバイスに（意識的にまたは無意識的に）従う。しかし、ジェンダー・ステレオタイプとしての性格特性に関する研究では、極端な特性が幸福にほとんど寄与しないことを示している。男性に帰せられる典型的な性格特性（エージェンティック特性）は、原則的、独立的、競争的、勇敢、支配的、である。一方、女性に帰せられる典型的な性格特性（共同特性）は、他人のニーズへの感受性、情緒的、友好的、気配りや思いやりのあることである。エージェンティック特性と共同特性は人のウェルビーイングに有益であるが、それらが極端な形で表現されていない場合に限られる。自信があり支配的であることはあなたのウェルビーイングに有益だが、傲慢や攻撃的である（両方ともエージェンティック特性の極端な表れ）のは有益ではない。自分に向けた極端な関心が他者に対する態度と矛盾するからである。同様に、心が温かくて理解力があることは、あなた自身と他者のウェルビーイングには有益だが、卑屈で騙されやすい（両方とも共同特性の極端な表れ）のは必要なエージェンティック特性の表出を妨げるので有益ではない。

エージェンティック特性は幸福に貢献するが共同特性は貢献しないことを多くの研究が明らかにしてきたのは興味深い。これは自己中心的に聞こえるし、おそらく私達のほとんどが予期するものではないだろう。しかし、これらの研究には、たいていの場合、自尊心のアンケートに基づいてウェルビーイングが評価されているという点に問題点がある。幸いなことに、ポジティブ心理学はより正確な用語でウェルビーイングの真の意味を分析するよう心理学者を導いてもいる。ウェルビーイングのより具体的な評価は、幸福には両方の方向性が重要であることを示している。そして、人は自主性があり勇敢かつ支配的でさえあるべきだが、同時にこうした自分と他者に向けた方向性と、温かさ、優しさ、思いやりなどの方向性とのバランスを取るべきである。

KEY

・自分の性格特性や素質を自覚して、幸福への道を決める際にそれらを考慮しよう。
・生まれつきの素質の極端な増強は、たいていの場合、幸福に有益ではないことを自覚しよう。
・生活において、自分に向けた方向性と他者に向けた方向性という、２つの基本的な方向性のバランスを取る努力をしよう。

アンドレア・アヴセッチ　Andreja Avsec
リュブリャナ大学（スロヴェニア）心理学部の上級講師。研究プログラムは、性格、性差とポジティブ心理学に着目している。

073

私達のエネルギーの焦点

ハルディク・シャー――インド

「インドでは、さまざまな経典に見られるように、人々が常に、カイヴァリヤ、ニルヴァーナ（涅槃）、サマーディといった異なる名前で知られる幸福の継続的な状態（アーナンダ）を達成する道を探し求めている」。ハルディク・シャー博士は、私達のエネルギーの焦点と幸福への探求との関係性を探究している。

ヒンズー教の聖典『バガヴァッド・ギーター』は、文学と哲学の歴史上最も重要な書物の1つだと考えられている。それは、『マハーバーラタ』の一部であり、とりわけ「全ての授かり物のうち、良好な健康状態が最も重要である。全ての富のうち、充実感が最も重要である。近親の間では、信頼が最も重要である。自由《ニッヴァーン》は究極の幸福である。」と述べている。古代の『タイッティリーヤ・ウパニシャッド』は、創造されたさまざまな生き物が享受する、多種多様な幸福について述べている。それは、「人生は芸術であり、人間の一生は自己表現の物語である。人は自分自身を表現しなければ苦しむ」と述べている。このことは、私達が十分に自己表現をできれば幸福がもたらされることを示唆する。

ウィスコンシン＝マディソン大学による最近のある研究は、**人が訓練により思いやりを持てるようになること**、そして思いやりを持つ時あるいは思いやりのある行為をする時に、実際に脳内に物理的な変化が生じることを示した。私達が思いやりを学べることが確認されているなら――私達が無力になること、あるいは悲しいことを学ぶことができると報告されているのと全く同じように――私達は幸福になることを学習し、さまざまな状況においても幸福になるように訓練できるはずだ。

私達の行動には中途半端なものがあり、ほとんどあるいは全く感情をこめていなかったり、本当の目的意識を持っていなかったり、自己と目標との間に実質的な統合性がなかったりする。このような行動は不幸につながる。これとは対照的に、完全な統合性、意識的な努力と本物の感情に伴う行動は、しばしば私達を幸福にする。特に、意識的な努力によって、行動中の感覚の認知が可能になる。したがって、意識的な努力、思慮深い献身や訓練は、幸福を学ぶことに役立ち、そして幸福になることの究極的な技法を見出す助けとなるかもしれない。

多くの暗い力は私達の生活に影を落とし、受動的な力や幸福の妨げとして作用する。これらの力は、私達の行動をより機械的で不安定にする。ポジティブ心理学の分野はこれらの力の起源を探る必要がある。そうすることで生活の機械的で無意識的な部分をより意識的な努力に置き換えることができれば、幸福を作り出すために私達自身が持っている潜在能力を探り出したり気づいたりできるのだ。**これらの行動においては、思いやりや感性が非常に重要な役割を果たしている。**

私達は、目標を達成するのに役立つ意識的な努力をするために、「重要な他者」のニーズや期待に敏感である必要がある。幸福の学びで自分自身を鍛えるには、本能、感動、思考、感性、性といった、私達の存在の意識的な部分に焦点を当てる必要がある。そして、私達はエネルギーを、個人を幸福にする要因のみにではなく、もっと深いところにあるものを探り出すことにもあてるべきである。そうした根本にある要因が養い育まれれば、人類全体を幸福で喜びで満ちたものにすることができるのだ。

ハルディク・シャー　Hardik Shah
アーメダバード（インド）のネルマ大学で経営学の博士号を取得し、現在は人材育成研究所（インド一流の人材育成機関の1つである）の助教を務める。主な研究関心は、無力感、アプリシエイティブ・インクワイアリーと能力開発である。

074
焦点を変える

私達は外側から幸福を探すが、真の幸福は私達の内面に由来する

サウワラク・キティプラパス――タイ

国の幸福度に関する国際ランキングでは、タイがフランスやイタリアよりも高得点を取っている。経済学者、サウワラク・キティプラパス博士は、この結果の背後にある理由を探しており、母国の幸福の向上に焦点を当てた公共政策に携わってきた。「外側から幸福を探す一方で、私達は最終的に真の幸福が私達の内面に由来することがわかった」。焦点の国際的な変更だ。

新しい重み

幸福を語る時、同じ言葉でも文化によって人々の理解の仕方が異なることがある。彼らはそれぞれに異なる概念、言葉や価値観を用いるだろう。さらに幸福自体にも、最低レベルの物質的利益から最高レベルの清い心まで、多くの異なるレベルがある。しかし、より高いレベルの幸福に影響する要素は、自由、知恵、「ポジティブな」価値観、心の質などの概念を含む無形のものであるようだ。これは、(国内総生産［GDP］に反映される）単なる物質的な富の促進に焦点を当てた政策

が、より高いレベルの人類の幸福に貢献する多くのもっと重要な側面を無視していることを意味する。政策立案者は国民の幸福を高めることができると信じて、経済成長を高めるために大金を費やしてきた。内面の自己を通じて真の幸福を促進することは、低コストで実現可能であるというのに。

これまで関わってきた国内および国際的な交流の中から取り上げたさまざまなメッセージに基づいて、私は開発政策のパラダイム転換と、人の行動に関する従来の経済学の仮定を再考する必要があることを提唱したい。仏教の経済理論は、幸福に向けた代替的なパラダイムを提供しているように思われる。伝統的で客観的な計測は、もはや人々のウェルビーイングや幸福を示すのに十分ではない。そのため、より良い政策決定を支援するためには、主観的ウェルビーイングの計測も必要である。つまり、政策への有用な示唆は、主観的ウェルビーイングの研究から引き出されうるということである。例えば、貧困や社会的、経済的不平等を是正させること、貧しい人々の基本的ニーズを満たすこと、人々の生活水準を高めること、人々の健康を維持してよく教育すること、総合的幸福度を向上させる技術を活用すること、雇用機会と労働条件を改善すること、信頼、団結、家族関係およびソーシャルネットワークに基づいた社会資本を促進すること、自由ときれいな環境を促進すること、自己満足感とポジティブな価値観、精神の健康と知能の発達をサポートすることである。

つまり、フリーサイズのような万能の政策はない。特定の国に適した公共政策の望ましい組み合わせは、それぞれの国の具体的な事情（社会経済発展のレベル、文化、宗教、政治システム、開放度など）に応じて異なる。そのため、異なる文化を持つグループ、社会や国に適した具体的な政策の開発を可能にする有用な知見を提供してくれる、幸福のミクロ研究が重要なのである。

富が重要であると結論づける研究があるものの、幸福との関係における富の優性は、所得が高くなると低下する傾向があり、長期的な幸福に実質的には影響力がないと考えられる。幸福が公共政策の目標となる場合、政策立案者は彼らの従来の政策の焦点——国内総生産（GDP）の増大を促進しようとする努力——を転換する必要があり、そのかわりに、特に所得水準が低すぎて基本的ニーズをカバーできない貧しい国や社会における貧困削減のような、他のレバーにより多くの重みを与える必要がある。そうした基本的ニーズを満たすことは、貧しい人の幸福を直接的に向上させるだけでなく、ある程度の所得の利益が間接的により多くの幸福を生み出すだろう（所得と関連する幸福度の限界収穫逓減の結果として）。加えて、社会的比較と所得格差が個人と社会の幸福に与える負の効果を考えると、国の全体的な幸福を増大させる手段として、貧困と所得格差の削減を目指す公共政策は合理的である。さらに、社会的比較の負の影響を減らすために、自己充足の概念、自分の運命を受け入れることや精神的成長の全てが促されなければならない。

仏教経済学と哲学によれば、幸福の原点は心のある特定の状態と知恵とにつながっている。言い換えれば、十分な訓練を受けた心は、幸福をもたらすことができる。この哲学は個人の生活に応用することができ、自身の心の中の変化を観察することができる。外側から幸福を探す一方で、私達は、最終的に真の幸福は私達の内面に由来することがわかるのである。

KEY

・物質的な豊かさに対する従来の関心は、幸福を必ずしも向上させていない。
・内面の自己を通して真の幸福を促進することは、低コストで実現可能である。
・公共政策は、経済成長を高めることではなく、貧困や所得格差の削減を目指すべきである。

サウワラク・キティプラパス Sauwalak Kittiprapas

幸福な社会に関する国際研究学会（ＩＲＡＨ）の創立者でありディレクターでもあり、バンコク（タイ）の公共政策開発事務所（ＰＰＤＯ）の元ディレクターである。経済学者であり、幸福に関する多くの論文を公表し、幸福の研究に携わることによって、より大きな個人の幸福をみつけたという。

075 新しい枠組み

カノクポルン・ニトニティプルート――タイ

幸福に関する研究の重大な問題点は、一般に受け入れられている枠組みが欠如していることである。西洋の学界では、人間の感情や行動に関して説明をするのは心理学と神経科学である。一方、東洋の研究では、物質的にも社会的にも、人間行動と環境の繊細かつ主観的な側面を理解するうえで精神性と宗教が果たす役割をふまえ、それらが不可欠であると考えられている。私は西洋と東洋の両方の幸福の概念を活かして、幸福のさまざまなパターンを特定する枠組みを構築しようとしてきた。応用した主な理論は、実験効用理論と仏教経済学の2つである。この2つの理論は大きく異なるが、認知としての幸福を重視する点では共通している。

結論は、**自分の体、心と環境に関してバランスよく生活できれば、このバランスが幸福につながるということである。**このことは、重要なのは自己の側面の変数だけでなく、個人の環境において社会と自然も重要な影響を与えていることを示唆している。この幸福に関する枠組みは、ホリスティックな視点で人間の幸福を説明するために、そして東洋の文化とどのような関係を持っているかを示すために、構築されたものである。仏教経済学の概念では、「自己」レベル、つまり身体と心の関係のレベルにおける幸福は、仏教の教えの中核的な要素である知覚、集中と知恵の実践から得られる。しかし、人間は社会的な生き物であるため、家族、コミュニティ、社会と自然などの環境も人間の幸福を促進する。このため、幸福の分析は、内面的な要因と外面的な要因の両方を考慮して取り組むべきものである。

研究がもっと進めば、客観的課題および主観的課題の両方だけでなく、文化的制約も考慮した、人間の幸福に関する研究の基礎を築くための枠組みができあがるはずである。この枠組みは、伝統的な経済モデルを発展させる上での新しいパラダイムになるだろう。

カノクポルン・ニトニティプルート　Kanokporn Nitnitiphrut
東洋と西洋の幸福に関する共通的な枠組みを設計した、幸福に関する論文で経済学の学士を取得した。幸福な社会に向けた国際研究学会（International Research Association for Happy Societies〔ＩＲＡＨ〕）のメンバーである。

076
首尾一貫感覚

孤島で誰が生き延びるだろうか？

サカリ・スオミネン――フィンランド

「悪い」の正反対は「悪くない」であるが、「良い」ではない。「病気である」の正反対は「病気ではない」であるが、「健康である」ではない。健康と幸福の研究では、病気と不幸に注目するのではなく、それらの反対側に注目すべきだ。サカリ・スオミネン博士は、健康生成論と首尾一貫感覚という、健康のもととなるものを明らかにする。彼によれば、人生において問題を避けて通ることはできない。ポイントは、どう対処するかである。

健康の原点

私達は日常生活の中でさまざまな問題に遭遇することを避けられない。実際、このような問題を完全に回避することは、人生を最終的には価値あるものにしてくれるものを失ってしまうことにつながる。これらの「遭遇」がウェルビーイングの長期的な破綻を引き起こすかどうかを決める決定要因は、個人の自由に使える汎抵抗資源の程度である。これらの資源を手段として、私達は日常生活の問題を解決できるのである。それらは自分自身（例えば、「個人のスキルと教育」）に備わっていることもあるし、生活している環境（例えば、「友人からの助け」）から提供されることもある。これらの資源が十分であれば、問題は通常解決されうる。これらの問題にうまく対処することは、ウェルビーイングの増大につながることさえある。困難な問題に対処できると良い気分になることは誰もが知っている。しかし逆の状況では、圧倒的な緊張感やストレスという不快感を覚えることもある。長期的には、私達の健康とウェルビーイングの破綻の重要な原因と思われるのは、このストレスである。

私は、アーロン・アントノフスキーの仕事を踏まえて研究してきた。彼は健康の謎を解明し、「健康の原点」と訳すことができる「健康生成」という用語を広めた。彼は健康の要因――あるいは、より広く言うと、ウェルビーイングの要因――に焦点を当てているのであり、その反対のもの（例えば、病気と不幸の要因）に焦点を当てているわけではない。彼の理論の中心概念は、首尾一貫感覚である。これは、個人が自身の生活を把握可能で、処理可能で、有意味であると感じる程度を表す、包括的な志向性のことである。

↓**把握可能感**は、例えば記憶力、評価能力、自分の結論を引き出す能力といった、個人の知的能力を指す。

↓**処理可能感**は、物事を成し遂げるために他者と協力する意欲といった、コミュニティとの相互作用の中での即応能力を指す。

↓**有意味感**は、人生には日常的に存在する「ささいなこと」を超えた何か深い意味があるという、個人の知覚を指す。この感覚は例えば、自分の子どもや愛する人の世話をすることによって得られる。

それでは、強い首尾一貫感覚とは何を意味するだろうか。それは、個人に与えられた資源を最大限に活用する能力を指している。簡単な例を挙げると、孤島に漂着した2人の人のうち、ひとりが強い首尾一貫感覚を持っており、もうひとりが弱い首尾一貫感覚を持っていたとすれば、強い首尾一貫感覚を持っている人は、弱い首尾一貫感覚を持っている人より、環境から与えられる資源をより良く活用することができ、生き残る確率も高くなる。

調査研究では、強い首尾一貫感覚は良好な健康状態と独立して関連づけられることが見出されている（さまざまな方法で決められている）。このことは、この関連性は、首尾一貫感覚と良好な健康状態の両方を説明する根本的な共通の第3要因（例えば、高いレベルの教育）だけでは説明できないことを意味する。このことから示唆されるのは、強い首尾一貫感覚によって健康を守れるということだ。しかし、これまでの研究では、どのようにして首尾一貫感覚を強化することができるかを示す明確な証拠がなく、より多くの研究が必要とされる。

幸福は、2つの異なるタイプの感情に分けることができる。すなわち、より強烈で時には瞬間的な感情体験と、充実感や生活満足度などの概念に最もよく特徴づけられる、より思考に基づいた感覚である。後者の概念は、個人が人生におけるさまざまな目標を達成できたと感じる度合いを指している。

しかし、首尾一貫感覚の概念と幸福との間には、相互にどのような関係があるのだろうか。調査の結果によれば、これらはさまざまな点で似ているか、少なくとも共通の特徴を持っている。例えば、幸福だと主張する人と強い首尾一貫感覚を持っている人は、両方とも抑うつに苦しむ可能性が低い。

そうとはいえ、理論的な観点では、それらの概念は興味深い点で異なっている。強い首尾一貫感覚を持つ人がたいていの場合幸福である可能性が高いことは容易に想像できる。しかし、これは必ずしもそうではない。それどころか、強い首尾一貫感覚を持つ人の特徴の1つは、彼らの精神を維持する能力と、最後には困難を克服する能力があるということに関しての彼らの信念であり、かなりの精神的緊張状態や離婚のような不幸な出来事に直面する時でさえ、そうした信念を持とうとする。その一方で、幸福な人は、彼らの生活状況に困難や不満があるとは認識しない傾向がある。つまり、首尾一貫感覚の概念は幸福を作り出すために使用可能な資源と関係はするものの、幸福自体は結果、つまり人がどのように感じるかということと考えるべきものである。このことは、その逆も真実であることを意味する。つまり、幸福の経験と強い首尾一貫感覚が必ずしも一致しないということである。幸福になる可能性があっても、首尾一貫感覚が弱い場合には、たとえ些細な挫折でも幸福が損なわれることがある。首尾一貫感覚が高い場合には、そのようなことはない。

幸福と健康生成の概念は、互いに矛盾していない。実際、これらは多かれ少なかれ相互補完的である。前者は結果を扱うが、後者は最終的にその結果につながる潜在的なメカニズムを扱う。したがって、健康生成の概念と理論は、幸福のための必要な条件に向けた興味深いアプローチを提供しているると言える。

KEY

・生活の中で問題は避けられない。これらの問題にうまく対処することは幸福を促進する。
・健康とウェルビーイングの要因の1つは首尾一貫感覚である。これは、個人が自身の生活を把握可能で、処理可能で、有意味であると感じる程度を表す、総体的な志向性のことである。
・幸福自体は結果である。健康生成と首尾一貫感覚はこの結果を生み出すために活用される資源を扱う。

サカリ・スオミネン Sakari Suominen
トゥルク大学（フィンランド）公衆衛生学部の准教授。医者であるとともに、公衆衛生の研究者であり、医学部の教員でもある。首尾一貫感覚と健康、児童や青年の健康と管理に焦点を当てて研究を行っている。公的機関でも働いており、健康管理や社会福祉に関わる助言や監督を行っている。木の舟に情熱を注いでいる。

077

偽りの生活

正直な失敗は誤解された友である

クレア・ビーズリー——イギリス

テストをしてみよう。テレビでコメディ、映画あるいはドラマを見て、誰かの不誠実によってどれくらいの問題が引き起こされているかに注目しよう。嘘がなければドラマは成立しないだろう。私達は1日に少なくとも2つから5つの嘘をつくようである。嘘は時に少しだけ生活を楽にしてくれる。クレア・ビーズリー博士は、幸福を深刻に妨げる可能性がある嘘の本質を突く。それは失敗に関する嘘である。

誠実さと失敗

内的ウェルビーイングの1つの要は、自分自身、自分自身と他者、自分の言葉と行動に一貫して正直でいることである。正直にふるまうことはあなたが常に行うべきことであり、そのように生きるべきだ。起こりうる全ての結果は、受け入れられ、検証され、共有されるべきである。これには、感情や考えに耳を傾けたり働きかけたりすることが含まれる。**感情は友であり**、きわめて短い時間感覚で状態を報告してくれるし、周りの世界といかにうまくやっているかを教えてくれる。成功や問題を前もって気づかせてくれるし、行動を微調整することも可能にしてくれる。軽い病気で休暇を取ること（多くの労働者はこれを弱気で利己的で怠惰であると考えている）に関する私の研究は、自身の感情に耳を傾けて内面のニーズと一致する選択を行い、実際に病気休暇を取る人々がきわめて少ないことを示している。

誠実さには、実際に何か経験した時、それが存在と認識の現状においてあなたに忠実であるかどうかの理解力も含まれる。全く同じことが他の人にとっては真実でないかもしれないことを認めることも含まれる。正直でいるということは、利己的に思ったことを何でもかんでも口にすることを意味するのだろうか。そうではない。私のある助言者は、あなたが言うことは全て、誠実であるべき、必要であるべき、親切であるべき、という3つの基準のうちのいずれか2つを満たすべきことを提案している。

常に正直にふるまうことがそれほど良いことであれば、なぜ私達はそうしないのか。主な理由は、それが成功だけでなく失敗も認めなければならないからである。多くの社会において、より賢くて正直だと主張する人は、そうでない人よりもしばしば大きな名声と物質的な報酬を得ている。このことは、他の人と同じように彼らが失敗した場合には、弁明できない。問題は、失敗のなかには避けられないものがあることである。というのも、自分自身のために何が正しい選択なのかを常に正確に予測するほどの十分な知識を持っている人など存在しない。まして他者のことならなおさらである。だから、私達は裕福になるほど自分を賢明であると信じるようになる。負けることを恐れるほど、失敗を悪魔のように考えて、誠実さから遠ざかろうとする。

私の経験では、正直な失敗は誤解された友であり、勇気を与えてくれる仲間や先生として歓迎されるべきものである。研究によれば、成功と失敗を公平に扱い、失敗を罰するのではなく、失敗から学ぶことを追究している組織やビジネスは、失敗に不寛容な職場に比べて成功しており、労働者のウェルビーイングも高いレベルにあるという。失敗の共有は、誰もが学ぶ機会になりうるのである。付箋やベークライト、最初のプラスティックが、度重なる失敗を経て生まれたものであることを知っていただろうか。あなたがもし何でも知っていて、全てのことを正しい方向に導くことができ、一度も失敗したことがないならば、新たに行くべき場所も、学ぶべきこともないだろうし、この本を読んでいなかっただろう。

真実をもみ消した結果、何が起こるだろうか。ストレス状態にあり仕事をできなくなった多くの患者に接した私の経験では、彼らは何が間違っていて何が必要かを知っているのだ。しかし、彼らは、**正直でいることの結果は、偽りの人生を送る日々の苦しみよりもつらいと信じている**ので、真実に気づいているにもかかわらずもみ消してしまうのである。現代医療にしたがって彼らをうつ病や不安症だというレッテルを貼るかわりに、私は、彼らの苦悩は健全であり、不誠実でいることの重荷がどうしようもないほど重くなったために、真実の警報システムが彼らに誠実であるべきだと注意を呼びかけ始めているのだと伝えるようにしている。このような別な見方を提案することは、ほとんどの場合において、解放感と自由の感覚――それに真実の響きをもたらす。正直にふるまうことができるように解放されると、偽りの生活をやめることができ、開放的で、正直な失敗者になることができ（ストレスを感じながら仕事から離れることは現代の大きな誤り）または他者の失敗を暴く勇気を持てるようになる。

称賛とお世辞

人々は驚くほど自分自身のことをよく知っており、お世辞はしばしば不誠実だと認識され、それによってさらなる不信が招かれる。一方で称賛に関しては、行動や出来事を実行した人ではなく、むしろそれらの質を称賛すると、毎回高い基準を維持しなければならないという不安が軽減されることをキャロル・ドウェックは見出した。将来の困難を目の前にしても辛抱して新しいことに挑戦しやすくなるのである。例えば、「あなたのケーキはいつもおいしい」より、「素晴らしいケーキだった」と言う方が良い。うまくいかないことに対処する場合、それがあなたにどんな影響を及ぼしているかという事実に基づく具体的な説明を提供すること、あるいは他の人に尋ねて彼ら自身の行動や感情に関する具体的な説明をしてもらうことから始めよう。通常はこのことが脅威になることはほとんどなく、単に意見を述べるよりも、良い結果を生み出す。

KEY

・自分自身、自分自身と他者、自分の言葉とふるまいに、一貫して正直でいよう。
・失敗にも正直でいよう。失敗の共有は、誰もが学ぶ機会になりうる。
・真実を隠すことから解放された人は、偽りの生活をやめることができ、解放的で正直な失敗者になることができる。

クレア・ビーズリー　Claire Beazley
20年以上にわたって医者として働いている。仕事の適性や、感情的知性、自己決定や疾病行動との間の関係に特に興味を持ち、ランカスター大学でこの分野のさらなる研究を行っている。

078

進歩の新しい見方

私達はみな、より幸福な未来を築くことに関心があり、そのために果たすべき役割を持っている

ジョン・ホール──フランス／オーストラリア／イギリス

高所得な30ヵ国は、経済協力開発機構（OECD）の一部である。ジョン・ホールは、それらの国の進歩を測る国際プロジェクトを指揮している。10年間の研究を通して、政策決定者の進歩を見る眼や測定手法を拡張する必要があると彼は確信した。「進歩というのは、社会の公正で持続可能なウェルビーイングの向上である。幸福はウェルビーイングの重要な一部である」。

私達の旅の方向性

20世紀の大半には、経済成長が進歩の代名詞であるという暗黙の了解があり、国内総生産（GDP）の向上は必ず生活を良くするという仮定があった。今日の世界は、それほど単純なことではないことに気付いている。多くの国において高水準で経済が成長しているにもかかわらず、50年前よりも人々は生活に満足して（または幸福になって）いないと専門家は考えている。人々は昔のように信頼し合い、政府を信頼することをやめた。そして、収入の増加は、不安感の増大、長時間労働、生活のさらなる複雑化を犠牲にして成り立っている。世界の多くの地域では、医療条件が良くなり、ほんの数年前と比べても人々は長く生きるようになっている。しかし、気候変動などの環境問題は、不確かな未来の上に暗い影を落としている。

社会として、私達は、測定の対象を管理し、測定の結果を得る。したがって、正しい方向に旅をしたければ、正しいものを測ることが重要である。政策決定者とメディアは、常に経済パフォーマンスを測ることに関心を持っている。これはもちろん重要である。しかし、健全な経済だけが目的ではないことを忘れないことも重要である。

経済は、市民に財やサービスへのアクセスを提供し、そしてお金を提供して彼らのウェルビーイングの他の側面を改善する（お金は環境問題の解決や病院の改善などに使うことができる）という点において重要である。しかし、ウェルビーングが人々にとって究極的に重要なものであるならば、私達は最終的にはウェルビーイングに着目すべきだ。社会の真の進歩に関するバランスの取れた見方を得ようとしているならば、ウェルビーイングに関わる直接的な側面は、国内総生産（GDP）といった指標とともに測定される必要がある。

しかし、このバランスの取れた見方を得るためには、私達は何を測ればいいのだろうか。人間システムとエコシステム（生態系）の両方を考慮することが重要である。それぞれのシステムは、私達のウェルビーイングに関わるさまざまな決定要因を含んでいて、その個々の要因を考慮する必要がある。人類のウェルビーイングの直接的な計測は、幸福の評価の中心であるべきだ。私達の肉体的かつ精神的な健康、知識と理解、仕事の質や範囲と自由な時間、物質的ウェルビーイング、自由度と自己決定、対人関係の質は、私達の幸福を決める上では、非常に重要な要因である。人類のウェルビーイングは、3つの領域の人間活動に支えられている。経済（所得と富）、文化遺産、そして私達が自身を統治する方法（人権、市民や政治的関与、治安と暴力、信頼とサービスへのアクセスといった全ての側面に関わる）である。

私達の経済、ガバナンスと文化は、それ自体のために重要であるよりも、人類の幸福を支える柱であるという意味において重要である。**強い経済、効果的なガバナンスや活気あふれる文化はそれ自体の中にウェルビーイングがあるというわけではないが**、これらの要因は一般的に人類のウェルビーイングを改善する能動的な環境を提供している。エコシステム（生態系）に関するウェルビーイングは、エコシステムが提供するサービス（きれいな空気、新鮮な水、食糧など）のためだけでなく喜びをも提供するため、人々の全体的なウェルビーイングに非常に重要である。エコシステムの状態を理解するために、私達は陸地、淡水と海水、生物多様性、大気の質や大気圏の健全性について考える必要がある。

それでは、幸福について私が何を知ったか。幸福は国内総生産（ＧＤＰ）と同意義ではない。人を幸福にするにはその人に合った方法が必要である。私達の生活の質とウェルビーイングを十分に理解するには、上にまとめたさまざまな要因を見る必要がある。そして、これらの要因に、私達はまだ十分な注意を払っていない。社会が進歩やウェルビーイングを測れるようになる前に、これらがどのようなものかを知る必要がある。私達は物事を異なる見方で見るので、これらの概念については、それぞれの社会で議論され、より精緻に定義されるべきである。より重要な議論は、あるとしてもわずかしかない。私達の全てがより幸福な未来を築くことに関心があり、そのために果たすべき役割を持っているため、全ての人が関わるべきである。

KEY

・健全な経済は、それ自体が目的ではない。人類のウェルビーイングの直接的な計測は、幸福の評価の中心であるべきだ。
・人類のウェルビーイングは、経済、文化遺産、私達が自身を統治する方法という、3つの領域の人間活動に支えられている。
・エコシステム（生態系）の幸福は、人類の幸福のためにもきわめて重要である。

ジョン・ホール　Jon Hall

経済協力開発機構（OECD）で「社会的進歩の測定」という国際プロジェクトを指揮している。OECDに勤務する前は、7年間オーストラリアで過ごし、統計局で主にオーストラリアの進歩を初めて計測した画期的なプロジェクトを指揮していた。イギリスで統計学の修士号を取得するとともに、オーストラリア・ニュージーランド行政大学院から公共管理の高等修士号も取得した。オーストラリアとイギリスの国民であり、イギリスの公共事業、ザンビアの世界食糧計画（WFP）のために働いただけでなく、アメリカで見事に失敗した塗装業者、警備員、ウェイターとして勤めた経験がある。

079

普遍的な幸福

この本は間違いなく、幸福の普遍的モデルの構築に向けたマイルストーンの1つである

サミュエル・ホー――中国

「中国人患者に幸福かどうかを尋ねると、彼らの多くはうつろな目で私を見る。どう答えたらよいのかわからないのだ」と、中国初のポジティブ心理学の研究室を設立したサミュエル・ホー博士は言う。彼は、今こそ幸福の普遍的モデルに東洋と西洋の見方を融合させる時であると言う。

陰と陽

アメリカの学術界で幸福について言及することが変わったことであるならば、中国の社会ではなおさらだ。中国における幸福の概念化は、弁証法的な巧みな均衡に関する考え方に基づく。結局のところ、古代の陰陽哲学に遡るなら、コスモスから人間の命までの全ては、良い面と悪い面、幸福と不幸などの間の終わりなき変化の循環過程である。つまり、幸福は不幸に依存するし、不幸は幸福の中に隠されている。あまりにも幸福を重視すると、人生のバランスを損なうかもしれない。古代中国の道教の考え方は、良いことの後には必ず悪いことが続くというものである。したがって、

不幸を引き寄せないために、人は幸福を重視しすぎてはいけないということになる。実際、約10年前に私が学部にポジティブ心理学の研究室を設立する時、ある人は（皮肉たっぷりに）風水のバランスを保つために建物の向こう側に「ネガティブ心理学研究室」も置くべきだと提案した。それ以来10年経ったが、ポジティブ心理学と幸福は、学術界、コミュニティ、香港、中国の各都市において盛んに使われる概念となっている。

ポジティブ心理学の分野での私の初期の仕事は、エド・ディーナーの主観的ウェルビーイングに関するある研究に魅了されていた。その研究では、中国人の幸福の重要性は他国の人のそれよりも低く、幸福について考える頻度が少ないと考えられていた。しかし、中国人の購買力平価が研究対象国の中で最低水準であったにもかかわらず、中国人の全体的な幸福度は特に低くはなかった。

これらの結果は、私の臨床心理士としての診療と一致する。私が中国人患者に幸福かどうかを尋ねると、彼らの多くはうつろな目で私を見て、どう反応すればいいのかわからない。その時の私の疑問はこうだった。もし中国人が自身の幸福について考えたいと思わないのならば、彼らの本当のウェルビーイングをもっと正確に示す固有の特徴が他にあるのではないか。先人の多くのように、私は中国人の相互依存の解釈の側面から答えを探し始めた。

前述したように、人生のバランスを養って、良好な人間関係を保つことは中国哲学の本質である。このため、中国人の幸福に関する理解は、個人に主眼の置かれた西洋の幸福のモデルとは対照的に、対人的なものである。中国人は、個人の幸福が社会関係を損なうとしばしば考える。例えば、個人の成功は他者の嫉妬や羨望につながる可能性がある。中国の集団的文化は、個人のウェルビーイングより重要な他者あるいは集団のウェルビーイングをより重視する。このような文化においては、自分のウェルビーイングの単なる自己評価は、幸福のあらゆる側面を明かすには不十分かもしれない。

質問を変えて、単に妻と子どもたちが幸福かと尋ねると、答えられなかった患者たちはずっと答えやすくなるだろう。その答えはたいていの場合、彼ら自身の幸福度に関わる有効な指標となる。私は、この幸福の対人的な側面が中国人に特有のものであり、あるいはせいぜいアジア人のみに適応するのだろうと最初は考えていた。しかし、国際会議に参加して、他の国からの多くの研究者とこうした見方を共有した時に、この幸福の対人的な側面が彼らの国での経験にも当てはまることを教えられた。

このことは私に、今日のグローバル化した世界はすでに異文化心理学の時代を超えたかもしれず、それゆえ幸福の普遍的モデルを構築するために私達が協働できるという思いを抱かせた。この本は間違いなく、幸福の普遍的モデルの構築に向けたマイルストーンの1つである。

最後に、古代中国の哲学書である『易経』から引き出した、幸福への方法を提供したい。『易経』によれば、他者と幸福を共有すること、他者を幸福にすること、友好関係を築くことと他者を束縛から解放することによって、あなた自身の幸福を育てられる。こうした幸福への方法が、中国人だけでなく、他の文化の人々にも適用されうると私は信じている。

KEY

・陰と陽。幸福は不幸に依存し、不幸は幸福の中に隠されている。
・幸福度における対人関係の側面は普遍的なようだ。
・私達はすでに異文化心理学の時代を超えたかもしれず、幸福の普遍的モデルを構築するために今こそ協働できる。

サミュエル・ホー　Samuel Ho

香港大学心理学部の准教授。２０００年に中国初のポジティブ心理学の研究室を設立し、それ以来ポジティブ心理学の分野で研究と臨床の仕事に積極的に携わっている。ポジティブ心理学に関わることは、これまでの人生の中で最も危険だが、最も満足感を与えてくれることの１つであると考えている。

080

10代にとって最高の良薬

10代の若者の大半にとって、学校は退屈で何の変哲もない場所である

ケイティー・ハンソン——イギリス

MTVは、10代の若者に何が彼らを幸福にするかと尋ねた。その答えは、疲れ切った親が最も心配するかもしれないものではなかった（「セックス、ドラッグ、ロックンロール？」）。家族と時間を過ごすことが1位の答えだった。彼らのヒーローは誰か。その半数の答えは両親であった。ケイティー・ハンソンは驚かずに「思春期は必ずしも問題ではない」という。彼女は10代にとって最高の良薬を見つけた。それはフロー［訳注：自分の能力が発揮されて全てがうまく進んでいると感じられる精神的に高揚した状態］である。

成功のための学校

10代は問題がある時期と見られる傾向があり、伝統的な心理学研究やメディアの描写では、妊娠、薬物乱用、暴力、自殺、摂食障害、学習困難などに焦点が当てられている。ポジティブ心理学は、10代の若者について別の見方を持っており、ほとんどの10代の若者は行儀が良く、不良や薬物中毒者になったりドロップアウトすることがないと考えている。実際には、10代の若者のいる家族のう

ち、家族関係に深刻な問題を抱えているのは10％未満にすぎない。それでも、思春期がトラウマやストレスが多く非行に走る可能性が高い時期であるという見方は、何年にも渡って主流であり続けた。思春期に関する多くの研究は、教育的な意味での達成に焦点を当てており、なぜ特定のグループの学校での成績が悪い傾向にあるのか、その理由を解こうとしている。ポジティブ心理学は、若者の学校の成績の悪さを理解することに役立つ多くの理論を提供している。鍵の1つは、「フロー」である。

多くの研究は、フローの発生が若者において集中力、楽しさ、幸福感、たくましさ、意欲、自尊心、楽観主義や未来志向の増大などの有益な結果と関連していることを見出した。これらの結論は、社会経済的状況、学年や民族的背景などの、他の要因を考慮した場合にも成り立つ。研究者は、**フローに多くの時間を費やす若者は幸福で、明るく友好的で、社交的である**ことも見出している。さらに、フローは10代の若者の内発的動機付けや楽しみとの間に正の相関があり、悲観主義とは負の相関があることも見出されている。フローの経験が少ない若者は傾向として、退屈していて、人との関わり合いが少なく、熱心でも情熱的でもない。

若者は自分の時間の大半を義務教育に費やしている。その結果、学校環境において発生するフローは、おそらく将来の研究が注目すべき最も重要な領域である。研究者は、10代の若者の大半にとって、学校が退屈で何の変哲もない場所であることをすでに確認した。実際、退屈は非常にありふれたものであるため、ほとんどの若者は退屈さを成長の正常な部分と考えている。しかし、教育システムに積極的に関与する学生にとっては、そのメリットは大きい。例えば、高レベルのフローを経験する学生は、低いフローの同級生よりも深く教育課程に身を置くとともに良い成績を修め、教育課程中に経験されるそのフローの量は、大学進学適性試験の成績よりも良い予測因子となる。

しかし、これらの研究からは、こうした良い成績が学術活動に従事するなかで経験されるフローによるものなのか、あるいはフロー活動は優先的に反復されるようになるという傾向によるもの、つまり高いレベルのフローを経験している若者は学業が本質的にやりがいのあるものと気づくのでより学業に取り組む傾向があるためなのかは明らかにされていない。平均的には、高いフローの学生は低いフローの学生より週7時間以上生産的な活動に従事している。さらに、高いフローの学生は学業や宿題に多くの時間を費やし、テレビを見ることが少ない。

学校関連の活動は10代の若者にフローを最も作り出すものであることがわかっているが、フロー体験を促す学習環境を積極的に作り出したいならば、どの種類の学習が最もフローに導きやすいのかを検証するとよい。試験、個人作業やグループ作業の全てが平均レベルを超えたフローを生み出す一方で、講義を聞かせることや教育ビデオを見せることがフローを生み出すことはほとんどない。最も高いレベルのフロー体験をもたらす傾向のある教科は、職業教育、コンピュータサイエンスと芸術である。学科のうち、数学は最も高いレベルのフローを生み出すが、英語や科学などは低いレベルのフローを生み出し、一貫して歴史がフローを引き起こす可能性が最も低い。

フローは、それを体験できる10代の若者にとって非常に有益なものである。学校でより良い成績を修めること（彼らの将来の人生にポジティブな影響を与える）だけでなく、より幸福で、意欲的で、楽観的になる。フローが学校環境で非常に有益であることから、教育者は将来のカリキュラムを設計する際にその理論を念頭に置きたいと思うだろう。10代の若者の関心を私達が惹きつけて、どのようにしたら課題や活動からフローを見つけられるかを彼らに教えることができたなら、彼らはより集中し、没頭し、幸福な生活を送るようになる。

フローとは何か

フローとは、心理学のミハイ・チクセントミハイによって作られた概念である。人をすっかり夢中にさせ、そのため時が一瞬で過ぎるように感じ、自分の周りで起こっている全てのこと、空腹、温度、自意識でさえも気付かなくなる体験のことをいう。フローは私達の幸福にとって非常に有益だと考えられている。私達が、高いレベルのスキルを必要とする、努力を要するが制御可能な活動に従事している時に、この体験が起こる。フロー体験を作り出す活動は、人の意欲を本質的に引き出し、それ自体が目的として存在する状態を作り出すという点において、最終的に価値あるものとなる。さらに、そのような活動は、個人の最高レベルの能力を引き出して機能させるとも考えられている。

KEY

・思春期は必ずしも問題ではない。
・フローは10代の若者にとって非常に有益であり、彼らの能力を向上させるとともに意欲的にして幸福に導く。
・教育者はフロー経験を促すような課題や活動を整えて、刺激的な学習環境を作り出す必要がある。

ケイティー・ハンソン　Katie Hanson

イースト・ロンドン大学のMAPPプログラム（応用ポジティブ心理学修士）の修了生。ウェルビーイング、幸福、ポジティブ心理学の全ての分野に広く関心を持っている。現在イギリスのシェフィールド・ハラム大学で働いており、学生の幸福と成功、とりわけ高等教育において過小評価される学生や、成績が基準に達していないと考えられてきた学生の学業での成功を予測し促進する方法を研究している。

081

児童と若者のウェルビーイング指数

幸福は、社会的、心理的、物理的な全ての次元における、人生経験の産物である。

ケネス・C・ランド――アメリカ

過去数年間、私は1975年以降のアメリカの子どもおよび若者のウェルビーイングの動向を評価しようとするプロジェクトに携わってきた。つまり、私達は、平均的な若者のウェルビーイングとその年齢層のさまざまなサブグループのウェルビーイングが、良くなっているのか、悪化しているのか、あるいは現状維持を続けているのかを示す情報を提供しようと努めている。変化が生じている場合、子どもの生活のどの領域にそうした変化が起きているのかを特定する。プロジェクトは、毎年これらの課題についてアメリカ国民に報告する。「児童と若者のウェルビーイング指数」は、消費者物価指数と同様に総合的な指数であり、子どもと若者のウェルビーイングに関連する数十の社会指標に基づいている。私達の成果は、若者が幸福に関して、大人を対象とした類似研究で取り上げられた生活の同じ側面に反応していることを示している。より具体的に言えば、子どもと若者を幸福にする最も重要な指標は次の通りである。

1．家族や友人との安定的で支援的な社会関係

2．充実した人生と感情の安定
3．安全な環境での暮らし、犯罪の恐怖のない状態
4．健康である状態
5．学校などの地域機関・組織への参加
6．地域機関・組織における地位確立、潜在的能力の発揮
7．財やサービスへの適切なアクセス

ケネス・C・ランド　Kenneth C. Land
デューク大学（アメリカ）の社会学および人口統計学の教授。社会科学、人口統計学、犯罪学、社会指標、生活の質のための数理モデルや統計モデルに関して、書籍、学術誌の論文などの著者または共著者であり、200以上の研究業績がある。

082

性について

ここで私が言うのは、性的行為と笑顔を結びつける、けばけばしい雑誌で語られているような幸福ではない

キャシー・ロビンソン――イギリス

「性的エネルギーによって、人生の全体的な活力と情熱を高められる。芸術、文学、音楽の創造や社会的あるいは政治的野心のためにさえ、モーターとしての働きをすることができる。性的エネルギーが自然に流れる時、人間関係における大きな調和を私達は経験する」とロンドンのキャシー・ロビンソンは言う。

性の豊かなタペストリー

1994年、セクシュアリティ科学者による会合が、「自体愛を含めた性的な喜びは、身体的、心理的、知的、精神的なウェルビーイングの源である。」と宣言した。しかし、今日のセクシュアリティに関する一般的な議論は、虐待、依存、機能障害、感染症、ペドフィリア（小児性愛）、10代の妊娠やセクシュアルマイノリティの人権のための戦いなど、依然として主にリスクや危険性に焦点を当てている。性的表現の身体的および心理的な健康への効果に関するオープンな議論（性的表現のポジティブな身体的、知的、感情的、社会的側面を含む）などはほぼ存在しないと言っていい。

私は研究の中で、人々がセクシュアリティを経験して身体に統合させるさまざまな方法に本来備わっている、豊かなタペストリーと多元性の意識を回復させ、これらの要因をウェルビーイングと喜びに関連づけようとしてきた。私の研究は、性的反応のパフォーマンス的定義から遠ざかることによって——すなわち医学的、消費者主義的または政治的なレンズを通して性的反応を考察しないことによって——複雑で変化と進化が可能な性意識の可能性を支持してきた。幸福といっても**ここで私が言うのは、オルガスムについて繰り返し語りながら性的行為と笑顔を結びつける、けばけばしい雑誌で語られているような幸福ではない。**そうした雑誌では、依然として行為や美意識のみを取り上げている。そうではなく、私は、「ヘドニック（自己の欲に基づく快楽的幸福）」／「エウダイモニック（より深い認知や人生の意味と関わる幸福）」というパラダイムでウェルビーイングを考えることにした。「ヘドニズム（快楽主義）」は、安定性や親密性への欲求で、変化に対する抵抗力を持っているが、「エウダイモニア（幸福主義）」は変化、意義、可能性、好奇心および興味のための努力と手を組む。性的表現をエウダイモニックなウェルビーイングの領域の一部として語ることによって、私達はそれを管理または制御すべきものとしてのみ考える傾向から離れられる。

私は研究により、性的表現とウェルビーイングを結ぶ多くの要因を明らかにした。例えば、自分または他者との連結性に影響を与える性的表現の感情的な側面、自己認識のプロセス、自己受容、所有権を取得すること、行動を起こすこと、活動的になること、全体に統合して性的自己との関係性におけるバランスを見つけること、そのことが生成するエネルギー、その結果生じる発展的、変革的な影響などである。この研究結果は、性的表現のポジティブな効果をエウダイモニックなウェルビーイングと合わせることによって、セクシュアリティの領域がより広くて重要な意味に進化することを示唆する。**セクシュアリティは、一人一人の潜在的可能性を発見する方法を提供しており、**その実現は彼らの最大の充実感につながる。

幸福感を深めたり改善しようとする人々は、生活の中心的な側面としてセクシュアリティを受け入れ、経験、理解を促進し、この壮大なエネルギーの応用を広める意思を表明することによって、それを実現できる。私の研究に関わった人々は、真の性的自己の発見や理解によって、このエネルギーの発現がいかに彼らを開放するのか、一体感、フロー、活気をいかに与えてくれるのかについて述べていた。身体的パフォーマンスを超えて感情や関係性、そして精神的な次元から性的行為を見ることで、性的表現のより広い見方につなげることが可能であり、自意識、愛、創造性とウェルビーイングを増大させることができる。ヘドニズムがより安定的な方法で内面的および外面的環境を認識するよう人々を動機づけられるのに対して、エウダイモニアは人々の知識構造を拡大することによって自分自身と宇宙を理解する動機を与える。私は性的表現をこれを実現するための手段として分類したいと思う、つまり人生をより複雑で有意義なものへと促していく方法として。

増強的で人生を肯定する自然エネルギーとして性的表現と通じ合い、それにより自身を尊重し価値を認め、自分というものを持たせてくれる信念体系もまた、より深いレベルで他者を受け入れられるようにしてくれる。おそらく最も重要なのは、いったん人々が最上の性的自己になる上で必要な許可と情報を持てば、あらゆる人に役立つ社会システムを求める（そして作り出す）可能性が高く、その際には自分の健康、性的な関係の選び方、喜びに関係することだけではなく、お互いの思いやり、そして彼らがより大きな目的に向けて自分の可能性を最大限に発揮するためにいかに世界と関わるかを考えるのである。

セクシュアリティについての経験は最終的には自身の創造であり、私はあなたの権利として、セクシュアリティを活性化させ、人生の中でそれに脚光を浴びせることを勧めたい。そうすることによって、あなたは、セクシュアリティに健康、ウェルビーイングおよび人生の目的を統合する条件を整えることができるようになる。

KEY

- 性的表現を再定位し、管理または制御する必要があるものとして見ないようにしよう。
- 経験と理解、この壮大なエネルギーの応用を広げようという意図のもと、生活の中心的な側面としてセクシュアリティを受け入れよう。
- 性的なレベルで自身を尊重し認めることによって、より深いレベルで他者を受け入れられるようになる。

キャシー・ロビンソン　Cassie Robinson
イギリスのイースト・ロンドン大学のポジティブ心理学者。主に、社会的ポテンシャルと社会創発に関心がある。ロンドンを拠点とし、社会革新、社会デザイン、社会心理学を研究している。

083

愛の力

あなたを幸福にする何かのために、その何かを真に愛するようにならなければならない

ホセ・L・ザッカニーニ——スペイン

「私達は何かに向かっている。どこか私の行ったことのない場所だ。時々、私は怯える。しかし、学ぶ準備はできている。愛の力を」。何百万人もの人々が、世界で最もよく売れているアーティストのひとり、セリーヌ・ディオンの曲から、これらの歌詞を知った。ホセ・L・ザッカニーニ教授は、どちらかというと彼女に同意する。彼は愛の真の力を探している——それはあなたが予想する喜びをはるかに超えている。

私が学んだ3つのレッスン

十数年前に認知心理学から離れて「幸福」を研究テーマとして掲げて、私が最初に発見したことは驚くべきものだった。哲学と通俗心理学の両方が、幸福は「明らかに」誰もが人生の中で求めるものであると長年にわたって強く主張していたにもかかわらず、私はそれが全く真実ではないとすぐ気付いた。ほとんどの人は——人間のほとんどの歴史において——生き残ることで手がいっぱいだった。種としての人間は生物学的に、生き残って子どもたちを育てるようにできている。それが

私達の役目である。生命の基本的ニーズが満たされていて、人権が保障されて、教育と医療が提供されて、そしてある程度自由な時間が与えられている高度に発達した社会において初めて、人は自身の幸福に目を向けることができ、それを個人的な目標と見なすことができる。しかし、それでも欧米の先進国のほとんどの人は、立ち止まって自身の幸福について考えない。そのかわりに、彼らは、**「望ましい社会的目標」だと私達の文化が伝えてくれるものを当然のことと思い、追い求める。**例えば、良い仕事、良い伴侶や家族、金や権力の蓄積、物質的な喜びの享受（おいしい食べ物、性、スポーツ、薬物、メディア・エンターテイメント）などが挙げられる。そして、これらの目標を達成するために彼ら（とその他の人々）が生活することを余儀なくされている人生がどの程度価値があるのかについて、たいていチェックしない。これは、私達の西洋的な生活様式の機能の仕方であるが、それが引き起こす日常生活上の矛盾は、おそらくそれが完璧にはほど遠いことを考えさせてくれる。

私が**2つ目に発見したこと**は、私達の文化モデルがなぜ完璧ではないかを説明するものである。それらの「文化的目標」のほとんどは、長期にわたる心理的なウェルビーイングを保証するものではない。実際には、適切に対処にしない限り、文化的目標のどれもがあなたを幸福にしないことを科学的研究が示している。あなたを幸福にする何かのために、その何かを真に愛するようにならなければならない。それをただ必要とするだけでもなく、それに夢中になったり、それなしでは生きていけなかったり、「私にはそれが不可欠だ」ということだけではだめだ。そうではなく、本当にそれを愛さなければならないのだ。なぜなら、ネガティブな感情を取り除くこと（必要だと思うものをようやく手に入れた時に起こる）と、ポジティブな感情を発達させること（誰か／何かを愛することを通してしかできないこと）とは全く別のことだからだ。**したがって、あなたが持っているものだけでなく、持っているものに対するアプローチの仕方が**、全ての違いを生み出している。このことは、主観的ウェルビーイングが他のことよりもっと密接に人格（人生に向き合う方法）と関係している理由だ。望むものを手にできなくても常に幸福な人がいると同時に、望むものを手に入れたにもかかわらず幸福でない人がいる。このため、心理学者として幸福になるために何をしなければならないかと聞かれると、私はいつもこう答える。「最も重要なことは、悪いことばかりに悩んで良いことを忘れてしまうことで、自分の人生をつらいものにしないことである」。もちろん、これら全てのことは、とても裕福な人がそうでない人よりも必ずしも幸福ではないことをこれまでの研究が示してきたのはなぜなのか、そして非常に権力のある人、ハンサムな人や才能のある人がなぜその他の人々より幸福でないのか、それらの理由を説明するのに役に立つ。豊かな国でさえ、必ずしも豊かでない隣国（生きる上での十分な手段があり人権が尊重されているならば）に比べて、幸福であるわけではない。要するに、私達の西洋的な生活様式は幸福を保証するものではないのだ。

私が研究から学んだ**3つ目のこと**は、幸福な人生がきわめて異なる方法で追求されうるということである。それらの方法は、3つの大見出しに分けられる。

↓1つは、「楽しい人生」を得る努力をすることである。これは、人がおいしい食べ物、セックス、車、家、ヨット、旅行、音楽、ダンス、娯楽などのものや経験を得ようとすることによって、ポジティブな感情を求めることを意味する。一部の人は享楽に夢中になる。しかし、これらのことから得られる喜びは持続しない。あっという間に飽きてしまう。そうなると、量を増やすか、新しい形の喜びに変更する必要がある。言い換えれば、「楽しい人生」から得られる喜びとウェルビーイングは明らかに限定的なものである。有名なスペインの哲学者がかつて言ったように、人生の喜びが自由や幸福への道としてメディアに売り出されているが、「人生の喜びのために欲望に従うことは自由になることではなく、自分の欲望の奴隷になるということである」。結局は、これが私達を心理的なウェルビーイングへ向かわせるというよりも、むしろたいていは遠ざける。

↓幸福を追求する2つ目の方法は、「充実した人生」を得る努力をすることである。人生が充実していれば人々は興味深い仕事や活動から満足感を得ることができる。これは通常、芸術、ビジネス、恋愛、文学、家族、会社などに人生を捧げることを意味する。これらの活動を本当に「愛する」ならば、長い間続けることができる。その結果、このような人生は「楽しい人生」に比べてより多くの心理的なウェルビーイングを与えてくれる。しかし、多くの場合、この「充実した」人生スタイルは非常に自己中心的になることを意味しており、周囲のほとんどの人を含めて、自分以外のことに十分注意を払わなくなる。ある映画の中でかつて聞いたように、「自分に正直である」ということは他者に「不誠実である」ということを正当化しない。言い換えると、「充実している」ことは、しばしば自分自身の中に閉じこもってしまう可能性があることを意味する。これは最終的にはバランスの取れた心理的なウェルビーイングへ向かわせるのではなく離れる方に進ませ、貧弱な人生に導いてしまう。

↓最後に、幸福の3つ目の選択肢は、「有意義な」あるいは「倫理的な」人生であり、自分自身を「常に他の人々の人生の改善に関わる価値」に専心させることである。これは、人類の権利とニーズへの完全なコミットメントであり、世界的に知られるガンディー、マンデラやキング牧師が選んだことである。しかし、子どもの人生と幸福に向けた親の愛情的な係わり合いの中にも見出すこともできる。実際には、これは、他者の人生への気遣い全てを含む。繰り返しになるが、配慮から幸福感を得るには、**大切に思っている人々に対する「愛情」を真に感じなければならない。**例えば義務でそれを行うと（神が大切にするよう「命じた」）、うまくいかない。信仰深い人々が一般人に比べて必ずしも幸福であるわけでない理由はここにある。しかし、他者を真に愛するようになると、（実証研究が示しているように）常に最大限の心理的ウェルビーイングを得ることができる。事実、これは、人類史における全ての偉大な精神的リーダー――仏陀、イエス・キリスト、ムハンマド――のメッセージである。今日、心理学的に言うと、（逆説的だが）人に愛が必要というだけでなく、幸福になるために愛が必要だから、人を愛することが必要なのである。したがって、人生における真の幸福を得る方法を尋ねられたら、私のアドバイスは矛盾しているように見えるかもしれない。一方で、私は常にデルフォイの神託にある古代の格言から始める：「汝自身を知れ」。今ではおわかりのように、幸福になるためには、人生を捧げる目標を「愛する」必要がある。こうした目標を選ぶ時、周囲が言っていることや行っていることに従うだけでなく、自分自身の内面をよく見つめよう。これらの目標を達成したらどうなるかを想像してみよう。あなたはその目標を本当に達成できると感じるだろうか。最も重要なのは、どのくらい犠牲を払うことになるか、いったんそこに到達したらどう感じるかを想像してみることである。それらは、あなたが求めている充実感を与えてくれるだろうか。**幸福になるためには、**メディアや他の外部の影響によって作られた誤ったイメージや偏ったイメージではなく、**「本当の自分」（つまり、あなたの人生）を愛することから始めなければならない。**

しかしその一方で、幸福になる最善の方法が周りの人に自分自身を捧げることであることも私達はすでに理解しているので、自分自身の外側に目を向けることの重要性も伝えたい。平和で愛情のこもった人生を他者と共有することがもたらすウェルビーイングに意識的になろう。このような心理的ウェルビーイングは、他の方法で達成できるあらゆる形のウェルビーイングよりずっと良く、より健全で持続するものであることを認識しよう。

そして、幸福への私の最後のアドバイス、私の幸福のレシピはこれだ：得意なことをして他者の生活の質を向上させるような人生を築こう。そして、毎日それを実践し続けよう。他者への愛情を表現する手段として行っていることを愛する限り、さまざまな方法でそれを実践することができる。おそらく、自分自身の方法を見つけることは簡単ではなく、しばしば外部のアドバイスに従う方が簡単である。しかし、自分自身の方法を保持することや、自分で選択をすることによって、ようやく自分の幸福にたどり着くことができる。もちろん、人生から喜びを得ることはなにも悪いことではないし、忙しい仕事を持つのは良いことだ。しかし、これらのことを他者のポジティブな幸福に関連づける方法が見つからないならば、それらはうまくいかない。あなたのためにも、世界のためにもならない。

KEY

・自分自身の道に従うことでしか、最終的に自分の幸福を手に入れられない。
・何かを、あるいは誰かを愛することでしか、ポジティブな感情を向上させることはできない。
・自分自身を知って、その知識を他者のために活用しよう：得意とすることをして他者の生活の質を向上させるような人生を築こう。

ホセ・L・ザッカニーニ　José L. Zaccagnini
マドリード大学で学び、現在はマラガ大学（スペイン）の心理学の教授。人工知能研究に取り組み、心理診断の分野でエキスパートシステムを開発し、認知心理学に関する論文を発表してきた。１９９５年からは、ポジティブ心理学の枠組みにおいて研究し、マラガ大学の認知・感情研究グループとともに仕事をしている。主に、「友情」と「感情的葛藤」について研究している。

084

時間は敵

あなたの時間はあなたの選択を反映している

イロナ・ボニウェル――イギリス

「時間は敵である」、「時間はあなたの友である」……これらの言い習わしは、歌詞でよく使われる。ビジネス界では時間管理が最も人気のある講座の1つである。しかし、私達は時間を管理できない。私達が管理できるのは行動だけである。「時間は、あなたが飼いならすことのできない奔馬である」。イロナ・ボニウェル博士は、幸福に関する自身の研究で、極めて重要な時間的要因を発見した。バックグラウンドで歌詞は続く。「時間とは願い。魚に硬貨を投げることはできるが、それでも餌をやらなければならない。」

時間は友である

私が非常に興味を持っている研究テーマは、人と時間との関係や、時間が人の幸福とウェルビーイングに与える影響である。時間は、今日では主要な問題となっている。そのバランスをとるためのスキルはごく少数の人しか備えていない。**私達の時間に対する満足感が私達の全体的なウェルビーイングの最も重要な予測因子の1つであること**を研究は示している。しかし、いっそう効率的になるために、最後の1秒を絞りだせばいいものというものではない。むしろそれは、どのように時間を使えば満足するかを学ぶことであり、時にそれは仕事を減らすことを意味する場合もある。

私が研究から学んだ主な教訓に、日常的に自分自身のための時間をある程度持つことの重要性がある。この「私の時間」を獲得する人は、その時間全体に満足している。彼らは、自分自身のための時間と他者のための時間との間のバランス、やらなければならないことのための時間とやりたいことのための時間との間のバランスを、上手に見つけることができる。もう1つの発見は、毎日「何か」を達成することの重要性である。私達は何かを成し遂げると、時間に満足する。その何かは大きなものである必要はなく、大きなプロジェクトのかなり小さな部分を完成することでもよい。最後に、自分の時間に対して責任を取る人のみが、本当の満足感を得ている。何かや誰か――雇い主、電子メール、仕事量――を非難することは簡単だが、時間に対する責任を負わない限り、何も変わらない。

あなたは自分にとって本当に大事なことに時間を費やしているだろうか、それとも時間が何の痕跡も残さずに目の前を通り過ぎていると感じているだろうか。あなたの時間は、あなたの人生の生き方についての選択を反映しており、そして幸福への鍵を提供している。

KEY

・毎日自分自身のための時間を多少でも確実に作ろう。
・毎日少なくとも「何らか」のことを完成させよう。
・自分の時間に対して責任を取る人だけが、本当にそれに満足している。

イロナ・ボニウェル　Ilona Boniwell

ヨーロッパ初の応用ポジティブ心理学の大学院修士課程のプラグラムリーダー。意欲的な研究者であり、イギリスで最初のポジティブ心理学者である。ポジティブ心理学ヨーロピアン・ネットワークの創設者、初代議長であり、第1回ヨーロッパ・ポジティブ心理学会を企画した。BBC2で幸福を扱う番組へについての助言をし、ベストセラー本『Positive Psychology in a Nutshell（簡単ポジティブ心理学）』を著した。豊富な講演経験を持ち、しばしば国際的な心理学および専門家を前にして講演を行う。

085

幸福の政治

現代の政府に期待されていることは、「最大多数の最大幸福」が達成される諸条件を作り出すことである

マルク・エルハルドゥス――ベルギー

「幸福は非常に個人的なものであり、幸福になるためにはそれぞれが独自の方法を見つけなければならないとよく言われている。しかし、私はこれほど予測可能なトピックを研究したことがない」と、マルク・エルハルドゥスは言う。彼は、「最大多数の最大幸福」の条件を作り出すことで、政治家に疑問を投げかけている。これらの条件は、誰にとっても多かれ少なかれ同じであるようだ。

治療からケアへのシフト

約4500人のベルギー人を対象とした調査の結果、幸福度は、人々が暮らす状況、他者との関係および多くの態度を測る限られた数の変数に基づけば、かなり予測できるものであることがわかった。この研究が用いた幸福の指標には、多岐にわたる側面が考慮されている。幸福度は、人生への満足度に関する標準的な質問と、人生のさまざまな側面（仕事、家族、隣人、身体など）に関する多岐に渡る質問からなる36の質問と過去2週間に経験した心的状態に関する補足的な質問に基づいて測定された。幸福の予測可能性がきわめて高いことは、幸福を感じる具体的な方法が人によってさまざまであるとはいうものの、その幸福を達成する合理的な機会を持つために満たされるべき条件は、誰でもかなりの程度まで同じであることを示唆する。

このような見方は、幸福の政治の可能性を開いてくれる。もちろん、政府が市民に幸福を処方したり、あるいは（さらに悪夢のようだが）幸福になる方法を指南したりできるわけではないし、そのことが政府の責任であると問われるべきではない。個人の幸福を政府が決めるというのは、オルダス・ハクスリーの『すばらしい新世界』のような、暗黒郷のテーマである。それでも、幸福の予測可能性は、幸福と公共政策との間の実りの多い新たな関係性を実現可能にする。現代の政府に期待されていることは、「最大多数の最大幸福」が達成される諸条件を作り出すことである。これは、現在幸福に寄せられている新たな関心、およびそれに続く科学的調査の最も重要な結論のように私には思われる。この短い文章では、そのような幸福の政治にとってきわめて重要な政策領域を見ていきたい。

私達の幸福度を説明する要因は、数の上ではかなり限られている。それらは、条件、他者と知恵という、3つのカテゴリに分類することができる。

個人の幸福には他者が不可欠であることが明らかにされている。サルトル流の実存主義の「地獄とは他者のことだ」という意味ではない。それどころか、**地獄は他者の不在であり**、孤独が幸福の最も重要な唯一の破壊者である。孤独はしばしば病気や離婚によるパートナーの喪失などの出来事として訪れる。しかし、孤独のリスクは、人々が広い社会的ネットワークを持ち、任意団体に参加し（独りボーリングをしてはならない）、そして家の外で余暇を過ごす場合、著しく低減される。これは任意団体、地域生活、余暇の時間の追求、そして人々を結びつけて社会機構を強化する文化生活を積極的に促進して活性化させることによって、政府が役割を果たせる領域である。そして、そのような政策を支持するさらなる論拠は、任意団体への参加や家の外でのレジャー活動を積極的に行うことは、それ自体が孤独のリスクを低減させるわけではないが、高次の幸福と関連しているという事実があるからである。テレビを見ることが人々を不幸にする根拠は見つかっていないが、より幸福に導く趣味のための時間を確実に奪っている。

幸福の重要な条件の1つは健康である。重病や慢性的な病気にかかると、幸福になるのは難しい（それは自明である、と付け加えたくなる人もいるはずだ）。それでも、慢性病にかかっていても家族や専門的な介護者によって十分なケアが保証されている人々は、他の慢性病にかかっている人々よりはるかに幸福（より不幸ではない）であることを特筆する必要がある。したがって、幸福の政治には二重の責任がある：健康を促進することとケアを提供することである。健康はライフスタイルや予防医学を通じて促進することができる。幸福の政治は、特に教育水準の低い人々に向けて、そのような政策を進めるだろう。**教育水準の高い人と教育水準の低い人との間の健康状態の隔たりが大きくなっており**、この隔たりは治療へのアクセスよりもライフスタイルとの関係性の方が強い。したがって、幸福を促進するためには、治療からケアへの移行が必要である。これは急速に高齢化する人口を抱えたヨーロッパ社会における難問である。この人口統計学的現象はそのうえ、ケアを提供する意思を持つ（そしてやる気があり、能力のある）人の不足という脅威を伴っている。これは将来を見据えた、大胆かつ革新的な幸福の政治のためのきわめて重要な領域である。

幸福のもう1つ重要な条件は、経済的な安定である。平均的な所得から高所得になっても幸福度の上昇は、（とても）控え目なものである。高所得からきわめて高所得になった場合、幸福度の上昇は存在しない。つまりは、お金があなたを幸福にしないというのは概ね事実である。しかし、お金がないと確実に不幸になる。十分な所得があり「収支をやりくり」できる状態から、所得が十分でなく収支をやりくりできない状態になる場合には、幸福度の急激な低下がある。経済的不安定——仕事と将来の収入に関する不確実性——は、幸福にとって有害である。幸福の経済は、貧困と経済の不確実性の両方に対処すべきである。リチャード・レイヤードは、単に不幸な人を幸福にすることが幸福な人をさらに幸福にすることよりはるかに簡単だという理由から、真の幸福の政治が有する本質的に平等主義的な特徴をすでに指摘している。貧困と経済の不確実性が幸福にとって非常に有害であるため、幸福の政治は、平等主義的であるというだけでなく、過去半世紀にわたって北西ヨーロッパで出現した福祉国家と大きな類似性を持っている。

3つ目の重要な条件は時間である。時間のプレッシャー（時間的制約）の経験は幸福を低減させる。時間のプレッシャーは、キャリアを積まなければならない、家族を作らなければならない、子どもを育てなければならない25歳から50歳までの間の「忙しい」時期によく見られる。25歳以下の若者と60歳以上の老人に比べて中年は幸福でないという傾向があり、その結果、人生のこの段階での時間のプレッシャーは「中年の危機」を作り出す。時間のプレッシャーについて注目すべきことは、幸福への負の影響がより強くなるのは、人々が「もっとゆっくりしたい」「気楽にいきたい」と思う時であるという点である。その願いはしばしばくじかれ、それに続くフラストレーションが不幸を招く。過去半世紀にわたる物質的に豊かな社会において人のライフサイクルが著しく延びたという事実を考慮して、現代社会は、仕事の時間、家族の時間と余暇の時間をライフサイクルにおいてより均等に合理的に配分できるように、革新的な時間政策の開発に投資すべきである。

おそらく時間政策は除かれるが、幸福の政治に関連する政策領域はすでになじみのあるものとなっている。しかし、最大多数の最大幸福の観点からこれらの政策を見る場合、私達は、直近だけでなくより遠い将来の一連の新しい課題を取り上げる新しい視点で、これらの政策領域を見る必要がある。

幸福の政治はもちろん、個人の責任を除外するものではない。条件が整っている場合でも、条件を活用することをいとわず、活用することの意味を十分に意識しなければならない。同様の条件でも一部の人はその他の人よりも幸福である。この違いは概ね、人生の勝者でい続ける意欲と決心、今あるものに満足する楽観的な見方や能力といった、一連の態度や考え方によって説明できる。こうした態度や考え方は、古代の人が知恵と呼んだものであり、今日もなお有意義である――達成することは依然として困難であり、常に微妙なバランスを要求する。これらは、個人の幸福の探求を支援する多くの書籍、手法や心理療法も対象として扱っている。

この探求を促す簡単な方法は、幸福な人と不幸な人の経験を比較することである。比較の条件としては、比較可能な物質的環境の下で暮らして、類似の健康状態に恵まれて、同量の時間のプレッシャーに対処して、類似の知恵を謳歌していることが必要である。幸福な人の生き方から、どのような助言を得られるのか。答えは面食らうほど簡単で、現実的であることがわかった。自宅を所有しよう。「もっとゆっくりしたい」という思いは、本当は他のさまざまな娯楽（スポーツ、旅行、交際、読書、ガーデニング）にもっと時間を費やしたいということではないのかを問おう。すでにかなり詰め込まれたスケジュールにさらに負担をかけないようにしよう。時々一時停止して、活動リストを作ろう。それらの活動は必要で楽しいかどうかを確認しよう。必要でなかったり楽しくなかったりする活動を除外しよう。任意団体に参加し、友人に会い、余暇の時間を活動的に過ごし、そしてテレビを見すぎないようにしよう。友人を大事にして友情を大切にしよう、人生をパートナーや家族に制限するのは間違っている。これは、最高の夫婦（恋愛）関係や家族であっても、幸福をめったにもたらさない。

KEY

・政府は、積極的に任意団体、公衆衛生やヘルス・ケアを提供すると同時に、貧困問題と経済の不確実性の克服を促進すべきである。
・現代社会は、革新的な時間政策の開発に投資すべきであり、仕事の時間、家族の時間、余暇の時間をライフサイクルに渡ってより均等に、合理的に配分する必要がある。
・「もっとゆっくりしたい」と思いは、本当は他のさまざまな娯楽(スポーツ、旅行、交際、読書、ガーデニング)にもっと時間を費やしたいということではないのかを問おう。

マルク・エルハルドゥス Mark Elchardus

ブリュッセル自由大学(ベルギー)の社会学の教授。文化社会学と幸福の分野で多くの論文と書籍を執筆してきた。態度と思考、教育とメディア、特に社会と政治の責任の最近の動向を注意深く見守っている。

086

ムンバイの2人の医者

私達は被害者ではなく、生存者である

ジョシ・ワスンドハラ――インド

「私がちょうど1歳の時、私の親はムンバイに引っ越し、私はそれ以来ずっとここで暮らしてきた。私は、そのエネルギー、命、汚物、騒音、ありえない交通の全てを含めて、この町が好きである。貧しい人々が手頃なコストで良質なケアを利用できない状況に直面すると、私は不公平感を抱く。貧しい人々には生きる権利がないように時々思える」。ジョシ・ワスンドハラ博士は、最も困難な状況の中での幸福を探している。彼は、2人の同僚の話から始める。

一体何が起こっているか……

私の情熱は、貧しい人々のために都市の健康問題に取り組むことにある。私のビジョンは、手頃な価格で良質なヘルス・ケアを利用する権限が全ての人に与えられる社会である。この実現に向けて、政府と民間部門との協働が可能で、同時にインドの都市部の女性と子どもの健康に独自の影響を与える強力な組織を築きたいと思っている。全ては幸福に関わる問題である。このテーマについ

て、私は研究をほとんど行ってこなかったが、私の仕事の多くは人々が職場で幸福になることに関わっている。

2人の医者の話から始めよう。2人とも小児科医で、女性で、そして2人とも虐待を生き延びた人である。最初に私に強い印象を与えたのは、彼女たちの幸福度とエネルギーの顕著な差である。2人とも、いわゆる「標準の」家庭環境に生まれ育ち、そしてインドの伝統の「見合い結婚」をした。2人とも、最終的に離婚するまで長年に渡って虐待を受けていた。それと同時に、2人とも仕事を続けた。今日あなたが彼女たちに会ったら、ひとりは非常に成功して、さまざまな活動に関与し、エネルギーに満ちあふれており、もうひとりはある程度成功してはいるが、哀愁が漂っていて、彼女ができる全てのことを実現していないように思うだろう。私はこの違いについて知りたくなり、より詳しく彼女たちの話を聞くことにした。

この物語から判別できる唯一の差異は、彼女たちの自分自身に対する考え方である。ひとり目の女性は、自分が達成したことを楽しみ、人生の中の困難を克服したことをほとんど称えている。**彼女は、自分のことを環境に敗れることのない生存者だと見なしている。一言で言えば、彼女は自分の運命を作れると信じている。**もうひとりの女性は、自分のことを不幸な環境の被害者だと見なしていて、自分が運命のいたずらに翻弄されて、そして自分の運命は耐えることであると信じている。つまり、彼女は周囲の人に決められたイメージで自分を見ており、自分が本当に誰なのかを全く意識したことがない。

何が起きようと運命を受け入れる人がいるが、何が彼らをそうさせるのか。一方で、多くの人が不満を言い、チャンスを最大限に活用する人はほんのわずかだというのに。私がこれらの問題を提起するのは、誰が幸福であるか、誰がそうでないのかを決める上で役に立つと思うからだ。「幸福は苦しみの不在ではない」。幸福は、私達が何をするか、そして何を達成しようとするかであり、しばしば私達の周りに起こっていることとは関係ない。幸福は、自分自身と自分が行うことを称えられることである。たとえ逆境であっても、称えられることである。逆境の中に機会を見出し、さらにそれらを克服する能力を称えることである。幸福は、私たちが自分自身に語る物語である。

私はムンバイに住んでいる。この騒々しく、混雑して、（一部の人が言うかもしれないが）不潔な大都市では、命とエネルギーが鼓動している。私は政府系の病院で働いており、そこで医療従事者、医者、看護婦、家政婦や事務職員に出会う。病院は仕事が多すぎで、ムンバイの町のように騒々しくて混雑していて、非効率なシステムと資源の不足が状況をさらに悪化させている。全ての病院で、私は同じ言葉を繰り返し耳にする。「ここのスタッフはやる気がない。この状況をどうしたら変えられるのか。」

質問に答えるために、私達は十分にやる気があるとされるスタッフのうちの少数のメンバーに対してインタビューをすることにした。このような環境の下で人々に努力を続けさせるものとは何かを理解するのに役立つと思ったからだ。彼らは変化を生み出して成功する人達である。彼らは他の全ての人と全く同じ環境に直面していたが、粘り強く努力を続けた。一方、他の人は、環境が日常の業務を適切に行うことさえ妨げていると言っていた。ここで再び、2人の医者の友人と同じ差別化要因を見つけた。重要な違いは、人々の**自身についての考え方**、直面する環境、そして自ら変化をもたらす力を持っていると考えるかどうかということにある。

成功した人々は、物事をうまく運べると信じていたという意味において、実際に自分をパワフルだと思っていたはずだ。彼らは、「被害者」になることを拒否し、煩雑なお役所仕事と官僚制度を切り崩すまたは回避する方法を持続的に探し求めた。ある医者は私に次のように言った。「何か依頼するためにオフィスに入る時、私はそれを得ることが自分の権利だと信じていく」。もうひとりはこのように言った。「私は諦めない。求めるものを手に入るまでさまざまなアプローチを取り続ける」。そして、取り除けない障害や失敗にぶち当たった時、彼らはただそれを回避して先へ進む。

私は、うまく進められることや人生の中で称えられることに集中するこうした能力に驚かされている。この能力は、この世界における幸福への優れたツールである。幸福感を保ちながら、人生の苦しい瞬間の全てに対処することを可能にする。これは、私達がムンバイの病院で行った仕事に関する全てである。

病院のスタッフはサービス業で働いている。医者（彼ら全員でもない）を除くと、ほとんどの人は自分が社会のウェルビーイングに貢献すると考えていない。管理層が決めたように働くだけである。その結果、彼らの仕事の話は、人命を救うことや人を良くすることに関するものではない。それどころか、そのことを意識することなく懸命に仕事をこなさなければならないことになっている。このことは彼らを不幸にしている。これらのスタッフと一緒に仕事を始めた時、私達は彼らの勇気ある行動や治癒の話を明らかにしたいと思った。実際には、このような話がたくさん存在していることを私達は知った。こうした話を語るのは感情的なプロセスであることが多かったが、このプロセスが大きなグループの中で実行されると、意識の変化は——自分と他者の両方について——はっきりわかるものになった。要するに、それぞれのスタッフが自身および同僚に置く価値が増えたのだ。そして話す内容も変わった。

私の経験では、このような介入の後、ほとんどのスタッフが自分の仕事に以前より喜びを感じるようになった。しかし、この点において2つの具体的な課題がある。第一に、この「幸福感」をどのように測るのか。第二に、この変化をどのように持続させるか。組織内部で定期的に適切な話を観察し、重視することができれば、幸福は習得的行動になる可能性がある。私は、私達の望む方向に起こっていないことについての話をするべきではないと主張しているのではなく、変化を促すどんな力がすでに存在しているのかを検証することによって、それらの「ネガティブな」話を裁ち切ることができると言っているのだ。

私は、時々考え方があまりにも理想主義的であるというフィードバックを得るが、変化を見てそれが自身と他者にもたらす幸福を実感したら、そのメリットを無視することが難しくなる。**思うに、突飛に見える理由はこの考え方の単純さである。**私達はしばしば、幸福は複雑なもの、苦しみも問題もないある種のユートピアのようなものだと考える。しかし、幸福を求める全ての人にとって、それはただちに得られるものだと私は信じている。問題と苦しみは、単にプロセスの一部である。私達は一生懸命探すのをやめて、自分の長所を受け入れてそれを称えて、うまく活用できる物語を見つけ出しさえすればいいのである。

KEY

- 幸福は苦しみの不在ではない。周りに起こっていることとは関係なく、私達が何をするかが大切である。成功する人は自分をパワフルだと思っている。彼らは物事をうまく運ぶことができると信じている。
- 幸福は、「被害者」であることを認めるのを拒否し、私達が自身に語る物語である。
- この物語を語るプロセスが大きなグループの中で実行されたら、意識の変化は——自分と他者の両方について——顕著である。

ジョシ・ワスンドハラ Josi Wasundhara
TN医科大学とムンバイ（インド）のナイール病院から小児科医の資格を取得。ムンバイの公衆衛生システムやLTMGH（シオン病院）で新生児生理学者として10年間働いた後、仕事を辞めて、現在創設メンバーとなっているNGO、SNEHAに時間を捧げる。「SNEHAは病院の壁を越えて、ニーズに手を差し伸べて、母親と新生児の全く必要のなかった入院と集中治療を避ける。そして、女性と子ども達の健康のために彼らと直接に連携する」。

087

バタフライ・クエスチョン

ほしい物が手に入らないことは、時に素晴らしい幸運の巡り合わせである

セルジュ・バルタテスク——ルーマニア

「幸福は蝶のようなものである。追いかけると逃げていくが、じっとしていればあなたの肩に留まってくれる」。私達はよくこのような無意味な言葉を耳にする。しかし、あなたの人生の中で蝶が肩に留まったことが何回あっただろうか。蝶が留まらないのには理由がある。人間は花のように蜜を持っていないからだ。セルジュ・バルタテスクは、さらに3つのバタフライ・クエスチョンの正体を暴き、現在普及している考え方が間違っている可能性を示唆する。

イエスかノーか

↓幸福は長続きしないのか。

多くの人々は、幸福を一時的な状態（至高体験とも呼ばれている）、つまり数秒で達成されるが、それと同じくらいの速さで消えてしまう状態として捉えている。「幸福は決して長続きしない」というとわざもある。でも、私は同意できない。最高の喜びという瞬間的な感情は確かに存在する

が、幸福は違うはずだ。幸福はより持続的な特徴を持っている。私達の成功や失敗で変動し、将来の成長のための基礎を蓄積することを通して育むことができる。だからこそ、私は幸福の持続可能性という観点から語ることを好む。人類の将来のウェルビーイングを守るために、私達が責任をもって地球の資源を使う必要性について理解し始めているのと同じように、私達はすぐに損害をもたらすことになるかもしれない短期的な利益を避けて、長期に渡る個人の幸福にそれぞれ力を注がなければならない。薬物の使用と乱用、自己欺瞞、物質的強欲の全ては、幸福を持続不可能にする行為の例である。

それとは対照的に、個人の向上、文化的かつ精神的な満足感への関心、家族や友人への思いやり、利他的な行動への弛まぬ努力は、一般的に私達の長期的な幸福の機会を維持するための持続可能な燃料である。持続可能な幸福の基盤は、外国人嫌い、宗教的不寛容、そして強制消費といった有害な社会的感情を避けることを通して、社会的行動によって築くことも可能である。

↓私達は不幸になるようにプログラムされているのか。

私達が生物学的に決められている幸福度から逃れることはできず、時々不幸になるのも単に「プログラムされている」からだという考え方に、あなたは賛成するだろうか。実際には、事実は全く逆である。幼い頃の娘の成長を見つめているうちに、私はあらゆる経験から喜びを引き出す彼女の様子に驚かされた。私達は不幸になるのではなく、本当は幸福になるようプログラムされているという強い印象を受けた。しかし、私達は時にこの基本的で前向きな動因の目標を、人生のある特定の時期に満足感をもたらすと思われる一時的な欲望の達成と混同する場合がある。このような考え方こそ、私達の幸福に弊害をもたらすものであるかもしれない。幸福は私達の人生の目標の1つであり、おそらく最高の目標であるが、それを達成する手段に関する考えは度々変わる。ある賢者〔訳注：ダライ・ラマ〕はかつて、「ほしい物が手に入らないことは、時に素晴らしい幸運の巡り合わせであることを忘れないように」と述べている。それに、喜びの気持ちとその心理的な反応は人類に普遍的であるが、喜びを認識して、感じ、そして表現する仕方は大きく異なる。私達の遺伝子に書き込まれている唯一のものは、幸福に向けての広くて一般的な素因である：幸福の具体的な実現は、人それぞれで大きく異なっているのだ。

つまり、幸福への旅において身動きがとれなくなって、幸福が見つからない絶望感にとらわれるかもしれないが、そのような時はいつでも、私達は特定の価値観、好みと選択肢を持つ人間であることを思い起こすべきである。自分の本質——有意義で、独創的で、新しい物に心を開く性質のことである——を大切にして、幸福へいたるのは、舗装された道ではなく、しばしば険しくてでこぼこした道であることを認識すべきである。

↓幸福は完全に個人的なものなのか。

精神性や功利主義が重視される今日では、幸福は完全に個人的なものであるという概念は非常に一般的である。しかし、ウェルビーイングの歴史を研究することを通して、私はそれとは逆に、幸福は共同的な体験であり、集団、社会と文明によって社会的に築かれるものだとの結論に達した。

私達は幼少期から外的基準を身につけ、それにより自分の人生を解釈したり、それを満足感を生み出す手立てにしたりする。例えば、一部の社会では、「勝者が全てを手にする」という考え方、すなわち競争に勝つことが幸福の鍵であると子どもたちは教えられる。別の文化では、幸福への道のりは他者に奉仕して彼らと調和して暮らすことを意味する。常に意識しているわけでないが、私達は幸福の感じ方や表現の仕方もいくらか学んでいる。それぞれの集団や社会は独自の「感情のルール」を発展させていくものだが、それはすなわち私達が感情を認識して解釈する方法、さらに感情を引き起こす方法である。これらのルールは、場合によって私達を幸福な気分にさせてくれる（例えば、結婚式の日）が、また別の望ましくない状況では私達の幸福感を抑制する（例えば、葬式の場）。社会の一員として、私達は社会的な出来事の結果として作り出される国民の雰囲気にも影響される。国の代表チームがワールドカップで試合に勝った場合に幸福を感じる一方、多くの尊敬を集めている指導者が早死した場合には悲しい思いをする。

このように、私達の幸福は集団または社会のさまざまな幸福に依存している。この認識は共通の利益に寄与するための社会参加を促進するはずであり、それが再び私達に恩恵をもたらすことになるだろう。研究によれば、国富によって生み出された道路、医療制度、自由そして文化的機会といった経済的、社会的インフラから恩恵を受けているという理由だけで、豊かな社会の貧しい人々は貧しい社会の中～高所得の人々よりも幸福であるという。高度に発展した秩序ある社会では、国民の雰囲気は概して楽観的であり、必然的に社会のメンバーに対してある程度のポジティブな影響を与えている。一方、その逆もまた真実である。不幸な集団や社会のメンバーであれば、幸福になるのは難しい。したがって、完全に個人的なものであるどころか、幸福は私達の共有財産であり、個人と集団の両方のレベルでの社会的志向の政策によって発展あるいは達成されうるものなのである。

KEY

・ポジティブな個人行動または社会行動は、私達の幸福を持続可能にする。
・私達は幸福になるようプログラムされているが、その幸福を達成する方法は私たち自身の創造力に大いに依存する。
・私達は他者の幸福に依存する。利他主義は私達自身の幸福にきわめて重要である。

セルジュ・バルタテスク Sergiu Baltatescu

オラデア大学（ルーマニア）の社会学・ソーシャルワーク学部の准教授。コンピュータサイエンスの道を進んできた一方、1989年の共産主義体制の崩壊後に起きたルーマニアの急速な社会変化に強く関心を抱き、「ポスト共産主義社会のルーマニア社会における幸福」という博士論文を執筆し、文化的変化と生活の質に注目する社会学者となった。集団（若者、男女、マイノリティー、移民）における幸福を研究し、国民性、社会的信頼、国民の雰囲気、正義感、社会的疎外に関わる主観的ウェルビーイングのさまざまな要因を検討している。

088

家族の絆

私達は4世代24人と同じ屋根の下で暮らしていた

デーヴ・ラージ・パウデル――ネパール

近年、多世帯が同居する大家族の数は大幅に減少している。デーヴ・ラージ・パウデルは、ヒマラヤ山脈の裏側で、4世代24人と同じ屋根の下で暮らしていた。彼は、学校に通ったことはないが絶対的リーダーシップを持つ祖母から人生の教訓を学んだ。家族の絆が幸福に与える影響だ。

全てのことはおばあちゃんのもとで

確かにかなり珍しい事例だが、今の時代に4世代が同じ屋根の下で暮らすという考えは、第三者には驚くべきことである。しかし、大家族で暮らすことは、私のインスピレーションの真の源となっている：同じ住居を共有すること、同じキッチンで作った料理を分かち合うこと、同じ宗教を信仰すること、そして財産を共有すること。振り返ってみると、私はあんなおばあちゃんがいて恵まれていたと思う。私は30年以上彼女と一緒に暮らしていた。その間に、間違いなく彼女から人生の最も大切な教訓を学んだ。一緒に暮らした時間は、最高の瞬間と最も幸福な経験、そして今でも大切に思っている思い出ももたらしてくれた。彼女がそばにいてくれたおかげで、人生は素晴らしいものであった。彼女は、昨年91歳の高齢でこの世を去った。

私達はもともと教育のゆきとどいていない村に暮らしていた。村は街から遠く離れていて、早歩きしてもほぼ1日かかる。当時、学校は珍しいものだったが、おばあちゃんは、父とおじさんたちは学校に行って勉強すべきだと考えた。限られたお金を教育に割り当てるかどうかについて、しばしば熱い議論があった。しかし、彼女の揺るぎない決意と信念は、息子たちを村で初めて高校を卒業した子どもにした。その後、私は村で大学行きを初めて実現した人間となった。今でも私は、(他の村人同様に)いかなる教育も受けたことのない彼女が、教育の意義とその利点を理解していたという事実に驚いている。どのように知ったのか。誰を参考にしたのか。

読み書きはできなかったが、彼女は家庭内の調和を保つことに失敗したことがなかった。24人以上が同じ家に暮らしていたので、これは簡単なことではない。考え方、態度、優先事項がそれぞれ異なる24人の人間である。しかし、彼女の成功は決して偶然ではなかった。私達の精神を高揚させ、家族の序列を遵守させた重要な要素は、家族構成の基本的な土台とリーダーシップだった。彼女は、共有すること、妥協すること、助け合うこと、ともに生活すること、そして他者の自由を尊重することを教えてくれた。私達に最初から正しい価値観を身につけさせて、私達の関係を強固にしてくれた。外の人間にとって、一部のメンバーは集団的家族精神のために犠牲を払わざるをえないように見えるかもしれないが、それは事実ではなかった。**最終的に、家族全員が満足していたのだから。**

彼女が家族のリーダーとしての役割をうまく果たすことに成功させた特質とはなんなのか。公正と道徳である。公正はおばあちゃんの身に染みついていた。偏見やえこひいきで彼女を非難した人はなかった。家族のルールに従わなかったあるいはルールを破ったのが誰であっても、彼女は全ての子どもや孫を平等に扱った。多世帯が同居する大家族は、このような偏りのないリーダーシップによってのみ可能である。夕食の後、炉火のそばに座って、彼女は道徳について教えてくれたものだった。彼女は最善を尽くして、根拠に基づいた事例を用いて子どもを教育した。生涯を通して、私のおばあちゃんはあらゆる手段を講じて私達の家族をつなぎとめてくれた。彼女は大いに成功した――そして、大家族で暮らすのは最高の生き方であることを、誇りをもって証明した。

KEY

- 多世帯が同居する大家族は、共有することを学ぶことの重要性を示している。
- 調和は偏りのなく鼓舞するリーダーシップに基づいている。
- 家族の絆の基本的な要素は、公正と道徳である。

デーヴ・ラージ・パウデル　Dev Raj Paudel
カトマンズ（ネパール）にあるキャピタルカレッジと研究センターの創設者およびディレクター。このカレッジは、ネパールのトリブバン大学に属する。社会学と林学の2つの修士学位を持ち、自然資源管理、社会学、アプリシエイティブ・インクワイアリー（ポジティブ心理学に関連する）の分野に関心がある。

089

愛の夜明け

あなたが存在するから私が存在するのである

アナスターシア・M・ブカシェ――南アフリカ

アナスターシア・ホワイトの人生は、南アフリカという国そのものの物語のように読むこともできる。白人の家庭で生まれて、15歳の時にアフリカ民族会議の黒人武装組織の反アパルトヘイト活動家となった。ネルソン・マンデラの釈放後、彼女は平和を訴える活動家になり、尊重と寛容というテーマに取り組みながら、南アフリカでの和解に向けた戦いに尽力した。今、アナスターシア・M・ブカシェ博士は彼女の娘を相手にその夢を語っている。

見果てぬ夢

早朝、私は夜明けの到来を座りながら待っている。かすかな光がさまざまな可能性をささやいてくれる一時である。どこかで読んだように、「希望は夜明け前の暗がりで、光を感じて歌う鳥たちだ」。私が日の出を待っていると、新しい夜明けの希望に満ちた兆しに美しい旋律を歌う鳥たちが現れる。これは、幸福になる可能性を待ち続けて、聞いたり読んだりしたことしかない幸福の存在が真実であること願い、その存在を心の中で感じながら生きてきた、私の人生を象徴しているかのようである。朝は活力をくれる。私達が誰なのか、過去に何があったかに関係なく、新しい始まりと新たな自信を知らしめる活力を。夜明けは繊細な一時なのだ――鳥たち、徐々に温かくなる夜の冷たさ、空を照らしていく、ほとんど感知できないかすかな光。そして、太陽、輝く火の球が地平線から現れて、照れくさそうに世界に挨拶する。幸福がそこにはある。

幸福を定義することは非常に難しいが、生活の中に存在している時はとても明らかである。幸福は、夜明けの光のようにゆっくりと私達の意識に浸透したり、真昼の日差しのように燃えさかりながら私達の生活に入り込んだりする。幸福は活力と命の源であり、私達はそれを追求する一方でしばしばその存在自体を疑いもする。これは確かにパラドックスだ。幸福は私達の存在の中核であるが、幻のように捕まえにくい。少なくとも私にとって、これは事実である。**幸福は虹の終わりにあるという黄金のつぼのような見果てぬ夢だと考える人がいるが、私もそのひとりだ。**皮肉なことに、そんな私が幸福について書くよう依頼された。友人には何を語るのかといって笑われたほどである。彼らの言う通りだ。人生を振り返っても、私は幸福について何か知りえたことがあったのかどうか疑わしい。しかし、おそらく何かの欠如を知ることは、そのものの存在を知ることでもある。あるいはこう言ってみよう。おそらく私は幸福を、よく知らない場所で見つけなければならなかったのだと。

私が確かにわかっていることは、幸福と愛の関係である。この両者は表裏一体であり、お互いが出会う時に活性化する。この関係性の概念は量子力学の中核でもある。物理学者は宇宙の構成要素を分離することを探求する中で得た、いまだ不完全に思われる答えに驚いてしまった。物質を分解して宇宙の最も小さな構成要素を特定しようとする中で、彼らが見出したのは、天体の共生関係だけだったのである。この関係性の重要性は、アフリカの伝統知においても重視されており、ウブントゥ（Ubuntu）として知られている。ウブントゥは、簡単に言えば、私の人間らしさはあなたの人間らしさに依存していることを意味する。さらに言えば、**人間は他者の存在によって存在しうる。**あなたが存在するから私は存在するのである。

愛は時代を超えて、さまざまな形式の芸術の対象となってきた。愛は個人の生活の追求でもあり、数え切れないほど会話に上り、すべての精神的伝統の土台でもある。愛は、一体性、情熱、完結性、成功、痛み、苦しみ、憧れのイメージを連想させる。愛は息切れするほどの感情に対処することであり、努力して最終的に獲得する価値のある目標である。愛と幸福は良きパートナーと言うのがふさわしく、どちらか一方がなければ他方も見つけにくい。互いが出会い、完全なものになるのだ。しかし、この完全性を保持するために、自分の愛と幸福を強く握り締めすぎて、殻の中に閉じこめてしまうことがある。なぜか？　なぜこの2つは切り離せないのか。また、いったん見つけたら、なぜ保持することはそれほど難しいのか。

私の経験上、問題の一部は、愛とは何か、そして私達を幸福にするものとは何かについての私達の先入観にある。人間の精神に関する長年の研究は、これらの先入観が幼少期に形成されることを示している。その形成期において、一連の神経経路が形成され、その後の人生でも存続する脳の発達のパターンが決定される。これらの先入観を変えることはまだ可能だが、相当な努力と他者からの大きな愛情のこもったケアを必要とする。また、これらの先入観は一連の期待を生み出し、幸福と愛への探求の案内人となり、どの方向へ進み、そして誰と旅をすべきなのかを伝える。

この案内人はしばしば嘘をつき、私達を自壊へと導き、さらに幼少時代から未解決のジレンマがまだ存在していると偽る。この案内人を信頼できないことを、私は苦労して学んだ。今の私には、夜明けの声という新しい案内人がいる。私達の内なる真実とそれらを満たしたいという願いを知っている静かで繊細な可能性の声である。人生の厳しさと社会の条件づけによって退けられる、静かで繊細な声である。時には聞きづらいほど静かで繊細な声だが、いったん聞こえたらしっかり耳を傾けるべきであり、あなたが一体誰なのか、あなたを幸福にするものは何かについて真実を語らせるべきである。

この声を見つけて人生の宝物にするためには、神秘家たちが言う「魂の闇夜」への旅が必要である。それは自我境界の粉砕、真実と理解しているもの全ての喪失、私達が誰なのかということと私達が知っていることとの間の分断を意味する。無という静寂の場は、答えもなく行き場もないために、より正確に言えば夜と呼ばれる。それは待機する場であり、忍耐と時の流れだけが求める答えをもたらしてくれる。そしてそこで私が見つけた秘密は、真の宝物が自らの内にあるということである。私達が追求する愛とは自身を愛する能力であり、それがもたらす幸福が人生の全ての過酷さを耐えてくれる。いったんこの中核が見つかれば、温かさと光で満たされる。それは私達の生活を静かに優しく照らしてくれる太陽であり、輝きを広めて、私達の存在の全てを包んでくれる。

幸福の夜明けの光が私の人生を照らしてくれたように、私は、もっと簡単な方法はないのだろうかと思う。娘の成長を見ながら、私は彼女にとって夜がそれほど暗くもなく長くもなく、あるいはもしかすると夜が全く必要ないことさえ、祈っている。しかし、私は彼女の道がどのようなものであろうと、自分の旅に耐え抜くことを願っている——今の私には見果てぬ夢が確かにあることを知っているのだから。

KEY

・幸福と愛は強い関係性を持つ。この両者は表裏一体であり、お互いが出会う時に活性化する。
・先入観は一連の期待を生み出し、幸福と愛への探求の案内人となる。しかし、この案内人はしばしば嘘をつく。可能性を約束する夜明けの静かな声に耳を傾ける努力をしよう。
・真の宝物は自らの内にある。私達が追求する愛とは自身を愛する能力だ。

アナスターシア・M・ブカシェ（本名アナスターシア・ホワイト） Anastacia M. Bukache

反アパルトヘイト闘争の最中に活動家の家庭で生まれた南アフリカ人。こうした状況の中で、当時高校生であったにもかかわらず１９８０年代の学生運動に積極的に関わり、15歳の時にはアフリカ民族会議の武装組織ウムコント・ウェ・シズウェに入り、国内で軍事訓練を受けた。１９９０年までに、南アフリカは民主化への交渉に基づく移行期に入り、それが武装闘争の停止につながった。しかし、国レベルの交渉プロセスは、人種隔離政策の撤廃を目指す政治運動と人種ごとに形成されているコミュニティという矛盾した状況から生じる激しい衝突に悩まされた。現場で多数の死者が出続けているにもかかわらず、交渉のための場を維持するために、調停者と武力行為の監視要員としての役割を果たした。１９９４年には、南アフリカ初の民主的選挙を運営するために形成された独立選挙管理委員会で働き、その後、新しく作られた安全・危機管理省に出向して、治安維持活動のための新しい法律の整備および実施に取り組んだ。その仕事には、反アパルトヘイト闘争時の敵対者だった警察と地域社会のメンバー間の和解を促進することも含まれていた。１９９８年、アメリカのクリーブランド州にあるケース・ウェスタン・リザーブ大学で博士課程の勉強を始めた。博士論文は、ナイジェリア、南アフリカ、パレスチナの3つの事例の比較を通して、民族紛争、宗教紛争および政治紛争への介入のための新しい枠組みの構築に焦点を当てた。この論文は、紛争参加者としての個人的な経験と、調停者としての専門的役割から学び取った教訓を統合することを目指した。２００４年に南アフリカに戻り、現在ウィルヘスプライトセンターという非営利団体を率いて平和構築に力を注ぎ、国内外で教育研究活動を行っている。

090 幸福な高齢者

高齢者の生活の質を決める5つの重要な側面は、健康、家族、経済状況、社会的ネットワークと余暇活動である

フェルミナ・ロホ＝ペレス、グロリア・フェルナンデス＝マヨララス――スペイン

80歳以上の高齢者は、多くの国で総人口の中で最も急増している年齢層である。世界的には、2008年から2040年までに総人口が33％しか増加しない一方で、この年齢層は233％も成長する。一部の先進国では、2020年に人口の約20％が65歳以上になる。このような激増は彼らの幸福感にどのような影響を与えるのか。フェルミナ・ロホ＝ペレスとグロリア・フェルナンデス＝マヨララスがスペインから報告する。

高齢化と生活の質

人は自分の家で暮らして年を取っていく。家は、人生を過ごす場所、思い出を与えてくれる場所、年老いていく時に暮らしたい場所である。年を重ねるにつれ衰えたとしても――おそらく健康の衰え、家族の減少や社会的ネットワークの縮小、所得の減少のために――高齢者は自分の家で、あるいは感情的な表現で最も近い血縁者の家で暮らし続けることを望む。彼らは老人ホームで暮らすことをめったに選ばない。スペインの人口の17％は65歳以上であり、そのうちの98％が家で年を取っ

ていく。

この数十年間、生活の質の研究の一部として、私達は生活環境の観点から高齢者の人口を研究しているが、その際には特に高齢者の意見を考慮している。科学的には、「生活の質」という用語についても、「幸福」という用語についても、どのように理解されるのかという点については、一般的な合意が得られていない。それにもかかわらず、「幸福」の計測は、満足度とともに、21世紀の初頭の高齢者人口の状況に洞察を得るための指標として使われている。

生活の質という概念はさまざまな領域と関連している。つまり、生活の質というのは、多面的な概念である。高齢者が人生における最も重要な側面について尋ねられて最初に言及するのは、健康、家族、経済状況、社会的ネットワークと余暇活動の5つの項目である。また、重要度は比較的に低いが、彼らは感情的ウェルビーイング、価値観や態度、宗教性、居住環境、社会的支援と雇用状況といった6番目の側面についても触れる。

上述の側面のそれぞれに関わる主観的ウェルビーイングや満足度に基づく一般化したモデルでは、月収、地域社会の社会的ネットワーク（隣人）、一般的な健康状態、家族のネットワーク、居住地、外見または見た目の年齢、共同生活の様式といった決定要因が最も重要だと考えられている。特定の側面について回答者が「非常に満足している」と断言する場合に限り、その側面が生活の質に直接に関係していると考えられる。つまり、「非常に満足している」というのは、生活の質を実際に向上させる唯一の満足度カテゴリーと言える。これは、高齢者の所得に対する比較的に低い平均満足度と、それが彼らの生活の質に与える影響との間の明らかな食い違いを理解する唯一の方法である。このような経済的側面に関しては、高齢者世代は、社会が年金、医療、住宅面への投資に大きな努力を注いでいないことに関する懸念に焦点を当てる傾向がある。

65歳以上の人口の多くは、比較的良い健康状態と機能的能力に恵まれている。とりわけ、比較的に「若い」老年男性と社会的地位の高い人々の健康状態は、一般的に最も良い。機能的能力は、家事を考慮するかどうかによるが、性別によって異なる。これらの活動を考慮したら、男性の能力は比較的低水準と表されるが、これは何であれ身体障害が理由ではない。それはむしろ女性に割り当てられた社会的・文化的役割に関する問題である。

親戚と一緒に暮らすこと（世帯員が相対的に少なくても）と、家族という集団の周りに築かれる人間関係のネットワークは、高齢者にとって家族というものを人生に大きな満足感を与える源にする。**家族同士の感情的な絆の側面だけでなく、いざという時の相互扶助ネットワークとしても家族は大切である。**実際、家族は扶養高齢者の支援やケアの主要源である。

高齢者の社会的ネットワークにおけるもう1つの鍵となる要素は、居住環境における隣人との関係である。このネットワークは、古くからの友情のネットワークを補完するか、場合によっては代替することができるので、大いに重要視されている。

家は個人の居住環境の中核であり、高齢者の生活の質を決めるもう1つの要因である。客観的に言えば、家は、おそらく彼らがまだ若い頃、人生のさまざまな段階で購入されたものであり、たとえ高齢者自身が非常に満足していると言っても、彼らの現在の生活状況に適さなくなっているかもしれない。この点において、家のリフォームシステムを通してこの不適合を緩和する、新しい政策が必要とされるだろう。多くの高齢者は、引っ越しに興味がないか負担できなくなっているために、住居の移動は実質的な選択肢ではない。

ここで、高齢者の生活の質に影響を及ぼす主な側面や条件について科学的にまとめよう。福祉国家の観点から、高齢者は本来の場所（つまり家）で年老いていくプロセスを促す社会的、政治的機関からの具体的な行動計画を必要としている。しかし、最も弱い立場にある人々が地域社会の中で日常活動を行うにあたり、支援やケアという観点では、高齢者のニーズは依然として十分に満たされていない。したがって、地域社会における生活環境の貧弱さが望まれない施設収容に結びつくことがあるので、「生活の質」と関連づけて「本来の場所で年老いていくこと」を考えるように、私達は政策立案者に呼びかけたい。

KEY

・高齢者の生活において最も重要な5つの側面は、健康、家族、経済状況、社会的ネットワークと余暇活動である。最も高い満足度は、家族、社会的ネットワーク、居住環境との関連で表される。

・高齢者は、自分の「家」や最も緊密な関係を持つ家族メンバーの家で暮らし続けることを望んでいる。このことも、家族、隣人と彼らの家の重要性を強調している。

・高齢者は家で年老いていくプロセスを促す社会的、政治的機関からの具体的な行動計画を必要としている。

フェルミナ・ロホ＝ペレス　Fermina Rojo-Perez

グロリア・フェルナンデス＝マヨララス　Gloria Fernandez-Mayoralas

2人とも地理学の博士号を持ち、マドリード（スペイン）のスペイン国立研究協議会の高齢化研究グループに所属する。スペインの高齢化の決定要因の解明を目指す学際的な長期的研究プロジェクトに関わっている。高齢者の生活の質に焦点を当てている。

091

1分ごとに

1日中幸福でいたいなら酔っぱらうこと。1年間幸福でいたいなら結婚すること。一生幸福でいたいなら庭を造ることだ

ジョナサン・ガーシュニー、キンバリー・フィッシャー——イギリス

世界中の人々が1分ごとに自分達のすること、感じることをそのまま記録する日記をつけ、オックスフォード大学の時間利用研究センターがこれらのデータを分析している。ジョナサン・ガーシュニーとキンバリー・フィッシャーは私達がどんな活動を楽しんでいるのか正確に知っている。

毎日の効用

1990年代に、オックスフォード大学のマイケル・アーガイル講師は、「1日中幸福でいたいなら酔っぱらうこと。1年間幸福でいたいなら結婚すること。一生幸福でいたいなら庭を造ることだ」と学生に伝えた。文化的な感受性からこの処方箋に違いは出てくるものの、時間スケールが異なれば関連する「喜び」も異なるということは、生活体験の質に関する認識の多重性を示唆する。私達は意味に合った言葉を使うべきであろう。1日の場合は効用（utility）、1ヵ月の場合は喜び（happiness）、さらに長い場合は充実感（contentment）。ここでは効用、つまり活動の最中に体験する喜びに焦点を当てる。

私達の研究は、さまざまな国の人から無作為に抽出した調査対象者が1年間毎日書き記した日記を分析する。私達は調査対象者に、それぞれの活動が何分かかるかを示す時間軸に沿って、何をしていたのか、同時に行っている活動があったかどうか、誰と一緒だったか、どこにいたのかを記録するように指示した。この日記によって研究のテーマは、女性と男性が賃金労働と家事をどのように分担しているかに関するものから、ワーク・ライフ・バランスの変化やひとりで行う活動と他者と行う活動の変化に関するものまで多岐に渡るものとなった。

私達はアメリカとイギリスのデータを比較した。フランスの最近のデータとの比較も同様の結果をもたらしている。人々は家の外での余暇活動を最も楽しんでいる。**テレビを見ることにかなりの時間を費やしているが、他の余暇活動と同じように、人々はそれを高く評価していない。**多くの人は賃金労働より余暇を楽しんでいる。当然のことながら、家事（そして、通勤や送迎といった交通に関わる要素）は最下位をつけられている。人々は自分が楽しめる活動に時間をかけるとより大きな満足感を感じるが、それはある程度までのことである。一定の時点を過ぎると、同じ活動にさらに時間を費やすことは、人々の満足度を低下させる可能性がある（イギリスとアメリカでは類似の度合いだった）。活動にかける総時間が増える場合、余暇活動の効用は他の活動に比べて大幅に低下する。

女性と男性では、ほとんどの活動について、いくつかの明らかな例外を除けば、楽しむにせよ嫌うにせよそのレベルは似通っている。女性は男性に比べると家の中での余暇活動をより楽しみ、子育てをあまり楽しんでいない。後者の結果は、女性が不快な日常活動の大部分や子育ての日常的な世話の部分を担っており、アメリカとイギリスの男性の家事は主に相互作用的な子育て（物語を読むこと、スポーツをすること、宿題を手伝うこと）に限られているという事実によって説明される。全ての親にとって相互作用的な子育ては日常的な世話より満足度が高い。

数十年に渡って収集した日記に関する研究は、人々の日課がどのように変化しているかを明らかにする。人々が自身の行動にどのように感じているかを理解することは、彼らの日課の変化に伴う満足度の変化を明らかにする。例えば、家族同士の会話の時間が家の中より車の中でのほうが増えたら、人々は不幸になる。

私達は、代表的なサンプル人口が一定期間に渡って行ったさまざまな活動範囲から——活動時間に活動満足度のスコアを掛けて——日記ベースの総効用を推計することができ、さらに国民効用勘定（この分野の第一人者であるアラン・クルーガーやダニエル・カーネマンは国民時間勘定と呼ぶ）を作り出すことができる。概して、**最近の変遷を見ると、総効用は大きく変わっていない。**これは、近年の幸福度もほぼ一定のままであることを意味するのだろうか。これについては何も明らかになっていない。反抗期の若者に対して学校の試験に合格させるために行う日常的な手助けと関連する活動はかなり嫌なことであろうが、いったん試験が終わると私達は喜びを感じ、子どもが人生の重要な時期を乗り越えるのに役立ったという長期的な充実感を感じるかもしれない。

報告された総効用は物語の一部しか伝えていない。1960年代から、イギリスとアメリカの女性は低効用の家事時間と高効用の睡眠時間を徐々に減らして、比較的に高効用の賃金労働時間と低効用のテレビ視聴時間に置き換えてきた。これらのさまざまなシフトが必然的に互いにバランスを取るという明確な証拠はない。現在の研究は、行動パターンの変化と効用の変化が人々の幸福度とどのように関係しているのかをよりうまく説明することを目指している。

政府の政策やビジネスの事業戦略は、経済成長を促進すると同時に人々をより幸福にすることができるが、一部の政策は経済成長を促進する反面、生活を不幸にするという代償を払う。生活の質へのあらゆる影響を理解するためには、政策立案者は従来の経済指標に加えて、人々の効用と幸福度、日々の活動パターンに関する指標を用いる必要がある。人に重要なのは、金銭でなくウェルビーイングであることを政治家やビジネスリーダーに気付かせる必要がある。

KEY

・時間スケールが異なればと関連する「喜び」も異なるということは、生活体験の質に関する認識の多重性を示唆する。私達は意味に合った言葉を使うべきであろう：1日の場合は効用、1ヵ月の場合は喜び、さらに長い場合は充実感。
・人々は戸外での余暇活動を最も楽しみ、家事に最下位の満足度をつける。しかし、ある活動に従事する総時間が増えるほど、それがもたらす効用は他の活動に比べて大幅に低下する。
・人々に重要なのは金銭でなく幸福度であることを政治家やビジネスリーダーに気付かせる必要がある。

ジョナサン・ガーシュニー Jonathan Gershuny
キンバリー・フィッシャー Kimberly Fisher
両者とも、オックスフォード大学にある時間利用研究センター（CTUR）に勤務。CTURは多国間における時間利用研究（MTUS）というプロジェクトを推進している。MTUSは、時間日記という調査に関する世界最大規模の横断的かつ国際的なデータベースである。ガーシュニーは、社会学の教授であり英国学士院の会員、CTURのディレクター、そして国際時間利用学会の前会長であり、フィッシャーは、MTUSとCTURのウェブ情報のコーディネーターである。

092
良き生活

私達は喜びのためのレシピとして、悲観的感情を利用することを学ぶ必要がある

フィリップ・ファン・パーレイス——オランダ

「個人レベルでは、私達は幸福な生活ではなく良い生活を目指すべきである。集団レベルでは、私達は幸福な生活ではなく公正な社会を目指すべきである。これらの努力は、運がありさえすれば私達の生活や社会を幸福にしてくれるはずだが、しかしその保証はない」。フィリップ・ファン・パーレイスは自分に問いかけている——なぜ保証がないのか。そして保証は重要なのか。

嬉しい副産物

社会をより公正にするものは何であろうか。社会をより幸福にするものは何であろうか。この両者は緊密な関係を持っていないのだろうか。いくつかの点では関係している。例えば、社会をより公正にするには、全ての人に基本的な物質的安定を保証することが不可欠である。これは、不安定な生活を余儀なくされている人々を悩ませている苦しみを取り除くことに役立つだろう。社会をより公正にするには、あからさまに不公平な特権を取り除くことも不可欠である。これは、人生を台

無しにする恨み、憤り、怒りを和らげることに役立つだろう。

しかし、可能な限り公正な社会を作り上げても、必ずしも社会が幸福になるという保証はない。より大きな正義とは、より恵まれている人々から彼らが慣れ親しんでいるものの一部を取りあげて（非常に恋しく思うようになるだろう）、この「富」（いかなる形の富でも）を客観的にあまり恵まれていないがより幸福な人々に譲渡することである。彼らがより幸福なのは、自分の要求を質素な状況に順応させてしまっているからだ。より大きな正義は機会の均等化も必要とする。しかし、サミュエル・ストーファーの『アメリカ兵』（1949年）以来の社会学的研究が記録しているように、剥奪されていた上昇志向の機会を特定のカテゴリーに属する人々により多く提供することは、機会が改善された人々と悪化した人々の両方において、結局は前より大きな不満を生み出すことになる、相対的な剥奪の力を解き放つことになりうる。

一般的には、不幸とは今持っているものと望むものとの間の隔たりであるが、不公正とは今持っているものと正当に主張できるはずのものとの間の隔たりである。要求と正当な主張が必ず同時発生することを示す普遍的な理由はない。**したがって、当然ながら、不公正を低減すること（私達がしなければならないこと）によって、不幸が増加することもありうる。**

最大幸福を達成するという考えは、集団的な目標としては理にかなっていないものの、私達個々人の生活目標としては理にかなっているかもしれない。たとえそれが公平な集団規則に定められている規制の範囲内であったとしても。私達個々人が幸福になるために努力できる方法は2つしかない。自分が持っているものを自分の要求に近づけることと、自分の要求を自分が持っているものに近づけること。これら2つの戦略はいずれも物質的なものに限定されていない。両戦略は大量消費の欲求と同じくらい、博愛主義的な熱意とも関係している。両戦略は権力への渇望と関係し、ロマンチックな欲望に劣らない。

これら2つの戦略のどちらを採用しようとも、私達の人生の目標は幸福を達成することであると言うのは適切だろうか。いや、そうではない。私達の目標は良い生活であるべきだ。よく考えた上で、私達自らの基準で良いと判断できる生活である。**かなり幸福な生活を送っていた、または現在送っていても尊敬はされないような人々**や、かなり不幸な生活を送りながらも達成不可能なことを目指し続けている、称讃に値する人々を、おそらく誰でも思い浮かべることができるだろう。死ぬまで自分を苦しめるアーティストも少なくないし、幸いにも隣人が調整してくれた状況に無益に抵抗することで自分自身や家族を失う反抗的な人々も少なくない。したがって、幸福は概念的必然性や道徳的必然性の観点から生活を良くするものではない。その一方で、幸福は、私達が良いと思える生活を送る時の要因であることが多く、時には副産物であると言える。

幸福は私達をより強くし、良い生活に導いてくれる。フラストレーション、嫉妬、失望、絶望、憂うつの全ては、私達を消耗させる。したがって、私達の精神がこれらの負の感情と距離をおくように管理することは、生活をより幸福にするだけでなく、より良くすることにも役に立つ。例えば、財力相応の生活を楽しく送るという分別を身につけることによって、絶えず贅沢志向を求める自滅的なレースから脱出することは賢明である。同じ精神で、**私達は挫折を機会に変えることを学ぶ必要がある**。私達は自分の失敗や間違い――繰り返さないための方法を学ぶ場合を除き――を忘れる必要がある。そして、無意味な後悔に時間を費やすのではなく、未来のことを考えるべきだ。特に一定の年齢を過ぎたら、来るべき新しい1日1日を贈り物として考えるべきだ。死の必然性も含めて、自分達が変えることのできない人生の事実を静かに受け入れることを学ぶ必要がある。そして、喜びのためのレシピとして、悲観的感情を利用することを学ぶ必要がある：もし肯定的な期待を抑えて否定的な予想を誇張したら、生活は嬉しい驚きに満ちたものになる。

これらの多様な方法で、私達を消耗させる不幸感を回避でき、それによって、大なり小なり生活を良くしてくれるさまざまなことをなすために必要な、希望、バランス、熱意を育み続けることができる。逆に言えば、生活の良さはまた幸福につながる。生活が自分の基準で良いと言えるものであれば、あるいはできる限り良い状態であれば、達成しうる最も幸福な生活でないことはおそらくそれほど重要ではない。生活をできる限り良くしようとすれば、おそらく欠けていた心の安らぎという落ち着きがもたらされるはずである。このような幸福感を達成するには人生計画を、自身のつかの間の人生という境界を越えるもの、家族や信念、組織や地域社会に貢献するもの、あるいは自分の関心や努力の一部、幸不幸にかかわらず一時を捧げるのに値するものとして見る必要があるだろう。生活を良くするものの多くは、私達が死んだ後に明らかになるか結実するだろう。これは、もちろん私達が永遠に知ることのないものである。しかし、私達は希望を持つことができる。そしても希望を持てるならば、私達は幸福を見つけることができる。幸福になろうと努力したからではない。幸福は、単にやるべきだと思ったことをやってきたことの嬉しい副産物であるからだ。

KEY

・個人レベルでは、幸福な生活ではなく良き生活を目指すべきである。集団レベルでは、幸福な生活ではなく公正な社会を目指すべきである。
・個々人が幸福になるために努力できる方法は2つしかない：自分が持っているものを自分の要求に近づけることと、自分の要求を自分が持っているものに近づけること。
・私達の目標は良き生活であるべきだ。よく考えた上で、自らの基準で良いと判断できる生活である。幸福はこの良き生活の嬉しい副産物となりうる。

フィリップ・ファン・パーレイス　Philippe Van Parijs
ルーヴァン・カトリック大学（ベルギー）の経済社会倫理フーバー委員長、社会科学と哲学の博士であり、世界中の多くの大学の客員教授を歴任してきた。ベーシック・インカム・アース・ネットワークという組織の共同創設者および会長である。その卓越した研究のために、ベルギーの切手に取り上げられるほどの名誉を受けている。

093

津波の後

組織は解決すべき問題ではなく、可能性を作り出す奇跡としてとらえるべきである

マウロロ・T・アモサ――サモア

「組織は解決すべき問題ではなく、可能性を作り出す奇跡として捉えるべきである」。これは、アプリシエイティブ・インクワイアリーの基本的な考え方、すなわちポジティブ心理学の発見に基づいた展開プロセスである。マウロロ・T・アモサは、津波に襲われたサモアのある小さな島の再構築にこの手法を応用した。

ポジティブな手法

サモアに暮らす18万の人々のうち2500人が、マノノという面積がわずか1・1平方マイルしかない小さな島に住んでいる。この島は多くの点で独特であり、伝統的なサモアの生活様式を維持している数少ない場所の1つとしての誇りを持っている。車もないし、犬もいない。徒歩で島の細い道を一周しても、わずか3時間程度である。2009年にサモアを襲った津波によってこの島の4分の3が壊滅的な被害を受けた。亡くなった人は200人未満だったが、20万人弱しかいないサモアの人々の心に深い傷を与えるには十分な数であった。

5ヵ月後、私達は国連との協働で、津波被害からの復興に向けた農村計画を正式なものとすることを目的とした、マノノ全島のためのプログラムを考案した。予想した通り、初日に見た島民の顔には、私達のミッションに対する複雑な思いが表れていた。しかし、アプリシエイティブ・インクワイアリーを用いて島民と交流したその日以降、高まる希望の兆しがすぐに会話の中に反映されるようになった。島の4つの村全てが参加したことは、島の生活のあらゆる面の社会的、経済的復興への強い願望と期待の確固たる証である。

ポジティブ・アプローチは、島民の自尊心を高めるのに適切な手法であった。村人のやる気と自発性を高めるのにも役立った。より重要なのは、アプリシエイティブ・インクワイアリーのポジティブな手法が、どんなものであれ他者の支援に頼るのではなく、自分自身を救済することの重要性を強調するという事実である。このようにして、維持能力を達成することができる。この手法は、人の内面の力、活性化されて活用されるべき力を強調している。

努力の末、私達の農村計画は正式に採用された。最も感動的だった瞬間は、マノノを再び平和で調和に満ちた場所にしたいという思いを描いた発表を、島の若者グループが行った時だった。

3日間のワークショップが終了する時、女性達は、津波が島を襲う前の幸福な時間を彷彿させる歌を歌い、より良い未来への希望を表現した。私達にとって、これは、サモアのひどく傷をついた島に小さな希望を与えたことを実感した、喜びと幸福の瞬間であった。

KEY

・具体的な成功例を語り合うことによって、会話を開始して意義を作り出そう。
・組織に関わる全ての人々の内面にある力に着目しよう。
・ともに未来を夢見て、関わる人々の力の向上に基づいた、優先度を置いた計画を立てよう。

マウロロ・T・アモサ　Maulolo T.Amosa

サモアの女性・コミュニティ・社会開発省に勤めており、アプリシエイティブ・インクワイアリーの手法を応用している。

アプリシエイティブ・インクワイアリー

ポジティブ心理学の原理は、組織にもうまく応用することができる。アプリシエイティブ・インクワイアリーは急成長を遂げている分野で、ビジネス、地域社会、健康管理、学校、地方行政やその他の組織における前向きな変化を促進する。基本的な考え方は、うまくいかない事態を改善しようとするのではなく、うまくいくことを中心に組織を構築することである。スキルや活動の改善策を探る時にギャップや不備に注目するかわりに、アプリシエイティブ・インクワイアリーは、主要な強みが適切に整理された時点で、現行の優れたパフォーマンスを向上させるか強化させる方法に注目する。特定の課題が解決されてもこのプロセスは終わらず、「私達が最も得意とすることは何か」という課題に注目し続けるので、アプリシエイティブ・インクワイアリーは新しい可能性の世界への扉を開いてくれる。アプリシエイティブ・インクワイアリーのアプローチは、信頼と組織の提携力を高めようとする個人の貢献を認める。具体的な成功例から経験を抽出することによって意義を創出して、業種をまたぐ社会活動への応用を目指している。

アプリシエイティブ・インクワイアリーの手法はもともと、経営学の教授であるデーヴィッド・クーパーライダーとスレシュ・スリヴァストヴァにより述べられたものである。組織はそれ自体が調査（インクワイアリー）する仕方によって変化するという仮定に基づいている。問題や困難な状況を調査する時、たいてい「ほぼ同じこと」を見出し続けるだろう。アプリシエイティブ調査理論によれば、組織は自身の真価を認めようとすべきであり、それが「さらに大きな真価」を見つけることになる。応用される手法は、肯定的で、応用可能で、刺激的で、そして協調的でなければならない。アプリシエイティブ・インクワイアリーは、発見（個人や組織の本当の強みや価値を発見する）、夢（将来の変革の可能性を想像する）、デザイン（夢に向かって計画し実行上の優先事項とその順位を決定する）、そして運命（目標達成に向けて計画を執行する）という4つのプロセスの循環に焦点を当てている。

094
金持ち病

テレビをたくさん見る＝不幸になる。だからテレビを消して、幸福のスイッチを入れよう

レイドゥルフ・G・ワッテン――ノルウェー

ノルウェーは、人がうらやむような国民総生産（GNP）と巨大な年金基金を有する、世界有数の産ガス・産油国である。しかし、レイドゥルフ・G・ワッテンはノルウェーの社会が「金持ち病」に悩まされていることに気付いた。世界中のさまざまな国での研究によって明かされたように、幸福度と富や所得との関係性は弱い。ノルウェーはこの「ハピネス・パラドックス」を実証している。幸福は石油と天然ガスだけでなく、さらに多くのことに依存している。

存在、意義、美そして……尊厳

「ホモ・エコノミクス」は、不完全な人間像しか表していない。オスロ大学の政治学者オタール・ヘルビックは、ノルウェー・モニター（NM）のデータを用いて、近年のノルウェー人の生活と社会のその他の側面に関する興味深い証拠を提示している。NMは、方法論的アプローチ（2年ごとに行われる一連のインタビュー）と標本の多さ（1回のインタビューに2200～4000人）の

2つの点において、ユニークなデータベースである。1985年から2007年までの包括的な調査として、幸福、政治行動、価値指向を含む多くの領域を取り扱っている。標本は15歳以上の人口を代表している。

1985年から2007年までの期間において、ノルウェーでは所得と物質的ウェルビーイングの顕著な増加が見られた。しかし、幸福度はそれらに平行して増加していなかった。2001年から2007年の間にはわずかな増加があったが、20世紀の終わりに向けて見られた所得と物質的財産を優先する傾向は幸福度に負の影響を与えていたと考えられる。他の重要な発見と結論は以下の通りである。

↓大きい街であろうと小さい街であろうと、あるいは田舎であろうと、幸福と人々が暮らす場所とは無関係である。

↓政治的価値観もまたあまり重要ではない。

↓教育水準と喫煙や飲酒などの他の典型的な生活様式の要因は、幸福度の増加に寄与しない。

↓受動的にテレビを見ることなどの現代的な物質的要因は、幸福度に負の影響を及ぼす。ノルウェー人はテレビの前にいる時間が長いほど、より不幸になる。

↓所得水準自体ではなく所得水準がもたらす主観的満足度といった個人の経済状況に関するいくつかの側面は、幸福度を向上させる。

↓幸福度の増大は、個人の健康状態や体力に関わる満足度と関係している。

↓存在と意義の領域における人間関係の要因はきわめて重要である：家族、友人、そして隣人に関わる満足度が私達の幸福度の重要な基準である。

↓仕事を楽しむことは、その仕事の性質や重要性よりも重要である。

↓社会的・経済的平等への満足度、政治制度に対する信頼、他者に対する信頼、そして鍵となる社会制度の存在は、不可欠である。

↓宗教や宗教的活動などの存在に関わる要因は、幸福度と正の相関関係を持っている。活動のレベルが高いほど、幸福度のレベルが高い。

↓適度な運動と周囲の自然環境を楽しむことは、幸福度に貢献する。

↓美的活動や文化活動（コンサート、美術展、博物館、演劇またはオペラなど）に積極的に参加するほど、より幸福である。

↓価値観も幸福度と関係している。NMは、過去5年間のノルウェー社会で広まった価値観の興味深い変化を明らかにした。年齢、性別、社会階級、経済的地位に関係なく、物質主義的な価値観は不幸を導く一方、理想主義的な価値観が幸福度を増加させる。より具体的には、社会・感情的関係を含む価値観、つまり他者と親しくつきあうことが非常に重要である。

↓同様に、利他主義的な価値観、反物質主義的な態度、自己実現および法の尊重の全ては、幸福度と正の相関関係を持っている。

これらの価値観は、幸福と生活の質が情緒的愛着や社会的愛着といった基本的な心理的ニーズと関係していることを示唆している。密接な人間関係、自然と美を楽しむ能力、「自由に呼吸する」機会、そして個人の潜在能力の生涯に渡る成長のために社会的、経済的、文化的可能性を利用できることは、不可欠なようである。しかし、この潜在性をうまく成長させるには、人間としての尊厳というもう1つの要因を加える必要がある。アメリカの哲学者マーサ・ヌスバウムは、この点を最も強く主張している。彼女は人間の尊厳が必要とする10の要素を述べている：命、健康、身体的統合性、感覚を発達させる可能性、思考力と創造力、感情、実践理性、他者や生き物への愛着、自尊心、遊ぶ能力、そして政治や社会環境に影響を及ぼす能力。私は、社会が人間の尊厳をいっそう重視し大切にしない限り、幸福や生活の質の向上に向けた潜在能力は十分に発達しえないと考えている。

KEY

- 豊かな国では、所得や物質的所有を優先することが幸福度に負の影響を与える。存在と意義の方が重要である。
- 美、自信、信頼、社会・感情的関係などの非物質的な価値観は、幸福度と緊密に関係している。
- 幸福への潜在能力は、人間の尊厳に十分な敬意を払わない限り発達しえない。

レイドゥルフ・G・ワッテン Reidulf G. Watten
リレハンメル大学（ノルウェー）保健・社会科学部心理学科の心理学の教授。主に、生活の質、人格、健康心理学、生物学的心理学と視覚の研究を行う。釣り、狩猟そして古典音楽を歌うことも楽しんでいる。

095

障害者の能力

生活の質に影響を与える8つの領域は、全ての人にとって普遍的である

ラルフ・コーバー――オーストラリア

「オレンジと黄色はポジティブな色。これらの色を生活に取り入れよう。青色、灰色そして茶色は憂うつな色。それらの色は放っておこう。あなたの生活は色の輪に取り囲まれているが、ポジティブな色を射止めるようにしよう。人生を太陽の光で照らそう」これは、ミーガン・イプセンによって書かれた詩の一部である。ラルフ・コーバー教授は、この言葉をもう一度読むようあなたに求めている。ただし今度は著者が知的障害者であることを知った上で読んでほしい。知的障害者は何百万人もいるが、彼らの幸福について私達は何を語ることができるだろうか。

ポジティブな色

この詩が知的障害を抱えている人によって書かれたことを認識することが、そのような病状を持つ障害者に対するあなたの先入観を考え直す機会になることを私は願う。知的障害を抱えている人々の生活の質について、私達は何を知っているのだろうか。

第一に言っておかねばならないのは、生活の質の基本的構成要素は全ての人にとって普遍的であるということだ。しかし、それらの構成要素に付帯する相対的価値は、文化によって異なる。言い換えると、質の良い生活につながるポジティブな側面は中国でもアメリカでも同じであるが、それぞれの重要性は異なる。第二に、生活の質は客観的（量的）要素と主観的（質的）要素の両方からなることを認識する必要がある。第三に、生活の質は個人的（内面的）条件と環境条件の両方に影響される。これら3つの前提に基づけば、生活の質が多面的な構成概念であるということはおそらく自明である。

大多数の研究者は、生活の質は全ての人に共通する8つの領域から成るという結論に達している。それらは、自己開発、自己決定、対人関係、社会参加、権利、精神的ウェルビーイング、身体的ウェルビーイング、物質的ウェルビーイング、である。

知的障害者の生活の質を改善するために、私達にできることはあるのだろうか。確実にある。このテーマについては広範に研究されてきたが、私は3つの要因だけに注目する。第一に、**知的障害者に適した住宅**を確保することができる。脱施設化（例えば、大型の居住型施設を地域社会の中で知的障害者を支援する小規模のサービスに置き換えること）に関する研究は、それが知的障害者の全体的な生活の質にポジティブな影響を与えていることを見出している。

第二に、知的障害者に**適切な雇用機会**を提供することができる。知的障害のない人と同じように、雇用は知的障害者の自尊心と生活の質を向上させる。軽度の知的障害者にとって、オープンな雇用機会（知的障害者が障害のない仲間と一緒に仕事をする開放的な環境）は、保護された雇用機会（障害者は主に他の障害者と一緒に仕事をする環境）に比べて、より高い生活の質につながる。しかし、どのような雇用が生活の質を向上させているかは、まだ明らかになっていない。仕事自体なのか、所得の向上なのか、それとも（最も可能性が高いが）両者の組み合わせなのか。

この質問に対する回答と関係なく、私たちが取れる第三の手段は、知的障害者の**所得**（または経済的支援）**の増大**である。私が現在取り組んでいる研究は、知的障害者の所得（大体が低所得）の比較的控えめな増加が、彼らの生活の質を大幅に改善しうることを明らかにしそうである。

可能性のあるこれら3つの手段（住宅、雇用、所得）と関連して、知的障害者の生活を改善した公共政策の変化について、多くの国の事例を報告することができる。障害のある人々は施設に入れられるのではなく、仕事を見つけるよう彼らを支援する特定のプログラムが構築されており、一部の国では、法定最低賃金以下に知的障害者を雇用してはいけないことになっている。

知的障害者の生活の質に関する研究の新しい領域、つまり家族の生活の質について言及しなければ、私の怠慢になる。この場合の家族の生活の質とは、全てのメンバーの個人的生活の質を足し合わせたものではなく、全体としての家族単位の生活の質を指している。社会の機能性の面における家族という単位の重要性を考慮すれば、障害者に関する将来の政策の方向性を定めるという観点において、家族の生活の質がきわめて重要であることは明らかである。家族のひとりが知的障害を抱えていたら、家庭内の力学は、「普通の」相互作用から障害を抱える人に焦点が集まるように変わる。このような力学の変化は、家族の有効的な機能に不運な結果をもたらす可能性があり、家族単位の生活の質に関する理解を深めることがきわめて重要となる。いったんそのような理解を得たら、私達は家族の生活の質を改善させる方法を探し始めることができる。例えば、知的障害を抱えている個人だけでなく、家族のさまざまなメンバーにも同様の支援を提供するという方法があるだろう。

過去数十年の間に知的障害者とその家族の生活は明らかに改善されてきたが、残念なことに、彼らとその家族の全体的な生活の質は、大多数においてまだ受け容れがたいほど低いままであり、多くの場合は平均よりも著しく低いことを研究は示している。したがって、やるべきことは依然として山積しており、私達全員にそれらを実行する責務がある。この分野の研究者と賛同者のエネルギーと情熱で、きっといつか目標達成できると私は確信している。

KEY

・生活の質の基本的構成要素は普遍的であり、全ての人に応用できる。知的障害を抱える人も例外ではない。
・知的障害者に適した住宅、オープンな雇用機会の提供、所得の増加によって、彼らの生活の質を改善することができる。
・知的障害を抱える個人に注目するのではなく、1つの単位としての家族の生活の質に注目すべきである。

ラルフ・コーバー　Ralph Kober

オーストラリアの管理会計学者である。管理会計と知的障害者の生活の質に関心がある。博士課程在学中から生活の質について研究し、生活の質、知的障害、会計に関する論文を出版してきた。

096

親の声

君のためにここにいる

ピーター・アドリアンセンス――ベルギー

子どもたちの幸福は、全ての親の望みである。息子や娘のために、全ての親が幸福を保証してくれる魔法の方程式を求める。児童心理学者のピーター・アドリアンセンスは、このテーマに関する多数の著書を執筆した。彼の成功のレシピとは？　子どもをありのまま喜んで受け入れて、心温まる確実性というマントで彼らを包み込む。目に見える幸福は、親が子どもと交わした無条件の約束に由来する、無意識の幸福の上に築かれる上部構造である：「どこに行っても、何をしても、君のためにここにいる」。親の声は、いつもあなたとともにある。

幸福な子どもたち

子どもを授かったと気付く瞬間ではなく、親が子どもを授かりたいと考えた瞬間から、幸福が始まる。子どもを生むプロセスが意識的なものであれば、親であることはより幸福であり、その結果としての子どもたちもより幸福である。言い換えると、子どもを産むことに関して、親は慎重に選択すべきであり、妊娠中の良い時と悪い時を一緒に経験することを望むべきであり、息子または娘の誕生を同等の喜びをもって歓迎すべきであり、新しい命が徐々に成長して自分の未来を切り拓いていくことを楽しみにするべきである。これらのことをできるなら、子どもたちは老後のあなたを世話をする人として、後年家業を引き継ぐ人として、あなたが心からなりたかった輝かしい経歴を持つスポーツ選手としてだけの存在ではなくなる。これらのことをできるなら、暴力や拒絶ではなく愛情と充実感に満たされた中で子どもたちが成長することを、確実にできるだろう。

もっと多くの人々の幸福を望むならば、私達は意識的に子どもを選ぶ重要性を未来の親に伝える努力をさらに行わなければならない。なぜなら、親としてあなたは、自分の子どもに生涯の約束をする覚悟を持たなければならないからだ：「どこに行っても、何をしても、君のためにここにいる。ずっと君を手放さない。いつでも私の愛と支援を頼りにしてもいいんだよ」。無条件に。言い換えると、親は子どもがこれらの感情に報いてくれることを期待せずに（ましてや主張するなど論外である）約束しなければならない。子どもが幸福を感じることは親の約束に含まれている無条件の要素である。そして、**幸福であるという意識的な感情は、幸福であることを意識していない状態から生まれる。**

この考え方は甘いだろうか。子どもを甘やかしているだろうか。いや、研究によれば、子ども達は生まれた時は完全に無防備である。言い換えると、子ども達は完全に大人たちに頼っている。

赤ちゃんは、面倒を見られていないと死んでしまう。これは人生の厳しい現実である。食事が与えられていてもほとんど愛されていない子どもは、成長が遅く、しばしば年齢にふさわしくないほど細くて小さい。しかし、親が赤ちゃんを大切にし、話しかけたり、抱きしめたり、ミルクを飲ませたり、くすぐったり、一緒に笑ったりしていると、親と子どもの両方ともが2人の人間の間にある真の共感と愛着という最も素晴らしい自然の贈り物を見出す。

この愛着はある種の「接着剤」であり、生涯にわたって2人の人間を結びつける。これは、あなたの子どもが学校で座っていても、親に忘れられていないと安心できることを意味する。あなたの10代の娘は必要があれば夜中でもあなたに電話することができて、あなたがいつでも来てくれることを知っているということを意味する。成人した子どもは、いつものベビーシッターが来られなくなった時に、あなたに電話をして緊急のベビーシッターを頼むことが今なお許されることを意味する。子どもは、あなたが「私が君に命を与えた。だから、必要な時にはいつでも力になるよ」という誓いを立てたことをわかっている。無条件に。

研究者は、感情、知能、人間関係の発達に影響を与える可能性のある親と子どもとの間の神経生物学的なアンカリング効果や愛着プロセスについてさらに探求し続けている。愛情に満ちた環境で育った子どもと比べると、捨てられる運命であったり、親の継続的なストレスや暴力の下での生活を余儀なくされたり、深刻な精神的問題を抱える親がいる場合、子どもの脳の一部は正常な神経ネットワークを発達させることができない。これらの欠損は、後になって言語能力の低下、感情を認知または表現する能力の低下、衝動的、攻撃的あるいは極度に活動的な行動、より深刻な成熟困難、他者と共感する能力の低下につながる可能性があり、人格障害、青少年犯罪、パートナーへの暴力のリスクを著しく増大させる。

したがって、幸福とは選択なのである。それも、難しい選択である。幸福は突然あなたを圧倒するような空想的なものではない。幸福はあなたの持って生まれた能力であり、人にあげることのできる能力である。**親から幸福という贈り物を受け取る者は誰でも、その後の人生でこの贈り物を他者に渡す責任を受け入れやすいと感じるだろう。**子どもを持つことを選んだのなら、その子が幸福を受け取る権利があることを、互いに言い合う勇気を持つべきである。

こう言うと、自分の子どもを適切に育てる能力が自分にあるかどうかと疑う親もいるかもしれないが、疑いが存在するということは、今の親世代が彼らの責務を果たすだろうことを示唆している。疑うことは、子どもの心と真にふれ合うことを望んでいる全ての教育者（親は教育者でもある！）にとって良い態度である。

ここでは、純粋に理論的な文脈から離れて、ダイナミックな概念に転換することによって幸福の調和について論じている。理論的には幸福度は線形で表現される。子どもが愛され、素敵な家で暮らし、自由な時間で自分の趣味を追求することができていたら、幸福になるために必要な要素の全てが確実に揃ったと言えるだろうか。紙面上では然り。しかし、対象となっている子どもに心配性の気質があると仮定しよう（割合としては子ども10人に1人）。彼は、ひとりで課題を完遂することがなかなかできず、抱き締められるのが好きで、家庭環境の居心地の良さを楽しんでおり、そして時々夜にこっそりとあなたの毛布の下に入りたいと思っている。さらに、その親は、こうしたことをしたり、受け入れたりすることがなかなかできないとしよう。その理由として、子どもの未来を保証するために一生懸命働いていて（と彼らは言うことだろう）、時間がない、大きな望みを持ちすぎているなどを挙げられるだろう。こうした状況では、子どもの幸福は、柔軟性がなく、前もって定められて、なかなか逃れられないある種の締めつけになっている。

このようなことが生じたとすれば、子どもを育てることが固定された鉄道線路に沿って走る列車のようなものになる。幸福という終点に到着するまであらかじめ定められたいくつかの駅を追加しなければならない。しかし、そこには、この列車がどこかで脱線するという深刻かつ予測可能なリスクがある。子どもと親との間の接着剤が剥がれるようになり、揺るぎない愛着は断ち切られる。子どもが必要としていることは、既製の幸福ではなく、オーダーメイドの幸福である。全ての子どもにきちんと当てはまる幸福の共通理論は存在しない。幸福の創造は、父親と息子との間、母親と娘との間などの関係を通して成長する2人の人間の間のダイナミックなプロセスである。親たちは大人の世界の知恵を持っているが、子どもの世界の知恵を持っているのは子どもである。親と子どもがお互いに、あるいはお互いのニーズに敏感になることによって、手袋のように誰にでも合うオーダーメイドの幸福を一緒に創り出すことができる。

親との固有の愛着として始まったものは、徐々に家族、隣人、学校の友人、先生や他の「教育者」との広範な感情的ネットワークに発展する。10代の頃は、同級生が彼らの生活の中で重要な位置を占める。これは、時には若者の成長に望ましい良い影響を及ぼすことがあるが、悪影響を及ぼすこともある。多くの親は、自分の子どもの人生のこの段階における影響力を過小評価し、そして急速な成長を遂げる10代の若者の感情的渦中の片側に押し出されているとしばしば感じる。しかし、外見は目を欺くことがあり、生まれた日から子どもの成長に十分な愛情と努力を注いでいたら、彼らの外見上の無関心は単に表面的な現象である。あなたの10代の子どもが怯えていたり、孤独を感じていたり、あるいは困っていたりすれば、最初に誰に助けを求めるべきかを本人は常にわかっている。子どもと親との間の接着剤が働き、あなたの子どもはあなたを探してくるだろう。

幸福は、子どもと共有する一連の楽しい瞬間ではない。これらの瞬間には、確かに楽しいものもあり、人生の喜びに大いに寄与することもある。しかし、幸福はそれ以上のものである。幸福は、何歳であろうと、あなたの子どもが世界で本当に独りぼっちであると感じる瞬間が絶対にないという、ある種の認識から生まれる静かな満足感である。知っているだろうが、ミルトン・エリクソンが言うように、子ども達は耳の隣で優しく囁《ささや》く親の声を常に聞いている。

KEY

・子どもを持つことについて親は意識的に選択すべきだ。この選択は無条件であるべきだ。その結果、子どもには幸福が与えられ、それがさらなる幸福をもたらす。
・親は、心温まる確実性というマントで自分の子どもを包み込むべきである。これは、断ち切ることのできない生涯の愛着の絆を確かにする。
・親への愛着は後になって広範な感情的ネットワークに発展する。しかし、幸福な時であろうと困った時であろうとも、子ども達には親の声が聞こえている。

ピーター・アドリアンセンス Peter Adriaenssense
児童青年精神科医および家族療法士。ルーヴァン・カトリック大学（ベルギー）の臨床学教授であり、児童虐待・育児放棄コンフィデンシャルセンターの創設者およびディレクターである。これらのテーマについて、数多くの論文と著書を公表しており、著名な教育アドバイザーである。

097 冷蔵庫のメッセージ

人生の成功はマラソンであり、短距離走ではない

ドーラ・グズルン・グズムンズドッティル――アイスランド

アイスランドは世界で最も幸福な国としばしば評価される。しかし、ドーラ・グズルン・グズムンズドッティルが10年前に研究を始めた頃、彼女の母国では幸福に関する研究が1つも見当たらなかった。現在、彼女の研究成果はアイスランド中の冷蔵庫の上に見ることができる。もちろん、アイスランドにだって冷蔵庫はある。

重要なのは楽な生活ではない……

アイスランドが世界で最も幸福な国かどうかというのは、問うべき最も重要な問題ではないかもしれない。どの要因が幸福を予測するかを見つけ出す方が、ずっと役に立つ。私はデータを分析し始めて、男の子か女の子か、男性か女性か、年金受給者か10代の若者かは重要ではないことがわかった。これらのグループのどれも、他のグループより幸福であるということはなかった。お金も、それほど重要ではないようであった。実際、所得はアイスランドの幸福度の1～4%しか説明しな

かった。これらの結果は、幸福研究の分野に詳しい人々にとって驚きではないかもしれない。しかし、一般的にはお金が幸福の鍵であると信じられている。

私は講義をする時しばしば、人々の幸福度がどれほど所得によって説明されるかを受講者に推測してもらうようにしている。彼らの予想値はいつも高すぎる。実際には、一般の人々が幸福の70％まで所得によって説明されると考えるのは珍しいことではない。人々が個人の幸福を求めて無効な道筋をたどらないよう、この誤解を正すことが重要である。もちろん、一部の人々は幸福を得る目的でお金を求めているわけではないかもしれない。彼らの目的は、単に隣の人より多くのお金を稼ぐことである。しかし、そのような努力は、幸福な人生への最も効果的な方法ではないことを彼らにきちんと伝えるべきであろう。

貨幣所得が幸福のわずか4％しか説明しないなら、少なくとも96％は他の要因によって説明されることになる。私の研究（そして、他の多くの研究）によると、幸福の最も良い予測因子は社会関係である。アイスランドのデータから得られた結果は、パートナーと一緒に暮らすことがひとりで暮らすことよりずっと幸福な生活をもたらし、そして友人や家族と時間を過ごすことも幸福度を高めることを示している。幸福のもう1つ重要な要因は健康であり、とりわけ個人のメンタルヘルスが重要である。

幸福については多くの誤解があり、メディア、芸能界、一般に受け入れられている「知見」によって、人々は認識を誤る。研究をしている中で、私は1960年代のある研究に出会った。その研究は、楽な生活をする人が最も幸福であろうと主張するものである。この仮説は、調査結果に裏づけられていなかった。最も高い幸福度を報告した人々の全てが、人生に何らかの困難な時期を経験して、克服したことがある。困難が彼らを幸福にしたのではない。最も重要なのは、逆境に立ち向かう態度であり、いかに困難に対処して最終的に乗り越えるかということである。

これらの誤解への対応として、同僚と私は、より良いメンタルヘルスとより大きな幸福のための一般向けのキャンペーンを展開した。私達は、メンタルヘルスを保ち、それにより幸福度を高める簡単な方法を一連のフレーズの形で思い出させる、簡単な装置を作成した。これらのフレーズは、私達自身の研究結果にも裏打ちされる、幸福かつ成功した人々の特徴に関する文献を精査することによって選び出された。

こうしてできあがったものは「メンタルヘルスの十戒」といい、あなたが生活をより楽しむのに役に立つことを願ってここに掲載しておきたいと思う。この十戒は日常生活で目につくリマインダーとして機能するように、冷蔵庫に貼りつけることのできるマグネットに印刷された。アイスランド公衆衛生研究所は、クリスマスプレゼントとして全ての家庭にこのマグネットを贈った。続いて、メンタルヘルスを考えることや気にかけることの重要性についての講義とメディアキャンペーンを実施した。

もしアイスランドの家を訪問する機会があれば、キッチンに入って、メンタルヘルスの十戒があるかどうか見てみることを勧めたい。まだ多くの冷蔵庫のドアに貼りつけられている。

メンタルヘルスの十戒

・ポジティブに考えること
・愛する人を大切にすること
・生きている限り勉強を続けること
・自分の間違いから学ぶこと
・毎日運動すること
・必要以上に生活を複雑にしないこと
・周りの人を理解して励ます努力をすること
・諦めないこと。人生の成功はマラソンであり、短距離走ではない
・自分の才能を見出して育むこと
・自分の目標を設定して夢を追いかけること

KEY

・いかにお金の重要性を過大評価しているかを人々に示そう。お金は、幸福の70%を予測すると考える人もいるが、実際にはわずか4%しか予測できないのだ。
・私達を幸福にしてくれるのは楽な人生ではない。最も重要なのは、逆境に立ち向かう態度、そしてそれらにいかに対処するかである。
・幸福に関する研究の知見を全ての人の生活に持ち込む簡単な方法を探してみよう。冷蔵庫のマグネットは役に立つかもしれない！

ドーラ・グズルン・グズムンズドッティル Dóra Guðrún Guðmundsdóttir

レイキャヴィック在住の心理学者であり、アイスランド公衆衛生研究所の所長を務めている。主な研究テーマは、幸福、精神的ウェルビーイング、そして精神的ウェルビーイング、身体的ウェルビーイング、社会的ウェルビーイングとの間の相互作用である。質の高い研究の成果を日常的な言葉に言い換えることに情熱を傾けている。

098

未来に生きる

ヴァレリー・メラー——南アフリカ

「南アフリカで生活の質に関する研究に従事することは有意義である一方、失望を感じる場合もある」と、ヴァレリー・メラー教授は言う。30年以上の歳月をかけて、彼女は、何千ものあらゆる階層の南アフリカ人を対象に、個人の生活状況、希望および恐怖についてインタビューを行ってきた。

私達の長年の研究は、あらゆる社会階層の人々が彼らの経験を喜んで共有してくれたという点において、有意義なものであったと言えるだろう。しかし、一般の人々が期待する良い生活水準を満たすような変化はほとんど起こらなかったという点においては失望を感じる場合もある。私達の研究が最も盛り上がった瞬間は、間違いなく南アフリカ人が民主主義と新たな政治的自由の到来に歓声をあげた瞬間を調査記録に残した時である。

黒人であれ白人であれ全ての南アフリカ人が、1994年4月の南アフリカ史上初の公開選挙の直後に幸福感と生活満足度の高まりを感じていると回答した。とはいえ、新しい南アフリカの全ての国民にわき起こった善意は、その後の国づくりへの取り組みに大きな寄与を果たしたとはいえ、残念なことに、この選挙後のお祭り気分は持続しなかった。

私達は、フランク・アンドリュースやアンガス・キャンベルなどの先駆者の影響を受けて、1970年代の後半に生活の質に関する研究を始めた。手始めに、当時、生活の質について考えることのなかった普通の南アフリカ人に、日常的な関心事を尋ねることから着手した。私達が作成した最初の指標は、このような関心事に基づいたものであった。

驚いたことに、私達が応用した全ての主観的指標は、特定の側面に関わるものであっても、全体的な生活満足度の評価に関わるものであっても、異なる人種が置かれていた不平等な社会経済状況と政治状況を完璧に反映していた。**黒人は常に最も低い点数をつけ、白人は最も高い点数をつけ、そしてインド系とカラード（混血）の点数がその中間に位置した。**アパルトヘイトの現実は、最も個人的な側面も含む生活のあらゆる面に影を落としているようである。黒人の場合、自分や家族と関係する側面の満足度ですら、著しく低かった。

このパターンは、15年後の1994年4月に実施された初めての民主選挙の1ヵ月後に、初めて崩れた。全ての南アフリカ人は、多くの先進国の国民とほぼ同レベルの満足感と幸福感を感じるようになった。これは、全ての研究者が望む、最も心躍る結果であろう。

その後の数十年に渡って私達は、人々の生活をより良くするものは何かという、世界銀行の経済学者にとっては全く意味のない質問を重ねてきた。アパルトヘイト時代に関係がないとされていた物質的な因子、つまり生計に関わる問題が、政治的自由が達成された今、ほしい物のリストを独占するようになったことを私達は知った。具体的に言うと、新しく選出された民主政府は、人々の心と声に申し分なく耳を傾け、「全ての人々のために、より良い生活を」を選挙スローガンとして選んだ。しかし、4千万以上もいる人々のためにこのスローガンを実現するのは、時間がかかるだろう。

良い生活が達成されている場合、私達の主観的ウェルビーイング指標の値は一貫して改善を示してきた。人々は、住居の快適さや安心感、きれいな水や電気、そして子どもの教育――先進国なら当たり前のものを、高く評価しているように思われる。しかし、南アフリカでは、高い生活水準が単純な物質的な進歩以上のことを象徴している可能性がある。**良い物質的な生活は、かつて自分の国で二等市民とされていた人々にとって、尊厳の象徴なのである。**

民主化して15年間が過ぎたが、多くの南アフリカ人にとっての良い生活はいまだに実現されておらず、私達の生活の質の指標によれば、彼らは自分の宿命に不満を持ち続けている。個人のウェルビーイングに関するさまざまな指標でそれほど低い点数を付ける多くの南アフリカ人がどのように生活し続けているのか、私はしばしば疑問に思っている。手がかりは、私達が研究を通して発見したもう1つの一貫した傾向にあるかもしれない。

具体的には、現在自分の生活に不満を持つ南アフリカ人は、ほとんど毎回の調査において、物事が良くなることを期待していると話す。比較的最近では、HIV陽性の女性でさえ、自分自身のためではなくても、最低限この世に生をうけた子どものために、明るい未来を想像できるようだ。これは、おそらく私が南アフリカの生活の質に関する研究を通して学んだ最も重要な教訓である。忍耐力と生活の改善がもたらす希望、そして「明るい未来」（多くの私達の回答者が言うように）への信念は、困難な時期を通して、多くの南アフリカ人を支えてきた。南アフリカのウェルビーイングに関するより顕示的な指標は、「現在」の幸福ではなく、むしろ「将来」の可能性だろうと私は時々考える。

ヴァレリー・メラー　Valerie Møller
南アフリカのグラハムズタウンにあるローズ大学の社会経済研究所の生活の質研究プログラムの代表。数冊の著書を出版しており、南アフリカ生活の質動向プロジェクトの創始者である。

099

人は平均ではない

多くの人がアスパラガスをおいしいと思うからといって、あなたも好むということにはならない

ハイン・ツェーヘルス――ベルギー

幸福は、アメリカのビジネスマンと日本の看護師にとって同じものを意味するだろうか。その同じものは、スイスの退職者とインドのスラム街で暮らすストリートチルドレンを幸福にすることができるだろうか。ハイン・ツェーヘルスは、彼らを訪問して尋ねてみた。

あなたを幸福にするもの

あなたを幸福にするものは何ですか？　私は20年にわたって、7つの言語で世界100ヵ国でこの質問をしてきた。調査結果の一部は次の通りである。

↓世界中で、「あなたを幸福にするものは何ですか」という質問への答えは、**他の生物**を中心に展開する傾向がある。家族。子ども。友人。ペット。隣人。偶然に通りかかった人の笑顔。キス。誰かを助けることができること。一緒にダンスをすること。一緒に食事をすること。仕事仲間が背中を軽くたたいてくれること。一部の国では、多くの住民が「あなたを幸福にするものは何ですか」という質問に答えることさえできない。そして、自動的に彼らの家族や村の話をし始める。彼らにとって、「私の幸福」は「私達の幸福」と重なっている。

↓一見すると、人々は彼らを幸福にするものがわからないようである。真相は微妙に違うだろう。人々は、おそらく彼らを幸福にするものが何かをわかっているが、必ずそのように行動するとは限らない。立て続けにたばこを吸う人は、「健康」が彼を幸福にすると言うかもしれない。キャリア重視の会社経営者は、「家族との余暇時間」が彼を幸福にすると答えるかもしれない。**人々は、自分を幸福にするものが何かをよくわかっていても、全く違う行動を取る可能性がある。**

↓平均的な人々を幸福にするものが、必ずしもあなたを幸福にするとは限らない。多くの人がアスパラガスをおいしいと思うからといって、あなたも好むということにはならない。同じ論理は、幸福にも応用できる。例えばある研究では、子どものいないカップルが平均して子どものいるカップルより幸福であることを示した。これは、子どもがいなければ、あなたが個人的にもっと幸福になれるというわけではない。人は平均ではない。

人を幸福にするものは何か。20年間研究しても、私はまだわからない。しかし私は、ノリコ、ジム、アーメド、ガートルードを幸福にするものが何かを確かに知っている。そして、彼らの話を聞くことは私を幸福にしてくれる。

KEY

・あなたがどこの出身であろうと、他者があなたの幸福には不可欠である。
・あなたを幸福にするものを知ることと、実行することとは必ずしも一致しない。
・幸福研究からの平均的な結論は、あなたに当てはまらない可能性がある。

ハイン・ツェーヘルス　Hein Zegers
ルーヴァン・カトリック大学（ベルギー）で心理学と言語学の修士を得て、100ヵ国以上の国で暮らし、そしてさまざまな国際的環境で働いてきた。後年になって心理学を勉強し始め、ポジティブ心理学と幸福の科学に注目している。現在、いくつかのポジティブ心理学の組織に積極的に関与している。

100 友情という鍵

グラシエラ・タノン・デ・タスカーノ――アルゼンチン

今世紀初めの経済的・政治的・社会的・国家的な危機の時に、最新の幸福度指標を研究する度に私が気づいたのは、人々が自身の生活の質と幸福度を上げる手段として常に友人を持つことに重きを置いていることだ。アルゼンチン人として、私はこれを理解できる。私達の国は、世界中から来た人々によって築かれ、その歴史もそうした人々によって記されている。彼らもより良い生活の質を求めているし、また、彼らにとっても友情は価値のある大切なものである。彼らの多くは、友人に連れられてここへ来た。友人が自分の家に住む場所を提供してくれたというだけで、ここにとどまるようになった人も多い。

アルゼンチンでは、人は友人に会うと元気になる。これは、幼稚園児にも、老人ホームの高齢者にも言えることである。友情は、私達の社会の最も重要な価値観の1つである。それは、幸福を共有する機会や、苦しんでいる時に他者の支援から恩恵を受ける機会を提供してくれる。友情は人々に幸福を感じさせてくれるので、幸福への重要な鍵の1つであると言っても過言ではない。

私の父親は、良い友人を持つことが人生で最も大切なことの1つであると教えてくれた。彼は正しかった。私は常に友人への感謝の気持ちを感じる。物事がうまくいかない時に、彼らの忠誠心と愛情は、いつも私に信念と勇気を与えてくれた。友情は人と人との間の独特な関係であり、忠誠心、誠実さ、寛容さ、気配りや支援によって特徴づけられる。つまり、時間的にも空間的にも持続する関係である。家族がいない時、あるいは家族と遠く離れている時、お金や仕事がない時、あるいは健康状態が良くない時、良き友人からの支援はあなたが幸福にしてくれる数少ない可能性の1つである。友人は、常に私達により良い未来の希望を与えてくれる。

グラシエラ・タノン・デ・タスカーノ　Graciela Tonon de Toscano

国際生活質研究学会南米委員会の議長を務める。アルゼンチンのパレルモ大学、ナシオナル・デ・ロマス・デ・サモラ大学、マタンサ国立大学の教授および研究者として働き、主に生活の質と公共政策について研究を行っている。

101

幸福への社会運動

国はこれまでとは異なる役割を果たすべきである

リチャード・レイヤード――イギリス

ますます多くの人々は尋ねる――「進歩とは何か」と。50年間に渡って、私達は高所得を目指し――そしてそれを得た。しかし、その期間に（イギリスやアメリカでは）幸福度が増大することはなかった。また、不幸で精神障害を抱えた子どもの数は、激的に上昇した。私達の優先事項は明らかに間違っており、社会は根本的な路線変更を必要としている。リチャード・レイヤードは、現代の幸福研究に基づいた幸福経済学の専門家である。最近では、幸福への国際的な社会運動の立ち上げを手助けした。

挑戦

何が個人や社会の幸福度の違いをもたらすのかを検討してみると、所得、家族関係、職場での人間関係（仕事がある場合）、地域社会における人間関係、健康、個人の価値観と個人の自由という、7つの主な要因が浮かび上がる。所得はとてつもなく重要である。しかし、社会が豊かになるにつれて、人々は徐々に不幸になる。幸福度の変動を説明する最も重要な要因は、個人的な人間関係の質である。そして、どの人間関係においても最も重要な要素は信頼である。長年にわたって、多くの国で社会調査は「周りにいるほとんどの人間を信頼できると思うか」という質問をしてきた。これは非常に興味深い質問である。信頼できると答えた人の方が幸福である。北欧諸国のように、信頼度の高い社会もより幸福である。

50年前のイギリスとアメリカでは、60％の人々がこの質問に「イエス」と答えていた。現在、この数値は30％にまで下がった。これは、効率の向上と富の創造の名のもと、人間同士の過剰な競争を重視することにより、私達が失ったものの表れである。しかし、結束と仲間意識もまた人生の喜びにきわめて重要である。組織間の競争は良いことであり必要だが、個人間の過剰な競争は幸福を損なうことがある。

より幸福な社会への献身は、個人の生活と公共政策の構築の両方に対して重大な意味を持つ。個人として、私達は他者に役立つ仕事を選ぶべきであることは明らかである——利益を上げはしても社会に重大な恩恵をもたらさない場合は、選択すべきでない。そして、過度に働くことで家庭生活の質を損なわせてはいけない。私生活では、自分が影響を及ぼす全ての人々の幸福感を考慮しなければならない。自分自身も含む全ての当事者が得をすることになることから、この強い願望は、「調和」という言葉で表すといいだろう。

政府が幸福を促進しようとする場合、人々の生活にますます干渉することを意味するのだろうか。実際、政府は長年に渡り政策目標の1つとして幸福を推進しようとしてきた。しかし、私が幸福に関する本を出版した時に、「幸福の警察」や「至福の官僚主義者」という見出しをつけたレビューがあった。つまり、一部の人々によれば、個人の倫理観が「最高の幸福感」の原則に従うことは全く問題ないが、公共政策の場合は違う。なぜならそれが「過保護な福祉国家」や「隷従への道」につながる可能性があるからだという。この議論は極端な表現をしていてばかげている。自由の喪失がどのように不幸を生み出すのかは誰もが知っていることだし、明らかな証拠もある。旧ソ連の加盟国は、私達の知る限り最も不幸な国々で、第三世界よりも不幸であった。以下で述べるように、幸福をベースにした政策は、学校でレジリエンス（精神的回復力）を高められたり、子育て中の親や精神疾患のある人達がより多くの支援を受けられるようになったりするなど、国の支援する新しい活動につながることがある。国は、生活の物質的な側面や所得創出の側面に比べて、感情や行動をもっと考慮するようになるだろう。

しかし、これは必ずしも国がさらに多くの役割を果たすことを意味しない。これまでとは異なる役割を果たすということである。実際に、生活の物質的側面の役割とほとんど関係ないだろう。なぜなら、官僚が幸福への影響を意識せずに始める組織の再編成や行動様式のように、経済生活の細かい規則は多くの人々を不幸にするからである。全般的に見れば、幸福指向の国が将来的に人々の生活に多かれ少なかれ干渉するかどうかを予測する演繹的な方法はない。

私達は必ずしも大きな政府が必要というわけではない――過剰な規制は幸福感を減少させる。しかし、異なる政府を確実に必要としている。もし政府の主要な目的が本当に人々の幸福であれば、私達は政府の優先事項に大きな変更を求めるべきであろう。

学校：学校は知識を授けることだけでなく、学生の人格形成に関心を持つべきである。若者は、自分の感情と行動を調整することと、逆境をやり過ごすレジリエンスを学ぶべきである。同時に、他者への配慮も学ばなければならない。こうしたライフスキルの一部は、尊重の精神や調和のとれた生活に強く基づく良好な校風を通して得られる。しかし、具体的な指導を通して、これらのライフスキルを育てる必要もある。そのような指導は、十分な訓練を積んだ教員、すなわちこの科目の専門家である教師のみから提供されうる。驚くことではないが、最近の研究は前向きな気持ちの重要性を示している。もし私たちの目標の1つが10代の若者の薬物使用、過食、喫煙、飲酒、愛のない性行為の削減であれば、最も有効なプログラムは前向きな関心を培うことである。つまり、すべきでないことではなく、やるべきことに集中させる。このような発見は、幸福研究の一般的な特徴である。

メンタルヘルス：健康、とりわけ精神面の健康《メンタルヘルス》は、幸福にとって不可欠である。イギリスでは、障害者の半数近くを精神疾患のある人々が占めており、うつ病が普通の生活に与える影響は、関節炎、狭心症、喘息、糖尿病といった一般的な慢性疾患の影響より50％も高い。イギリス国内では、メンタルヘルスに関するデータは、今日の不幸を家庭の貧困よりもよく説明する。精神疾患は身体的疾患と同等の真剣さで受け止められるべきである。イギリスでは、子どもの10人に1人、大人の6人に1人が、うつ病や精神的不安または行為障害に悩まされていると考えられる。しかし、治療を受けているのはこれらの人々のわずか4分の1で、身体的疾患を抱える人々（多くの場合それほど深刻でもない）の90％が治療を受けていることと対照的である。

雇用：全ての人に雇用の機会を提供することは、長期的な経済成長率を高めることよりはるかに重要である。学校を卒業した若者は、社会が有意義な就業機会を提供することによって、社会に必要とされていると感じる必要がある。

地域社会と平等性：私達は他の市民の善意を信じることのできる高信頼社会を望んでいる。研究によれば、平等な社会では信頼度の向上と暴力の減少が共通の素因であることが示されている。そして、収入の増加は裕福な人より貧しい人にとってより重要であることが幸福研究によって確認されている。したがって、健全な地域社会とは、過度の不平等がない社会である。

環境：干ばつ、洪水、大量な人口移動に悩まされる世界では、将来の幸福をほとんど考えられないだろう。したがって、より思いやりのある社会を目指す動きと人類と地球のより調和のとれた関係を目指す動きは、完全に一致している。

計測：最終的には、政府は幸福を計測しない限り、それを真剣には受け止めることはないだろう。経済協力開発機構（ＯＥＣＤ）の「進歩とは何か」という最近の会議でジョセフ・スティグリッツは、「間違ったものを計測したら、間違った行動を導く」と言った。彼の言う通りである。中央政府と地方政府は人々の幸福度を定期的に調査して、傾向を観察し、苦悩の主な原因を特定し、幸福の要因に関する私達の理解を深める情報ベースを構築する必要がある。そして、社会科学は、主に幸福がどのように決められるかについて広く研究すべきである。

私達の社会は不必要に厳しく、不必要な苦しみに満ちている。私達は幸福が多く不幸の少ない社会に確実に移行できるはずである。しかし、そのためには2つのことが必要である。まず、幸福度を高めるのは目標であるということに同意しなければならない。次に、目標を実現するために、あらゆる知識と精神力を活用しなければならない。

行動しよう

個人の生活の質を改善するために、多くの人が急増する自己啓発の書籍やポジティブ心理学という新しい科学に答えを求めている。政策立案者もこのような方向転換の必要性を感じている。しかし、これらの活動の多くは散在していてまとまりがない。そこで、私達は幸福への社会運動を起こした。私達の目的は、共通の価値観を共有して個人の幸福とそれぞれの地域社会の幸福を促進できる、志を同じくするグループを世界中に構築することである。この社会運動は、支持者が誓う3つの原則に基づく。各々が世界により大きな幸福をもたらし、とりわけ不幸の軽減を目指すべきである。公共政策も同じ目標を持つべきであり、私達は新しい知を用いてこれらの目標を促さなければならない。

これは、科学的な根拠に基づいた倫理的な動きである。人々が「自分の庭を耕す」ことを助けることではなく、お互いを思いやる社会を構築することに関わるものであり、全ての人に役立つものであろう。なぜなら概して、他者を助けることで自分も幸福になること、そしてもちろん他者もより幸福になることは、すでに証明されているからである。

KEY

・私達は、これまでとは異なる、信頼、連帯感、仲間意識と調和に基づいた政府を必要としている。
・政府は積極的に幸福を促進すべきである：学校でライフスキルを教えたり、精神疾患を真摯に受け止めたり、全ての人々に雇用機会を提供したり、平等を促進したり、環境を守ったりすべきである。
・私達は幸福の向上と不幸の減少が共通目標であることに同意しなければならない。そして、目標を実現するためにあらゆる知識と精神力を活用しなければならない。

リチャード・レイヤード　Richard Layard
ロンドン・スクール・オブ・エコノミクス（イギリス）のウェルビーイング・プログラムのディレクターで、政策決定および幸福経済学の権威。長年、世界中の重要な政策立案者や団体に助言をしてきた。１９６７年に卒業し、40冊以上の著書と数多くの論文を出版してきた。著書の『Happiness：lessons from a new science（幸福：新しい科学の示唆するもの）』は、20以上の言語に翻訳されている。

102

私達が知っていること

幸福度についての信頼できる指標が開発され、それにより意義深い知識体系が発展してきた

ルート・フェーンホーフェン——オランダ

30年以上にわたって世界の幸福度を研究してきたルート・フェーンホーフェンは、しばしば「幸福の教授」と呼ばれている。彼は世界幸福度データベースを構築し、幸福に関する数多くの研究、調査および相関分析の最新の知見を提供している。5つの質問に答えることによって、彼は幸福について私達が何を知っているのかをまとめた。

幸福は現代社会の中心的な目標である。ほとんどの人は幸福な生活を送ることを夢見、幸福というものの価値を大きくとらえている。同時に、社会において最大多数の最大幸福を目指すべきという道徳的な観点を支持する声も高まりつつある。結果として、幸福は政治的な課題の1つとして取り上げられるようにもなってきている。

幸福の追求は、必然的に幸福とはどういう条件で成立するものなのかの理解を必要とし、幸福を対象とした系統的研究を生み出すにいたった。幸福に関する学術的研究は、長い間哲学的考察の領域であったため、確実な根拠に結び付けることができなかった。突破口をもたらしたのは、過去数

十年の間に、社会科学から導入された調査研究の方法論の数々である。幸福度についての信頼できる指標が開発され、それにより意義深い知識体系が発展してきた。これまでの幸福に関する調査は、5つの主要問題に大別することができる。そしてそれらは、最大多数に最大幸福を与える社会を創るにあたって経過していくべき5つの手順として整理することができる。

1.「幸福」とは何か

「幸福」という言葉は、さまざまな形で使われている。最も広い意味では、全ての良いことを包括する用語である。この意味で、「幸福」は、しばしば「ウェルビーイング」または「生活の質」などの言葉と互換的に使われていて、個人的および社会的な福祉の両方を表す。「幸福」という言葉は「主観的な生活満足度」というより具体的な意味で使われる場合もあり、ここではこの意味に着目する。幸福は、全体的な生活の質について、個人が好意的に判断する度合いと定義される。言い換えれば、個人個人がどれほど自分の人生に満足しているかということである。

2.幸福を計測できるのか

幸福は私達が心に考えていることとして定義されているので、アンケートを用いて計測することができるはずである。質問には次のページの図にあるようなものが用いられる。

これらの質問は現在も使われているものの、厳しい批判を浴びている。これまでに提起されてい

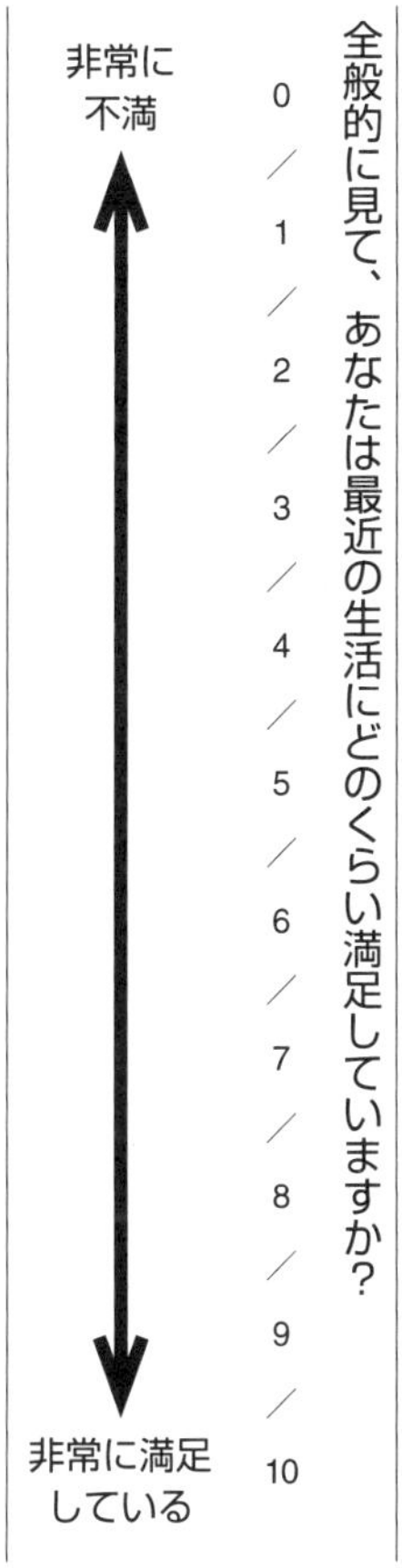

る主要な異議が以下の3つだ。①そのような簡単な質問への回答が、真の生活満足度を反映しているかどうか疑わしい。②そのような格付けが文化を超えて比較可能かどうか疑わしい。③主観的な評価は無意味である。これらの批判は他のところですでに議論されており、ディーナーやサリスなどの重要な研究によって退けられている。このような質問に対する回答の異文化間の比較可能性に関する疑いは、私の以前の研究でも反証されている。

3. 私達はどれくらい幸福か

例を見てみよう。図1は、ドイツでの調査における質問への回答である。最もよく選ばれた選択肢は、7、8と9であり、5以下の回答者はわずか14％である。平均値は7.2である。この結果は、大半のドイツ人がほとんどの場合、幸福だと感じていることを意味する。私達はこの結果を他の国々と比較して、グローバルな幸福度ランキングを構築することができる。

図1　ドイツの幸福度　出典：欧州社会調査（2006年）

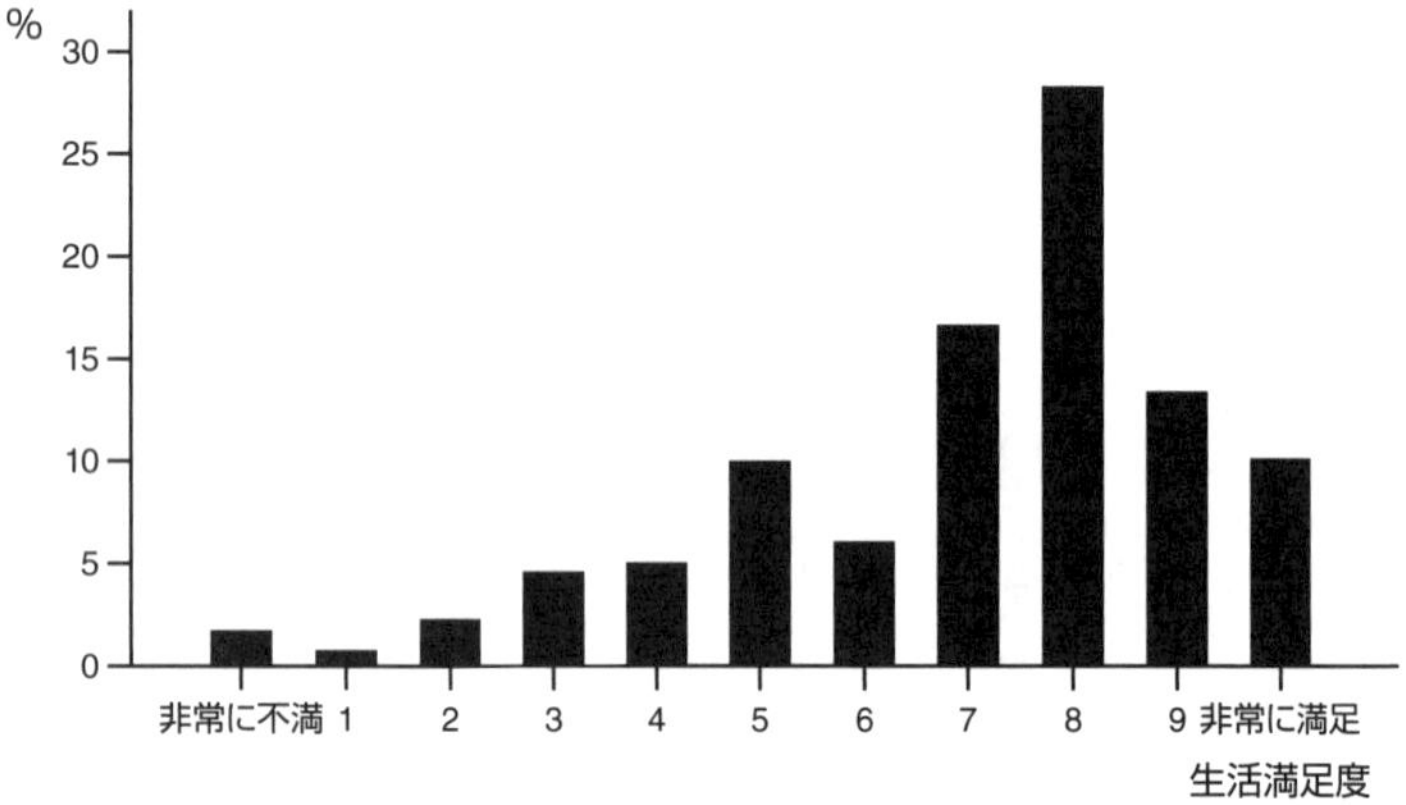

4. 何が私達の幸福度に影響を及ぼすのか

人々の幸福度が異なることが実証されたので、次の問題はその理由に関するものである。集団行動と個人行動、単純な感覚経験と高い認知力、個人と周囲の安定的特徴、および偶発的な出来事などの、さまざまな要因が関わっている。図2は、シークエンスモデルにおける、要因とプロセスの暫定的な順序を表すものである。

シークエンスモデルは、私達の判断が人生経験、とりわけポジティブな経験とネガティブな経験に依存すると仮定している。経験の流れは、人生の出来事への精神的な反応である。これには、一度だけの重要な出来事（例えば、結婚や移住）と反復的な日常的な出来事（例えば、朝起きることや皿洗いすること）が含まれる。人生の出来事の一部は、例えば事故に遭遇する場合のように、運によるものもある。人生の出来事は、

図2　生活評価：要因とプロセスのシークエンスモデル

ライフチャンス→	出来事の経過→	経験の流れ→	人生評価
社会の特質 ・経済的福祉 ・社会的平等 ・政治的自由 ・文化的豊かさ ・道徳観 等々 **社会的地位** ・物質的財産 ・政治的影響力 ・社会的名声 ・家族の結束力 等々 **個人の能力** ・身体の健康 ・精神的忍耐力 ・社会的能力 ・知的技能 等々	**対立：** ・不足か充足か ・攻撃か防御か ・孤独か連帯か ・屈辱か名誉か ・習慣か挑戦か ・醜か美か 等々	**経験：** ・切望か満足か ・不安か安心か ・孤独か愛か ・拒絶か尊敬か ・退屈か興奮か ・嫌悪か歓喜か 等々	平均的な感情の評価 良い生活水準との比較 人生の全体的なバランスの印象
幸福の条件		評価プロセス	

与えられた条件と能力にも依存して起こる。交通事故は、よく整備された社会や注意深い人々の間では発生頻度が低い。したがって、「好ましい」出来事と「好ましくない」出来事の確率は、全ての人にとって同じではない。これは、一般にライフチャンスと見なされる。ライフチャンスは、社会の歴史や個人の成長における、過去の出来事や偶発性構造に根差している。

この4段階モデルを、1つの例を挙げて説明しよう。ある人は無法社会に暮らしており、有力な社会的地位にいるわけでも、聡明でも良い人でもないため、ライフチャンスに恵まれていない（ステップ1）。その人は、さまざまな不運な出来事に遭遇する。強盗に遭ったり、騙されたり、自尊心を傷つけられたり、排除されたり（ステップ2）。結果として、不安、怒りや孤独をしばしば感じるようになる（ステップ3）。このような経験の流れに基づいて、その人が人生全体を否定的に考えるのはもっともなことである（ステップ4）。

社会の特質：国家間の幸福度がなぜそれほど大きく異なるのか。図3は、その違いの背後にある社会の特質を示している。その要素の多くは、「現代性」の一部である。属する国家が近代的であるほど、その国民は幸福である。この結論は、社会的価値観の崩壊や疎外感と近代性を関連づける反モダニズム的悲観論者にとって驚くべきかもしれない。近代性は確かにある種の問題を引き起こす可能性があるが、もたらされるメリットは明らかにデメリットより大きい。社会の以下の特徴は、幸福と正の相関関係を持っている（降順に）：（物質的な）豊かさ、経済的自由、都市化、学校教育、政治的自由、市民権、マイノリティへの寛容、個人の自由、多元性（移民人口比率）。最も高い負の相関を示したのは腐敗であり、その後に少し離れた水準で男女不平等と所得格差が続く。

社会的地位：世界中の多くの研究は、一国内の個人の幸福の違いを考察してきた。こうした研究のほとんどは、平等主義的な社会政策に着想を得ているため、しばしば所得格差、教育の機会や雇用の機会の違いなどの社会的格差に注目している。これらの社会的地位の違いは、少なくとも物質的に豊かな近代的社会では、予想に反して幸福とほぼ無関係である。全体的に、社会的地位を表す変数は、幸福の分散の10％未満しか説明できない。これまでの主な研究結果を図4にまとめる。

図3　146ヵ国の幸福と社会（2006年頃）

社会の特徴	幸福との相関
（物質的な）豊かさ	+0.69
法の支配	
・市民権	+0.50
・社会の腐敗	−0.69
自由	
・経済的	+0.63
・政治的	+0.53
・個人	+0.41
公正	
・所得格差	−0.08
・男女不平等	−0.21
多元性	
・移民人口比率	+0.29
・マイノリティへの寛容	+0.49
近代性	
・学校教育	+0.56
・都市化	+0.58

この図をどのように理解するか。常に+1.00と−1.00の尺度の間に値を取る。正の値が大きいほど、正の相関が強い。負の値が小さいほど、負の相関が弱い。
出典：世界幸福度データベース（Veenhoven 2010、p.346）

世界的に幸福は、職業上の名声、社会団体への参加、配偶者を持つこと、友人を持つことと正の相関関係がある。

生活能力：最も強い相関は、心理的なレベルで観察される。幸福な人々は不幸な人々より知的に恵まれているものである。一般分散の約30％は、そのような生活能力の変数によって説明される。主な研究結果の一部を図5にまとめる。

個人の幸福度の違いに関する多くの研究結果は、個々の環境を制御する能力に帰着する。このパターンは普遍的で

図 4　幸福と社会的地位：研究結果のまとめ

	欧米諸国における相関	全国家間における相関の類似性
社会階級		
・所得	＋	－
・教育	±	－
・職業上の名声	＋	＋
社会参加		
・雇用	±	＋
・社会団体への参加	＋	＋
主なネットワーク		
・配偶者	＋＋	＋
・子ども	0	?
・友人	＋	＋
	＋＋　強い正の相関 ＋　正の相関 0　無関係 －　負の相関 ?　未検証	＋　類似の相関関係 ±　さまざまな相関関係 －　異なる相関関係 ?　データなし

出典：世界幸福度データベース（Veenhoven 2009、p.346）

あると考えられる。

世界的に幸福は、メンタルヘルス、社交性、身体的健康、内的統制、外向性および欲望の受容と、正の相関関係がある。

5. より大きな幸福は可能か

大半の幸福に関する研究は、より多くの人により多くの幸福を得る道を見つけたいという動機によって推進されている。しかし、いくつかの理論では、仮に生活状況が改善されても不満が減ることはないことが示唆されている。

そのような理論の1つは、幸福は相対的なものであると考え、また別のものは幸福は特性であると考える。両方とも、すでに私達の研究で検証され否

図 5　幸福と生活能力：研究結果のまとめ

	欧米諸国における相関	全国家間における相関の類似性
能力		
・身体的健康	＋	＋
・精神的健康	＋＋	＋
・知能指数（IQ）	0	＋
性格		
・内的統制	＋	＋
・外向性	＋	＋
・誠実性	＋	?
生活技術		
・欲望の受容	＋	＋
・社交性	＋＋	＋
	＋＋　強い正の相関 ＋　正の相関 0　無関係 －　負の相関 ?　未検証	＋　類似の相関関係 ±　さまざまな相関関係 －　異なる相関関係 ?　データなし

出典：世界幸福度データベース（Veenhoven 2009、p.346）

定されている。励みとなるような結論もある。それは、幸福度に平均値があるとすれば、その値は0~10の尺度において8ぐらいであろうというものだ。このことが私達の調査の対象となった国について適切であるならば、他の国々にも当てはまるかもしれない。

ルート・フェーンホーフェン　Ruut Veenhoven

ロッテルダム・エラスムス大学（オランダ）の「人類の幸福のための社会条件」講座の名誉教授。専門は社会学であるが、社会心理学や社会的性科学の分野でも活躍している。しばしば「幸福の教授」と呼ばれ、主観的な生活の質に関する長期に渡る研究で世界的に高く評価されている。主な著書は『Conditions of Happiness（幸福の条件）』、『Happiness in Nations（諸国の幸福）』などである。世界幸福度データベースの創設者、ディレクターであり、『Journal of Happiness Studies（幸福研究）』誌の編集者である。

コラム：世界幸福度データベース

最大多数の最大幸福には、幸福に必要な諸条件に関するさらなる知識を必要とする。そして、さらなる知識には、より多くの研究だけでなく、これまでの研究成果のより良い統合も必要である。研究成果の統合には、利用可能な成果を収集して選び出し、一様に記述することを必要とする。この準備作業は、時間がかかる上に十分な資金の供給も乏しく、仕事の量を考えるとひとりの研究者が一生の間に完成できるものではない。その結果、私達にはデータから得られる情報を見失う可能性があることになる。

世界幸福度データベースは、増え続ける幸福に関する研究の成果（幸福度の分布分析の結果と、幸福に相伴う要因の相関分析の結果）に対応するツールである。このデータベースは、「研究成果」に着目するという点において、「調査内容」を保存するデータ・アーカイブや「出版物」を保存する文献目録とは異なる。このような研究成果の集合体を表す用語はまだ確立されておらず、私達は「成果のカタログ」と呼んでいる。

このデータベースの実質的な焦点は、個人個人の人生における全体的な生活満足度の主観的評価である。このことについて、5つの関連するデータコレクションを提供している。それらは、①約4000件の出版物を収めた「幸福研究の文献目録」、②約800の変数を含む、信憑性のある「幸福度の指標」、③国家レベルでの約3000の集団調査の分布分析結果を収めた「国別幸福度」、④

一国内のレベルでの約３０００の調査分析成果を収めた「グループ別幸福度」、⑤幸福度の共変量に関する約１１０００件の知見を相互参照する「相関分析表」である。

これらのデータは、インターネット上で閲覧可能である。

www.worlddatabaseofhappiness.eur.nl/

タジキスタン	5.1	ベナン	3.0
タンザニア	2.6	ベネズエラ	7.2
チェコ共和国	6.5	ベラルーシ	5.7
チャド	5.4	ベリーズ	6.6
中央アフリカ共和国	4.6	ペルー	6.3
中国	6.4	ベルギー	7.3
チュニジア	5.9	ポーランド	6.3
チリ	6.6	ボスニア	5.8
デンマーク	8.3	ボツワナ	4.7
ドイツ	7.1	ボリビア	6.5
トーゴ	2.6	ポルトガル	5.7
ドミニカ共和国	7.6	香港	6.0
トリニダード・トバゴ	7.0	ホンジュラス	7.0
トルコ	5.8	マケドニア	4.7
ナイジェリア	5.7	マダガスカル	3.7
ナミビア	5.2	マラウイ	4.8
ニカラグア	7.1	マリ	4.7
ニジェール	3.8	マルタ	7.1
日本	6.2	マレーシア	6.6
ニュージーランド	7.5	南アフリカ	6.0
ネパール	5.3	メキシコ	7.9
ノルウェー	7.9	モーリタニア	5.0
ハイチ	3.9	モザンビーク	3.8
パキスタン	5.4	モルドバ	4.9
パナマ	7.8	モロッコ	5.3
パラグアイ	6.9	モンゴル国	5.7
パレスチナ	5.0	モンテネグロ	5.2
ハンガリー	5.5	ヨルダン	6.2
バングラデシュ	5.3	ラオス	6.2
フィリピン	5.5	ラトビア	5.3
フィンランド	7.9	リトアニア	5.5
ブラジル	7.5	リベリア	4.3
フランス	6.6	ルーマニア	5.7
ブルガリア	4.4	ルクセンブルク	7.7
ブルキナファソ	4.4	ルワンダ	4.3
ブルンジ	2.9	レバノン	4.7
ベトナム	6.1	ロシア	5.6

世界 148 ヵ国の平均幸福度（2000 年～2009 年）
出典：世界幸福度データベース、国別平均幸福度(Veenhoven 2009)

アイスランド	8.2	カメルーン	3.9
アイルランド	7.6	韓国	6.1
アゼルバイジャン	5.3	カンボジア	4.9
アフガニスタン	4.1	ギニア	4.5
アメリカ	7.4	キプロス	7.0
アラブ首長国連邦	7.3	ギリシャ	6.3
アルジェリア	5.4	キルギスタン	5.5
アルゼンチン	7.3	グアテマラ	7.2
アルバニア	4.6	クウェート	6.6
アルメニア	5.0	クロアチア	6.0
アンゴラ	4.3	ケニア	3.4
アンドラ	6.8	コートジボワール	4.5
イエメン	4.8	コスタリカ	8.5
イギリス	7.2	コソボ	5.4
イスラエル	6.9	コロンビア	7.7
イタリア	6.7	コンゴ（キンシャサ）	4.4
イラク	4.7	コンゴ（ブラザビル）	3.7
イラン	5.8	サウジアラビア	6.5
インド	5.5	ザンビア	5.0
インドネシア	6.1	シエラレオネ	3.6
ウガンダ	4.5	ジブチ	5.7
ウクライナ	5.0	ジャマイカ	6.7
ウズベキスタン	6.0	ジョージア	4.3
ウルグアイ	6.8	シリア	5.9
エクアドル	6.4	シンガポール	6.7
エジプト	5.7	ジンバブエ	2.8
エストニア	5.9	スイス	8.0
エチオピア	4.2	スウェーデン	7.8
エルサルバドル	6.7	スーダン	5.0
オーストラリア	7.7	スペイン	7.3
オーストリア	7.7	スリランカ	5.1
オランダ	7.6	スロバキア	5.8
ガイアナ	6.5	スロベニア	6.9
カザフスタン	6.1	セネガル	4.5
カタール	6.8	セルビア	5.6
ガーナ	5.2	タイ	6.6
カナダ	8.0	台湾	6.2

監訳者あとがき

レオ・ボルマンスの『世界の学者が語る「幸福」』（原題：The World Book of Happiness）は奇想天外な本である。物質主義（マテリアリズム）の強かった20世紀には、幸福というと、経済的な所得水準がまず第一番目に考えられていた。ところが、21世紀に向けて3つの大きな潮流が浮上し、幸福のとらえ方が複雑に、さらに多様になってきた。3つの大きな潮流とは、脱物質主義（ポスト・マテリアリズム）、脱国家主義（トランス・ナショナリズム）、そして脱個人主義（ポスト・インディビジュアリズム）である。

物質的な幸福がみたされると、脱物質主義的な幸福が求められる。これが脱物質主義である。物質主義ではお腹一杯食べたいとか、お金をためること自体が自己目的になったりするが、脱物質主義的な幸福とは、物やお金でみたされないもののことである。たとえば、素敵な友人仲間だとか、自然に浸る外国への独り旅だとか、毎月のシニア・ゴルフ仲間との集いだとか、何でもよい。

脱国家主義とは、国境による隔たりが小さくなったことである。領域主権国家の比重が衰え、国家との一体感、国家に対する忠誠などが相対化した。そういう状態のなかでの幸福には、20世紀には考えにくかったものも含まれるようになった。たとえば、男女差別がなかなか減少しないと、若い女性は外国に移住しやすい。実際、日本の若い女性は男性に比べると、外国で教育や職業を求める割合がはるかに高い。とりわけ高学歴の若い女性に多い。実際、国際連合で働いている日本人の8割は女性である。

脱個人主義は個人主義からの脱却を主張する。近代の欧米の基軸であった個人主義は何を前提としていたか。第一に、個人はひとつの整合的な意見や判断をもつべきだという考えである。第二に、すべての個人は、人間としての尊厳や権利を不可侵のものとし、社会によって尊重されるべきであるという考えである。第三に、個人の社会関係は、個人としての継続性を前提として形成されるべきであるという考えである。

ところが、神経科学の発展により、個人についての近代の前提は存在しないことが次第に明らかになってきたのである。第一のことについては、同じ個人が時と所によって違うのが普通であることがわかってきた。第二のことについては、個人の認識や行動は、意識的なものだけではないことがわかってきている。身体のなかのどこかが意識とは別に自動的に機能することによる、自動的な判断と行動があることもわかってきている。第三のことについては、個人の継続性もどこまで前提としていいのか、必ずしも明白ではないものが多くなっている。性転換した人の社会関係はわかりやすいが、性ではなく、他のよりわかりにくいところが転換したときの社会関係をどのように取り扱ったらよいのだろうか。

3つの新しい潮流の台頭とともに、幸福をどのように考えるかも大きく変わりつつあることはいうまでもない。本書の奇想天外なところとは、さまざまな専門の学者に好きなように幸福感を語ってもらっていることである。そうすることによって、上記の3つの潮流が学者のレベルでも実感としてとらえられていることがよくわかる。幸福なんてものを一様に考えようとするのは無茶である、というような考えも出ているのである。

16世紀から20世紀まで主流であった個人観が、科学の発達、人間の生活環境の大きな転換により次第に崩れてきている。そのなかで、私たちはどのような幸福を求めているのか。

最後に、「幸福（happiness）」と「ウェルビーイング（well-being）」という2つの言葉についてごく簡単に述べておきたい。「ウェルビーイング」とは肉体的にも精神的にも社会的にも良好な状態のことをいい、そこから社会科学の分野では福祉の意味合いをもって使われる言葉である。一方のhappinessは文字通り「幸福」の意である。ウェルビーイングを「幸福」と訳すこともあるが、happinessはより主観的な意味での幸福を表す言葉と考えてよいだろう。このように、「幸福（happiness）」と「ウェルビーイング（well-being）」はささやかなニュアンスの違いがある。本書では、英語の表記に応じてそれぞれの訳語をあてたが、「生活満足度（life satisfaction）」も含めて、この3つの言葉は基本的に同じ意味を持つと考える。

翻訳をチェックするにあたって、藤井誠二准教授と李佳准教授、秋山知宏助教にお世話になりました。心から感謝します。

猪口 孝

© Yann Bertrand

■編者

レオ・ボルマンス（Leo Bormans）

著述家、啓蒙家。1954年、ベルギーのレオポルツブルグ生まれ。ベルギー在住。言語学と哲学の修士号を持っており、幸福やQOL（生活の質）研究の知見を世界に普及させることに努めている。ベルギー政府のために、積極的社会参加、エンパワーメント、コミュニケーション、ポジティブ教育やポジティブ・ジャーナリズムに20年以上にわたって取り組み、ユネスコやブリュッセルのマティルド妃殿下財団の理事会メンバーを務めてきた。積極的社会参加やポジティブ・コミュニケーションに関する取り組みは、多くの機関や政策立案者に影響を与えている。

本書は、新年の特別プレゼントとして2012年に欧州理事会議長のヘルマン・ファン・ロンパウ氏からアメリカのオバマ大統領など世界中の指導者たちへ贈られた。前国連事務総長のコフィー・アナン氏は、ボルマンス氏とともに国際青年会議ホープXXLに出席し、演説中にこの本を受け取った。続刊として2013年に『The World Book of Love』（『世界の学者が語る「愛」』のタイトルで西村書店から刊行予定）も出版。

■監訳者

猪口 孝（Inoguchi Takashi）

1944年生まれ。国際政治学者。東京大学名誉教授。日本学術会議会員。法制審議会委員。日米教育委員会委員。東京大学卒業後、マサチューセッツ工科大学にて政治学博士号取得。東京大学東洋文化研究所教授、国際連合大学上級副学長、中央大学法学部教授などを歴任。現在、新潟県立大学学長兼理事長。日本政治学術研究誌主宰編集長、アジア太平洋国際関係学術誌創立編集長。アジア比較政治学術誌創立編集長。アジア・バロメーター主宰者。著書に『社会科学入門 知的武装のすすめ』（中公新書）、『国際関係論の系譜』（東京大学出版会）、『アジアとヨーロッパの政治文化 市民・国家・社会価値についての比較分析』（共著／岩波書店）、『政治理論』（ミネルヴァ書房）、『日本と韓国 互いに敬遠しあう関係』、『日本とロシア 真逆か、相違か？』（ともに原書房）。『アジアの政治と民主主義 ギャラップ調査を分析する』（共編）、『日本の洗濯 考えるエッセンス』（共著）、『トンボとエダマメ論 何が夢をかなえるのか』、『英語は道具力』、『タンポポな生き方』、『日本政治の謎』、『人生に迷ったときの自己羅針盤 五感・六感を磨け』、『アジアの情報分析大事典』（すべて西村書店）ほか多数。

ホームページは https://www.t-inoguchi.com/

■訳者

藤井誠二（Fujii Seiji）

＊担当：p.10～214

1973年岡山県生まれ。2006年、カリフォルニア大学アーバイン校大学院経済学研究科公共選択専攻博士課程修了(Ph. D. in Economics)。専門は公共選択。2014年4月より、新潟県立大学国際地域学部准教授。著書に *The Quality of Life in Asia : A Comparison of Quality of Life in Asia*（共著、Springer）（第4回〔2014年度〕日本行動計量学会"杉山明子賞〔出版賞〕"受賞）、主な論文に"Political Shirking–Proposition 13 vs. Proposition 8", *Japanese Journal of Political Science*, Vol. 10, Pt.2, 2009, pp.213–237など。

李 佳（Li Jia）

＊担当：p.215～429

中国陝西省出身、甘粛省で幼少期を過ごした。中国人民銀行の行員を経て、2001年に来日。2008年、名古屋大学大学院国際開発研究科博士後期課程修了（博士〔学術〕取得）。専門は開発経済学。現在は新潟県立大学国際地域学部・同大学院国際地域学研究科准教授。共著に、『環日本海国際政治経済論』、『現代の開発経済学 理論と実証』（以上、ミネルヴァ書房）、『国際地域学の展開 国際社会・地域・国家を総合的にとらえる』（明石書店）など。

秋山知宏（Akiyama Tomohiro）

＊担当：p.215～429

1978年群馬県生まれ。2007年、名古屋大学大学院環境学研究科地球環境科学専攻博士後期課程修了、博士（理学）。2012年8月より東京大学大学院新領域創成科学研究科サステイナビリティ学グローバルリーダー養成大学院プログラム助教。専門分野は、統合学、物理学、水文学、地理学、地球環境学、哲学、倫理学、死生学など。共著に『チンギス・カンの戒め モンゴル草原と地球環境問題』（同成社）、*Environmental Leadership Capacity Building in Higher Education*（Springer）、『自然といのちの尊さについて考える エコ・フィロソフィとサステイナビリティ学の展開』（ノンブル社）、*Handbook of Coastal Disaster Mitigation for Engineers and Planners*（Elsevier）など。

世界の学者が語る「幸福」

2016年3月1日　初版第1刷発行

編　者　レオ・ボルマンス
監訳者　猪口 孝
訳　者　藤井誠二　李 佳　秋山知宏
発行人　西村正徳
発行所　西村書店　東京出版編集部
〒102-0071 東京都千代田区富士見 2-4-6
Tel.03-3239-7671　Fax.03-3239-7622
www.nishimurashoten.co.jp
印　刷　三報社印刷株式会社
製　本　株式会社難波製本

ISBN978-4-89013-725-1